Souvenirs

D'UN

JUBILÉ

EPISCOPAL

PAR

A. Rastoul

Rédacteur à l'Univers

BARATIER & DARDELET, Imp. de l'Evêché
4, GRANDE-RUE, 4, GRENOBLE

SOUVENIRS

D'UN

Jubilé Episcopal

MONSEIGNEUR FAVA, ÉVÊQUE DE GRENOBLE

(1871 - 1896)

SOUVENIRS

D'UN

JUBILÉ

Episcopal

PAR A. RASTOUL

Rédacteur à l'« Univers »

GRENOBLE

BARATIER ET DARDELET, IMPRIMEURS-LIBRAIRES

4, Grande-Rue, 4

1896

PRÉFACE

Dans ces pages hâtives et écourtées, nous n'avons pas la prétention de présenter la vie complète de Mgr Fava ; notre but est plus modeste.

Le 25 juillet 1896, c'était le 25e anniversaire du sacre, à Montauban, de Mgr Amand-Joseph Fava, évêque de Saint-Pierre (Martinique) ; ce jour-là donc, on aurait dû célébrer le jubilé épiscopal du prélat ; mais, à ce moment, le Grand Séminaire est vide, et bien des prêtres sont absents ; or, tous les prêtres du diocèse de Grenoble avaient le désir bien naturel de s'associer aux fêtes du jubilé ; en conséquence, la célébration en fut renvoyée au 18 novembre, 21e anniversaire de la prise de possession par Mgr Fava du siège de saint Hugues.

On a pensé que, pour cette date, il serait bon de retracer, à grands traits, la carrière si bien remplie du vicaire général de Saint-Denis, du fondateur de la mission de Zanzibar, de l'évêque de la Martinique et de Grenoble ; ce serait comme un souvenir du jubilé épiscopal. Connaissant nos rapports avec Mgr Fava, qui remontent à près de 35 ans, on nous a demandé de nous charger de ce travail. L'œuvre n'était pas sans difficultés, surtout eu égard au peu de temps que nous avions pour le faire ; nous n'avons cependant pas hésité à accepter. De là, cette étude, forcément incomplète, par laquelle nous sommes heureux de nous associer au jubilé du *vaillant prélat qui veut bien nous honorer de sa bienveillance.*

Notre œuvre sera tout naturellememt divisée en deux parties : 1º le prêtre, le missionnaire ; 2º l'évêque. Nous nous bornerons au rôle de narrateur, nous abstenant généralement des appréciations, et laissant le plus possible la parole à Mgr Fava lui-même. N'est-ce pas le meilleur moyen de le faire mieux connaître et par suite mieux apprécier ?

A. RASTOUL.

PREMIÈRE PARTIE

LE PRÊTRE, LE MISSIONNAIRE

Amand-Joseph Fava est né à Evin-Malmaison (diocèse d'Arras), le 10 février 1826 ; il appartient à une de ces familles patriarcales du nord de la France où la foi reste comme un précieux héritage et qui, de leurs nombreux enfants, font une large part à Dieu ; il n'est pas le seul qui ait été donné à l'Eglise ; on peut voir auprès de lui deux de ses neveux et plusieurs de ses nièces et petites-nièces ont fait profession religieuse dans diverses communautés. Il nous a été dit que cette heureuse persistance de la foi dans la famille du futur évêque de Grenoble et cette multiplicité des vocations sacerdotales et religieuses étaient la récompense du dévouement de la famille, dont le toit hospitalier avait servi d'asile aux prêtres proscrits à l'époque de la Terreur, alors que le simple fait d'avoir caché un prêtre insermenté pouvait entraîner et entraînait souvent la mort.

Quoi qu'il en soit, le jeune Amand-Joseph manifesta de bonne heure sa vocation pour le sacerdoce. Aussi, après avoir fait ses études primaires à Douai (1), entrait-il au Petit Séminaire de Cambrai. Il n'y avait guère alors, dans les

---

(1) Des registres conservés à la belle paroisse de Saint-Pierre contiennent sur le jeune Amand des notes et des appréciations de bon augure et bien dignes d'être proposées à l'imitation des jeunes diocésains de Sa Grandeur.

petits séminaires, que les appelés au sacerdoce ; l'Université, jalouse de son monopole, veillait à ce que les petits séminaires ne lui enlevassent pas trop d'élèves.

Du Petit Séminaire, Amand-Joseph passa au Grand Séminaire sans aucune hésitation, sans aucun regret pour ce monde qu'il abandonnait et qui est parfois si séduisant au jeune homme, alors surtout que celui-ci, conscient de sa valeur, sait qu'il pourrait s'y faire une belle place ; il se sentait appelé à une plus haute vocation, celle du prêtre, qui, comme le disait plus tard l'évêque de Grenoble, « s'immole à Jésus pour l'Eglise et son triomphe », et aussi « pour la France », sa patrie aimée.

En 1850, une convention conclue entre le Pape, que les troupes françaises venaient de rétablir à Rome, et le prince-président Louis-Napoléon, créait des évêchés dans les trois colonies de La Réunion (ou Bourbon), de la Martinique et de la Guadeloupe. C'était l'époque où le prince-président, sans doute en vue de s'assurer les sympathies des catholiques pour le coup d'Etat auquel il songeait déjà, multipliait les avances au clergé. Des évêques étaient nécessaires dans ces trois « grandes » colonies, comme on disait alors, et le prince-président, en les établissant, rendait un véritable service, désintéressé ou non, à l'Eglise comme aux colonies. Avec le caractère de ce travail, nous ne pouvons guère entrer dans de longs détails sur la situation religieuse des colonies ; il nous suffira de dire que les préfets apostoliques, chargés de l'administration religieuse, n'avaient l'autorité nécessaire ni auprès des populations, ni surtout auprès des autorités. Ainsi, par deux fois, des gouverneurs de la Réunion s'étaient trouvés en désaccord avec le préfet apostolique ; l'un de ces préfets, M. de Solages, partit pour Madagascar où il mourut de faim, victime de son zèle, les Hovas ayant fait le vide autour de lui ; l'autre, M. Monet, se vit expulsé par un gouverneur qui s'arrogeait le droit de changer les prêtres de paroisses. Avec un évêque, dont les attributions étaient réglées par un décret du prince-président, on ne pourrait plus agir ainsi.

Le premier de Saint-Denis de la Réunion, était Mgr Florian Desprez, parrain d'une des sœurs d'Amand-Joseph Fava. Celui-ci était alors diacre ; il fut ordonné prêtre par le nouvel évêque, le 12 janvier 1851, dans la chapelle des Sœurs de la Providence, à Douai. Moins de deux mois après, le 7 mars, mercredi des Cendres, il s'embarquait à Lorient avec Mgr Desprez pour la Réunion ; le jeune prêtre commençait son lointain apostolat qui devait durer près de 25 ans, puisqu'il n'est rentré en France, comme évêque de Grenoble, que le 15 octobre 1875.

Le canal de Suez n'était pas encore percé ; les voyageurs durent faire le tour de l'Afrique et doubler le Cap de Bonne-Espérance ; après avoir vu Lisbonne, Madère, les Canaries, les îles du Cap Vert, ils traversaient la ligne par le 3° degré de longitude ouest, le 27 avril, relâchaient à Table-Bay et mouillaient à Saint-Denis, le 21 mai.

L'évêque et son secrétaire intime — c'était le titre de l'abbé Fava, — furent admirablement reçus par la population de la Réunion ; aux honneurs officiels, prescrits par le décret du 3 février 1851, qui organisait les évêchés coloniaux (1), s'ajoutait l'enthousiasme de la population. Il n'y eut

____

(1) Art. 23. — A l'arrivée de l'évêque dans son diocèse, les honneurs ci-après lui seront rendus :

1° Lorsque le bâtiment que montera l'évêque sera venu au mouillage, le capitaine du port et un officier d'état-major de la place, accompagné du supérieur ecclésiastique de la colonie, se rendront à bord pour régler avec lui l'heure de son débarquement.

2° Au moment où il quittera le bâtiment pour se rendre à terre, il sera salué de cinq coups de canon par la rade, et à son débarquement, le même salut sera répété par la principale batterie de terre.

3° Le clergé de la ville l'attendra dans le port et le conduira à l'église. La garnison et la milice prendront les armes et seront rangées sur la place qu'il devra traverser. A son passage, les troupes présenteront les armes, les officiers supérieurs salueront, les tambours battront aux champs.

4° Vingt-cinq hommes, commandés par un lieutenant, le recevront qu'une fausse note : le gouverneur, le capitaine de vaisseau en retraite Doret, ne dissimula pas son mécontentement ; il se voyait avec déplaisir relégué au second rang, comprenant que l'évêque, avec son caractère sacré, primerait un gouverneur dans l'esprit de la population, et qu'il ne lui serait pas possible de le traiter comme un préfet apostolique, simple prêtre avec des pouvoirs toujours révocables. Depuis plusieurs mois, malgré le vote de la loi sur la liberté de l'enseignement secondaire, dite loi Falloux, qui n'avait pas été, croyons-nous, déclarée applicable aux colonies, il faisait opposition à l'ouverture d'un collège libre tenu par les jésuites ; les instances des meilleures familles de la colonie étaient restées inutiles. Or, l'article 2 du décret du 3 février 1851, disait : « Les écoles secondaires ouvertes par les évêques seront soumises à la seule condition de la surveillance de l'Etat. » Cet article donnait le droit à Mgr Desprez d'avoir des écoles secondaires sans l'autorisation du gouverneur ; il en profita, et les pères jésuites purent ouvrir à la Ressource, près de Saint-Denis, un collège qui fut plus tard transporté en ville et qui a disparu après avoir, pendant de longues années, rendu de grands services aux familles chrétiennes, heureuses de lui confier leurs enfants qu'elles devaient, auparavant soit mettre au Lycée, soit envoyer en France, si elles se

à son débarquement et lui serviront d'escorte à l'église et à son hôtel, où il sera conduit aussi en procession au sortir de l'église.

5° A la cathédrale, il sera attendu par les autorités du chef-lieu qui l'accompagneront jusqu'à l'évêché et le complimenteront.

6° Il recevra des visites de corps qu'il rendra dans les 24 heures.

Le jour même de son arrivée, il fera sa visite au Gouverneur, accompagné de ses vicaires généraux et du clergé du chef-lieu. Cette visite lui sera rendue par le Gouverneur dans les 24 heures.

Il fera aussi visite, dans les 24 heures, aux autorités du chef-lieu qui l'auront reçu à l'église et à l'évêché.

7° Les vingt-cinq hommes qui l'auront reçu dans le port lui seront donnés pour garde toute la première journée. Il aura ensuite habituellement une sentinelle à la porte de son hôtel ; les factionnaires lui présenteront les armes.

méfiaient, avec trop de raison, de l'enseignement universitaire.

Si l'ouverture de l'institution Sainte-Marie fut bien ac-
cueillie par la population, elle ne contribua pas à améliorer
les rapports, déjà un peu tendus, entre le gouverneur et
l'évêque. Sous une grande modération, Mgr Desprez avait
une grande fermeté; il n'était pas homme à faiblir dès
que le devoir parlait; son secrétaire intime était à bonne
école, et il devait en profiter. Les rapports devenaient de
plus en plus difficiles; l'empereur, qui continuait à ménager les catholiques et qui appréciait fort l'évêque de Saint-
Denis, mit fin au conflit en rappelant M. Doret que remplaça un créole de la Réunion, M. Hubert-Delisle (1). Esprit
ouvert, le nouveau gouverneur comprenait combien l'action de la religion était nécessaire à la Réunion pour
apprendre aux citoyens (2) à faire bon usage de la liberté.
Brusquement affranchis après la Révolution de 1848, les
anciens esclaves croyaient volontiers que liberté était
synonyme de paresse, et pour eux, être libre, c'était surtout ne rien faire ; on ne pouvait en faire de vrais citoyens,
des travailleurs libres, qu'en en faisant de bons chrétiens.
M. Hubert-Delisle en était convaincu, et son concours ne fit
jamais défaut à Mgr Desprez. La colonie n'eut qu'à se
louer de cette entente entre l'autorité spirituelle et l'au-

(1) M. le commandant Doret, justement disgrâcié, fut cependant
appelé au Sénat. L'empereur Napoléon III payait ainsi une dette de
l'empereur Napoléon Ier. Lorsque celui-ci, avant de se rendre à bord
du *Bellérophon*, première étape sur la route de Sainte-Hélène, se trouvait à Rochefort, l'enseigne de vaisseau Doret lui offrit de le conduire,
à travers la croisière anglaise, à bord d'un bâtiment américain qui
attendait au large. Reconnaissant pour lui, l'empereur l'était aussi pour
son oncle; il avait dû rappeler M. Doret; il ne pouvait en faire un amiral puisqu'il était en retraite; il lui donna un siège au Sénat.

(2) On appelait dédaigneusement « citoyens » les esclaves affranchis
par le décret du Gouvernement provisoire; et les noirs, libres avant
l'émancipation, n'étaient pas les moins empressés à appeler ainsi leurs
congénères.

torité civile, et le long gouvernement de M. Hubert-Delisle a laissé à la Réunion les meilleurs souvenirs (1). Nous en trouvons une preuve éloquente, dans un rapport de M. de Chasseloup-Laubat, ministre de la marine, en date du 1er février 1860, et dans un décret impérial de même date qui autorisent « M. Hubert-Delisle, sénateur, ex-gouverneur de l'île de la Réunion, à accepter l'offre d'un buste en marbre qui lui est faite par les colons de l'île de la Réunion comme témoignage de leur reconnaissance pour les services par lui rendus à la colonie qu'il a administrée, de 1852 à 1858. »

Obligé de nous hâter, nous ne nous arrêtons pas aux années passées par l'abbé Fava auprès de Mgr Desprez, dont il était devenu le vicaire général à la Réunion, le 31 décembre 1855 ; cette nomination suffit à montrer quel concours intelligent et dévoué l'évêque avait trouvé dans son jeune secrétaire. En 1857, Mgr Desprez était rappelé en France par sa nomination à l'évêché de Limoges ; il partit de Saint-Denis le 9 mai, avec son vicaire général, et arriva en France le 10 juin. Cette fois, nos voyageurs n'avaient pas pris la voie du Cap de Bonne-Espérance ; ils étaient venus de la Réunion à Suez et avaient traversé l'Egypte en charrette, de Suez au Caire, en chemin de fer du Caire à Alexandrie, où ils s'étaient embarqués pour la France.

L'Evêque de Limoges prétendait bien garder son vicaire général et il l'avait fait agréer par le gouvernement ; mais l'abbé Fava refusa de rester ; il se sentait appelé aux missions lointaines ; déjà, sans doute, il rêvait de planter la croix sur la côte orientale d'Afrique alors encore sans mission. Le successeur de Mgr Desprez, Mgr Maupoint, était heureux d'emmener comme vicaire général le prêtre zélé

_____

(1) De cette époque datent, entre M. Hubert-Delisle et le secrétaire de Mgr Desprez, des relations cordiales qui ont duré jusqu'à la mort du premier et se sont continuées avec sa famille.

qui avait si bien servi son prédécesseur et qui serait pour lui, dans un pays tout nouveau, un puissant auxiliaire. L'abbé Fava vit là un ordre de la Providence, et, le 15 août, il repartait avec Mgr Maupoint. A leur arrivée à Saint-Denis, le 23 octobre, le prélat et ses vicaires généraux furent admirablement reçus. Le gouverneur qui était encore M. Hubert Delisle, leur avait envoyé à Maurice la frégate la *Loire*.

M. l'abbé Fava avait repris depuis quelques mois ses fonctions de vicaire général, lorsqu'il partit sur le brick le *Génie* pour faire une exploration de la côte orientale d'Afrique ; quittant Saint-Denis, le 24 juin 1858, il visita successivement Sainte-Marie de Madagascar, Nossi-Bé et Mayotte, colonies françaises, Mozambique, colonie portugaise, Zanzibar et enfin la colonie anglaise des Séchelles; il rentrait à Saint-Denis le 3 octobre 1858. C'était un voyage de reconnaissance ; il était allé étudier la côte d'Afrique pour choisir le point où il planterait la croix.

Son plan était tracé, mais il lui fallait et les pouvoirs spirituels que pouvait seul lui donner le Pape et l'appui matériel du gouvernement français; il se décida à aller les chercher. Le 6 septembre 1859, il s'embarquait pour Marseille où il arrivait le 6 octobre ; le même jour, il prenait la route de Rome. Là, il fut reçu, et par le pape Pie IX, et par le cardinal Barnabo, préfet de la Propagande. Il eut bientôt fait agréer ses projets, et il reçut, avec le titre de vice-préfet apostolique de Zanzibar, les pouvoirs qu'il demandait. Le 21 décembre, il prenait la route de France.

L'empereur n'était plus dans d'aussi bonnes dispositions pour les catholiques, qu'au moment de la création des évêchés coloniaux ; la guerre d'Italie était déjà décidée, et il allait s'engager dans la politique révolutionnaire qui, ouverte par les victoires de Magenta et de Solférino, devait ensuite, par Castelfidardo et Sadowa, aboutir à la catastrophe de Sedan et au guet-apens de la Porta Pia.

Cependant il recevait avec bienveillance les membres du clergé, et il comprenait que les missionnaires catholiques, en portant au loin l'Evangile, étendaient l'action de la France. Il fit donc bon accueil à l'abbé Fava qui fut invité à déjeûner aux Tuileries. Après le déjeûner, comme il le faisait souvent lorsqu'il voulait s'entretenir avec quelque invité, l'empereur se retira avec l'abbé Fava dans l'embrasure d'une fenêtre et l'invita à lui exposer ses projets. Avec son regard un peu vague et comme éteint, il semblait parfois ne plus écouter ; l'abbé Fava s'y trompa et s'arrêta. Comprenant son erreur, l'empereur sourit et, en quelques mots d'une remarquable précision, il résuma les explications qui venaient de lui être données. En même temps il promit à l'abbé Fava l'appui du gouvernement. La promesse fut tenue ; le consul français reçut des instructions dans ce sens et il ne cessa pas de donner à la mission tout son concours.

Le premier, nous avons jadis signalé dans la presse un des résultats de cette audience de l'abbé Fava ; nous ne pouvons pas l'oublier ici. Si courte qu'ait été son apparition à Zanzibar, l'abbé Fava avait immédiatement compris que les Anglais travaillaient à préparer l'occupation de cette île, un des points les plus importants de la côte orientale d'Afrique au point de vue de la pénétration dans le continent. Ils prêtaient sans compter au sultan Saïd Meggid qui dépensait avec une imprévoyance tout orientale. Cette générosité, peu désintéressée, leur livrait le sultan qui, ne pouvant les payer, serait obligé, un jour ou l'autre, de leur abandonner une partie de ses Etats ou de se reconnaître leur vassal. L'abbé Fava dévoila ce calcul à l'empereur qui fit son profit de l'avis. L'Angleterre était encore un peu reconnaissante à la France de la guerre de Crimée, et elle se préparait à agir en Chine de concert avec elle ; il lui fallait donc ménager l'empereur. Celui-ci en profita pour lui imposer un traité secret par lequel les deux puissances s'engageaient à ne pas occuper Zanzibar. L'empereur tombé, le traité a été mis en oubli, et maintenant l'Angleterre est la maitresse à Zanzibar, mais elle a dû, pour faire accepter la situation à la France, reconnaître ses droits sur Madagascar. C'est donc à l'abbé Fava, au missionnaire de Zanzibar, que nous devons cette reconnaissance.

Muni des pouvoirs spirituels et assuré de l'appui du consul français, l'abbé Fava revint à la Réunion où il débarqua le 18 mars. Quatre mois après, au mois de juin, il retournait à Zanzibar, sur un navire à voiles de Marseille, l'*Union*, capitaine Ferrari ; il y passait trois mois, étudiant son terrain, et revenait en septembre à la Réunion. Dans les divers voyages qu'il fit alors pour sa mission, l'abbé Fava n'eut pas toujours des vapeurs de la marine militaire, ni même des voiliers de commerce français ; il dut parfois se servir de boutres arabes, bâteaux longs de dix mètres, larges de trois, avec une dunette de deux mètres de largeur sur quatre-vingt centimètres de hauteur ; le milieu du boutre est recouvert d'un toit en feuilles de cocotier ; il porte une voile triangulaire. Sur ces petits bâtiments, la navigation est à la fois pénible et dangereuse ; dans les gros temps, les passagers sont fréquemment mouillés par l'eau de mer ; les équipages sont parfois composés de véritables forbans dont la principale industrie est le transport des esclaves. Tout cela n'arrêtait pas le zélé missionnaire qui ne se souciait pas plus des dangers que des fatigues. Dans ces voyages, il put voir de près l'odieux trafic que les Arabes musulmans font des esclaves noirs ; aussi, trente ans plus tard, l'évêque de Grenoble fut-il un des premiers à applaudir chaleureusement à l'initiative du cardinal Lavigerie, lorsque celui-ci, sur l'invitation du pape Léon XIII, commença sa campagne pour l'abolition de l'esclavagisme africain. Comme le cardinal, il voyait dans le mahométisme l'une des principales causes de cet esclavagisme, et volontiers, il aurait demandé que le mahométisme fut, sinon détruit, au moins rejeté au loin et réduit à l'impuissance. Hélas ! nous ne sommes plus à l'époque des croisades, et l'Europe chrétienne divisée ne sait même pas empêcher ni réprimer les massacres d'Arménie.

Tout était prêt pour la fondation de la mission : le 21 novembre 1860, l'abbé Fava part pour Zanzibar sur l'*Etincelle* avec son personnel composé de deux prêtres du clergé de la Réunion, les abbés Jégo et Schimpff, six filles de Marie (1), et un chirurgien de la marine française, M. Abel Semanne. Nous laisserons ici la parole à l'abbé Fava :

Ce fut le 21 décembre que nous aperçûmes Zanzibar, et le 22 au matin nous étions en rade. Toute la journée fut employée à opérer le débarquement de nos bagages et à les transporter dans la maison qui nous avait été préparée et à laquelle nous donnâmes le nom de *la Providence*.

Déjà la nuit était faite, lorsque nous descendîmes dans les embar-

(1) Parlant des filles de Marie, l'auteur de ces notes se reprocherait de ne pas donner au moins quelques détails sommaires sur cette congrégation créole, fondée par deux tantes de sa femme.

Il y avait, dans une famille de la Réunion, deux jeunes filles, mesdemoiselles Marianne et Aimée Pignolet de Fresne, qui se sentaient appelées à la vie religieuse ; toutefois il ne leur semblait pas que leur place fût marquée chez les Sœurs de Saint Joseph de Cluny, seule congrégation existant dans la colonie. Elles eurent l'idée, dans laquelle elles furent encouragées par plusieurs prêtres, notamment par le R. P. Frédéric Le Vavasseur, leur parent, futur supérieur général de la Congrégation du Saint-Esprit et du Très Saint Cœur de Marie, de fonder une congrégation créole dans laquelle seraient largement admises les jeunes filles de couleur, et les négresses qui voudraient se faire religieuses et auxquelles c'était jusque là impossible. L'idée était d'autant plus opportune que l'émancipation s'annonçait, qui nécessairement multiplierait les vocations. Réalisant son projet en 1849, Mlle Aimée Pignolet de Fresne, devenue la mère Marie-Magdeleine de la Croix, fonda la congrégation des filles de Marie, avec douze religieuses dont plusieurs négresses ; sa sœur Marianne la rejoignit bientôt et devint la Mère Marie-Thérèse de Jésus ; on doit la compter parmi les ouvriers de la mission de Zanzibar où elle passa plusieurs mois. La Mère Marie-Magdeleine et la Mère Marie-Thérèse sont mortes, laissant une mémoire vénérée ; leur œuvre s'est maintenue ; les filles de Marie se sont multipliées ; elles sont à la Réunion, à Maurice, à Zanzibar, faisant partout le bien, et étant pour les missionnaires, de précieux auxiliaires.

cations qui devaient nous porter à terre. Il nous sembla que nous quittions alors notre patrie, l'île de la Réunion, dont la *Somme* elle-même, notre cher navire, nous retraçait l'image.

Les Zanzibariens qui nous virent débarquer et prendre le chemin de *la Providence*, se retiraient avec un respect mêlé d'effroi. M. Lerché, consul de France à Zanzibar, nous avait envoyé quelques soldats pour nous guider : ils ouvraient la marche.

A leur suite venaient les ouvriers de la mission; puis les six religieuses, couvertes de longs voiles. MM. Eymard, Schimpff, Sémanne et moi nous terminions le petit cortège.

La lune éclairait de sa bienveillante lumière cette prise de possession. Nous nous glissions comme des ombres le long des rues étroites de la ville. Nous marchions en silence, demandant à Dieu de guider nos premiers pas. Enfin, nous arrivâmes à *la Providence*.

A son aspect nous ne pûmes nous empêcher de nous écrier : c'est un monastère. En effet, cette maison, bâtie en pierres, est un vaste parallélogramme, dont deux côtés ont trente-sept mètres de longueur sur huit de largeur. Ils sont reliés entre eux, aux deux extrémités et au milieu, par trois ailes de cinq mètres de largeur sur douze de longueur. Il y a le rez-de-chaussée, un étage, puis des terrasses qui couvrent tout l'édifice. Les sœurs occupent, dans le voisinage, une maison qui conviendra admirablement à leurs occupations.

On s'étonnera peut-être de ne pas nous voir habiter, en arrivant, une hutte en paille. D'autres ont commencé leurs travaux sur la terre d'Afrique, en s'abritant ainsi sous un toit de paille, et en se nourrissant comme les noirs. Aussitôt la fièvre est venue, et leur mission est restée veuve.

Ici, comme ailleurs, la première chose est d'être. Or, pour continuer d'être et pouvoir s'occuper sérieusement, il faut, autant que possible, se loger dans un quartier et dans une maison où l'air soit sain, se nourrir comme des blancs, et ne pas braver, au début, ni le soleil ni la pluie.

Telle est la marche que nous avons suivie ; et, Dieu aidant, nous nous sommes conservés en bonne santé depuis notre arrivée. En outre, nous avions besoin d'une vaste maison pour les diverses œuvres que nous voulions entreprendre.

Dès le second jour, nous fûmes présentés à Saïd-Meggi 1, Sultan de Zanzibar et dépendances, par M. Lerché, consul de France, et par M. Langle, commandant de la station.

L'audience eut lieu dans un local situé sur le bord de la mer et appelé le Grand-Barza. Le prince vint avec tout son entourage recevoir ses visiteurs, jusqu'au bas de l'escalier. Il nous présenta la main à tous, fort gracieusement.

Dans la salle de réception, les visiteurs occupent un côté, le Sultan et les siens l'autre. Nous étions tous assis dans des fauteuils de l'Inde. On fit de part et d'autre les questions d'usage, sur la santé, sur le voyage, sur la France.

Nous ajoutâmes que nous venions soigner les malades, secourir les pauvres, instruire les enfants et leur apprendre des métiers. Saïd-Meggid répondit qu'il nous voyait avec bonheur arriver dans son pays, et qu'il espérait que nous lui serions un jour utiles à lui et à son peuple.

Ce jeune Sultan est un Arabe d'environ vingt-cinq ans. Sa figure est blanche et rappelle le beau type arabe. Son regard est plein d'intelligence et de douceur. Sa parole, son sourire, ses manières respirent la grâce. Quoique d'une taille à peine ordinaire, Saïd-Meggid a dans sa personne quelque chose de solennel.

On remarque en lui cet air de distinction qu'on rencontre chez les Arabes de la classe élevée. Il est à regretter que ce jeune prince, qui inspire la sympathie à tous ceux qui le voient, ait passé son adolescence dans un milieu si peu propre à développer les talents naturels.

Lorsque nous eûmes causé pendant quelque temps, vingt minutes environ, une file d'esclaves entra dans la salle. Ils passèrent devant nous et remirent à chacun une petite coupe d'un délicieux moka, puis le verre d'eau à l'essence de rose; vinrent ensuite des gâteaux à la façon arabe.

La conversation continua. Saïd-Meggid nous fit ses offres de services : c'est la clôture des audiences. Il nous dit, selon les coutumes orientales: « Ma maison est la vôtre; mes campagnes sont les vôtres ; usez-en avec moi comme avec un frère. »

Nous lui répondîmes que, de notre côté, nous mettions à son service notre maison, nos ateliers, tout ce que nous possédions et notre dévouement. M. Sémanne lui offrit les ressources de son art et les vertus mystérieuses de sa pharmacie.

Puis, selon l'usage, nous demandâmes la permission de nous retirer. Nous touchâmes la main du Sultan et celle de ceux qui l'entouraient. Il nous reconduisit jusqu'au bas du perron.

Au contact de ces Orientaux nous avions pris, sans le savoir, une attitude solennelle. Nous nous en aperçûmes dans la rue ; car il fallut changer notre marche et cesser de nous roidir pour reprendre le genre de l'Occident.

En rentrant à *la Providence*, nous nous trouvâmes en face de deux difficultés : l'aménagement d'abord. On ne voyait de tous côtés que des caisses, des ustensiles de tout genre, des planches, de la paille, tous nos colis jetés pêle-mêle. Ceux d'entre nous qui n'avaient pas l'habitude de manier le marteau, le balai et autres outils semblables, firent ce jour-là leur apprentissage. L'avenir devait nous perfectionner dans l'art du rabot et de la varlope.

La seconde difficulté était de trouver à déjeuner pour tout le personnel, la cuisine ne fonctionnant pas encore. Quoique royale, la collation que nous avions faite chez Saïd-Meggid ne pouvait nous soutenir longtemps dans le travail de l'aménagement.

Celui qui donne à tout ce qui respire le pain de chaque jour, nous vint en aide. Deux déjeuners nous arrivèrent à la fois : un du consulat de France, l'autre d'une princesse arabe Bibi-Kolé (1), sœur du Sultan. Les plats qui nous furent envoyés rappelaient le temps des patriarches ou les repas homériques.

C'eût été oublier la couleur locale, en cette occurrence, que de nous servir de couteaux et de fourchettes ainsi que d'assiettes. Nos doigts remplacèrent les instruments des pays civilisés. Il serait difficile d'assister à un banquet plus assaisonné de gaieté. Chacun tirait, mordait et riait de son côté. Le safran mêlé à tous les plats et toutes les sauces nous donnait à tous une teinte de jaunisse qui redoublait l'hilarité.

Ce repas fini, il fallut reprendre les travaux (2). »

Quatre jours après leur arrivée, le 25 décembre, les missionnaires pouvaient dire la messe de minuit dans une chapelle provisoire.

Parmi les assistants on remarquait MM. Jablonski, chancelier du consulat ; Peyronnet et Bérard, représentants des maisons de commerce de France établies à Zanzibar ; leurs employés, quelques autres Français ; des Espagnols, des Portugais qui habitent le pays : en tout, une soixantaine de personnes. Le père Schimpff toucha l'orgue ; les sœurs entonnèrent des chants de Noël, auxquels l'assistance s'unit de toute son âme.

Il y avait dans cette messe de minuit, continue M. Fava, la première que nous célébrions à Zanzibar, quelque chose de si insolite ; elle éveillait en nous tant de sentiments divers que nous pouvions à peine nous rendre compte de ce qui se passait en nous et autour de nous.

Nous étions à Zanzibar, au milieu d'une ville moitié mahométane, moitié païenne ; dans une maison bâtie par un Arabe, au pied d'un autel consacré au vrai Dieu, le seul qui fût sur ces immenses rivages, et au sein de ces vastes mers. Nos chants catholiques retentissaient librement à travers la ville, pendant le silence de la nuit. Le Fils de Dieu descendait pour la première fois au milieu de nous, de nous venus de la France, sur cet îlot perdu.

Cette présence auguste, ces pensées, les souvenirs d'enfance rappelés par les chants et la nuit de Noël, nous remplissaient d'une indicible émotion. Plusieurs parmi les assistants voulurent inutilement cacher leurs larmes.

(1) Bibi veut dire dans la langue du pays : madame, mademoiselle.
(2) Lettre du 17 juillet 1871.

Pour nous, prêtres et religieuses, nous sentions que nous étions désormais privés des grandes cérémonies du culte catholique ; mais nous étions heureux que Dieu ait bien voulu nous amener là, au pied de cet autel ignoré.

Afin de nous encourager dans notre isolement, nous nous disions : avant longtemps peut-être la mission ne portera pas de fruits ; au moins Notre Seigneur sera adoré sur cette terre où il était inconnu. Résidant en personne à l'entrée de ces vastes régions de l'Afrique encore inexplorées, le divin berger tôt ou tard appellera jusqu'à lui ces millions de mahométans et d'idolâtres, chères brebis rachetées comme nous de son sang précieux. La mission est l'instrument de Dieu pour le salut du monde.

Citons encore des passages d'une lettre de l'abbé Fava, datée du 12 août 1862, alors que la mission avait plus de dix-huit mois d'existence :

Lorsque j'écrivis à Mgr Maupoint, en juillet de l'année dernière, j'exposai à Sa Grandeur la bonne réception qui nous avait été faite à Zanzibar, les œuvres que nous avions entreprises et la misère morale de la côte orientale d'Afrique, si riche et si intéressante d'ailleurs. Je disais alors à Sa Grandeur que notre but, en commençant, était surtout de gagner la confiance des populations qui nous entourent, par la pratique de la charité chrétienne. C'est à cette fin que nous avions ouvert, dans la maison que nous habitions, un hospice pour les malades du pays, une salle de pansements, un hôpital pour les Européens, des ateliers pour l'apprentissage de quelques métiers, et une petite pharmacie.

Depuis lors, ces institutions ont continué de rendre les services qu'il était juste d'en attendre, vu nos faibles ressources. Il y a toujours eu, dans notre hospice d'indigènes, huit, dix, douze malades, sans parler des blessés qu'on nous amène au moindre accident. A mesure que ces malheureux se guérissent, d'autres prennent leur place. Parmi eux, huit sont morts après avoir reçu la grâce du baptême.

La salle de pansements est toujours fréquentée par les malades de la ville qui peuvent s'y rendre. Les mères y apportent aussi leurs petits enfants. Chaque matin, au son de la cloche qui les appelle, on voit arriver ces pauvres gens avec leurs larges plaies ensanglantées. Ils se traînent, les uns appuyés sur des bâtons, les autres s'aidant de leurs mains. Ce serait une bonne œuvre de les réunir tous dans un hôpital ; mais il faudrait un local et des ressources immenses pour recueillir tant de malheureux. Quant à l'Administration arabe, elle n'a pas l'habitude de s'occuper des besoins de cette nature.

Notre hôpital pour les Européens n'a presque jamais été vide.

Français, Anglais, Espagnols, Portugais, Américains, Hambourgeois, Piémontais, etc., viennent y réclamer des soins. En ce moment, nous avons un Anglais, un créole de la Réunion, un matelot de Toulon, un Américain, un Portugais et un ministre protestant qui a passé quatre mois à Mombaze. Nous avons recueilli dernièrement le capitaine d'un navire de la Réunion qui avait fait naufrage sur l'île Monsia, ainsi que trois de ses marins malades. Jusqu'ici, un seul homme est mort dans notre hôpital : c'est un matelot de la marine royale de Sa Majesté britannique. Il nous était arrivé couvert de nombreuses et profondes blessures. Parmi les personnes que nous avons reçues, se trouvait aussi un autre ministre protestant qui allait se fixer à la côte d'Afrique avec l'un de ses confrères. Leur mauvaise santé les a forcés de renoncer à ce projet. Ils sont venus à Zanzibar, où l'un des deux a passé une vingtaine de jours à l'hôpital de la mission, pour s'y rétablir ; puis ils ont repris la route de l'Europe.

..... Ces soins donnés aux pauvres, aux malades, aux vieillards, aux enfants, tant à l'intérieur de notre établissement qu'à l'extérieur ; ces services rendus à tous indistinctement, ressembleront sans doute à la goutte d'eau qui tombe sur la pierre. Mais si petite que soit cette goutte d'eau, pourvu qu'elle tombe toujours, elle finit par creuser une empreinte, puis un sillon. Un jour la pierre, fût-elle un rocher, se fendra. Les cœurs, il est vrai, sont parfois plus durs que le roc ; mais la grâce de Dieu sait changer les pierres en enfants d'Abraham.

..... Je sais que les Filles de Marie n'aspirent qu'à contenter Dieu, en soignant les infirmes avec un dévouement que rien ne rebute. Je me croirais toutefois coupable si je ne faisais ici nulle mémoire du bon exemple qu'elles donnent au sein de ces populations, où la dignité de la femme est méconnue ; si je ne disais pas le vrai martyre auquel elles se condamnent en pansant de leurs mains chaque jour tant de plaies repoussantes.

C'est sans doute le spectacle de ces œuvres qui nous attire quelque respect et nous assure une complète liberté d'action. Je n'exagère pas en disant que nous pouvons remplir notre ministère à Zanzibar comme dans une bonne ville de France. En effet, un Portugais mourut il y a quelque temps. Les sacrements lui furent portés à domicile, et son enterrement se fit selon les prescriptions du Rituel romain. Son corps fut apporté à la chapelle de la mission. L'absoute finie, nous nous rendîmes au cimetière avec toute la pompe possible dans une station naissante. Une grande croix en cuivre doré, ayant un beau Christ, était portée en tête du cortège par un catholique revêtu d'une robe blanche et d'une ceinture rouge. Des jeunes gens étaient chargés de l'encensoir et du bénitier. J'étais revêtu moi-même du rochet, de l'étole et de la chape, et accompagné de mes deux confrères en surplis. Le cercueil, parfaitement orné, était porté par les amis du défunt. Venaient ensuite les sœurs avec les jeunes filles qu'elles élèvent, puis une trentaine de catholiques. Nous ne rencontrâmes pas un seul obstacle sur tout le parcours de la route. Cependant la curiosité publique était excitée au plus haut point, et la foule allait toujours grossissant. Au fond de l'âme, nous chrétiens, nous ressentions une joie indicible, en contemplant l'Image de Jésus crucifié, exaltée à travers les rues de cette ville mahométane. Les prières de l'Eglise se changeaient pour nous en un chant de triomphe. Heureux enfants de celui qui a reçu toutes les nations en héritage, nous passions libres devant les mosquées, avec les insignes du catholiscisme, en face de ces vieux arabes, ébahis de voir ces choses étranges. Leurs yeux semblaient fixés à la croix comme si une puissance mystérieuse en fût sortie pour ébranler leurs âmes. On eût dit qu'en eux se réalisait ce que dit un des singuliers versets du Coran : « Il n'y aura pas un seul homme, parmi ceux qui ont eu foi dans les Ecritures, qui ne croie en Jésus avant sa mort. Au jour de la résurrection, il témoignera contre eux. (Ch. IV, v, 157).

Nous arrivâmes ainsi à l'extrémité de la ville, sur le bord de la mer. C'est là que nous avons acheté un terrain clos de murs, pour servir de cimetière aux catholiques. Nous fîmes la cérémonie de l'inhumation au milieu d'une foule immense, qui nous regardait avec avidité. Comment n'auraient-ils pas été étonnés de ce grand respect dont l'Eglise entoure les morts, eux qui pouvaient se dire avec raison : « Moi, lorsque je mourrai, je n'aurai pas de cercueil, peut-être pas même une tombe. On jettera mon corps à la mer, ou bien, caché sous un peu de sable, il sera exposé à devenir la proie des chacals. Jamais je ne serai honoré à ma mort comme les chrétiens honorent leurs défunts. » L'enterrement fini, nous retournâmes à la Providence. Vraiment nous aurions pu nous croire en pays de chrétienté. Depuis lors, nous avons eu occasion de renouveler cette cérémonie funèbre : tout s'y est passé de la même manière.

Encouragés par les égards qu'on nous témoigne, nous avons pensé que le moment était venu de créer des écoles pour les enfants de la ville. C'est le 19 mars 1862 que nous en avons fait l'ouverture. La fête de saint Joseph fut choisie, parce que la Mission est sous le patronage de la Sainte-Famille, en souvenir de sa fuite dans une contrée de l'Afrique : l'Egypte. Dans l'une de ces classes, il y a trente enfants d'origine indienne. Intelligents, gais, studieux, ils paraissent se plaire dans notre compagnie et commencent à lire et à parler le français. Ils ont une grande aptitude pour le calcul. On dirait qu'ils naissent avec une organisation faite exprès pour le négoce.

Il y a une classe à part pour les Arabes. Nous recevons à des heures particulières les jeunes gens qui sont dans le commerce. Nous instruisons aussi les esclaves que nous rachetons : nous leur apprenons le catéchisme, la lecture, l'écriture, le calcul et surtout un métier. Par prudence, nous n'avons jusqu'ici baptisé que quatre garçons et quatre filles. Sans doute, il est facile de racheter des enfants, puisqu'on les a pour vingt à vingt-cinq francs sur le marché aux esclaves, qui en est parfois encombré ; mais ce qui coûte cher, ce sont les soins assidus, la surveillance de chaque instant qu'exige leur transformation. En somme, ces enfants ne manquent ni de cœur, ni d'intelligence. Quatre d'entre eux avaient été volés à leurs parents par des Arabes, près du lac Nianza.

Souvent ces enfants et ces jeunes gens des diverses écoles nous interrogent sur notre religion. Puis, comme beaucoup d'entre eux passent avec nous une partie de la journée, ils observent nos coutumes. Rentrés chez eux, ils racontent à leurs parents ce qu'ils ont vu et entendu. Ils disent que nous sommes de la religion d'Iça (Jésus) et que nous l'adorons comme Dieu. Ils savent que le prêtre catholique passe sa vie seul ; que les pauvres, les malheureux, les enfants forment sa famille d'adoption ; qu'il abandonne ses parents, ses amis, sa patrie, pour être utile à des peuples qu'il ne connaît pas, et que son but, en travaillant ainsi, n'est pas de gagner une récompense humaine, mais de plaire à Dieu, en imitant les exemples qu'il a donnés dans la personne d'Iça, son fils.

C'est ainsi que la doctrine chrétienne se pose comme une lumière devant la société qui nous entoure. Elle apparaît déjà à ces esprits comme une de ces vagues lueurs que le navigateur discerne à peine sur une côte éloignée ; toutefois, c'est un signe d'espérance. Espérons donc que l'Esprit divin alimentera, accroîtra ce feu naissant, et que l'Afrique orientale ne restera pas à jamais plongée dans les ténèbres de l'ignorance....

Parmi les personnes que nous avons recueillies à l'hospice de la mission, se trouvaient deux jeunes filles. Une d'elles a été jetée mourante sur le bord de la mer par sa riche maîtresse qui s'ennuyait de la voir infirme et d'entendre les cris que lui arrachait une maladie aiguë. Elle la fit donc déposer comme une immondice sur le rivage. La marée montait, les lames arrivaient jusqu'à cette malheureuse. Près d'être engloutie, elle essaya inutilement de se traîner. Enfin elle réunit ses forces et poussa des cris de détresse qui furent entendus par un négociant français. M. Jablonski, gérant du consulat de France à Zanzibar, la fit recueillir et apporter à la *Providence*, où nos sœurs la soignèrent. Elle vécut encore trois jours.

L'autre jeune fille, âgée d'environ quinze ans, avait les jambes couvertes de plaies. Son maître, fatigué d'elle, la fit jeter au cimetière. Elle se trouva donc seule parmi les tombes et les broussailles. A force de cris et de supplications, elle attira quelques personnes qui l'apportèrent aussi à la *Providence*. Les sœurs pansèrent ses plaies et la prirent avec elles. Bientôt elle fut guérie. Je fis savoir à son maître qu'il n'avait plus à la réclamer, mais à continuer de la regarder comme morte. Elle s'instruit et travaille bien, et elle désire être chrétienne comme ses bienfaitrices.

Une dernière citation prise dans une lettre de Mgr Fava, évêque de Grenoble, à la *Semaine Religieuse*, et où il donne d'intéressants détails sur la dernière station qu'il ait fondée sur la côte orientale d'Afrique, celle de Bagamoyo :

C'est un bourg qui se déploie sur le rivage du continent africain, par le 6e degré sud de l'équateur. Il comptait, en 1858, environ cinq mille âmes, commandées par un *djémadar* ou chef gouverneur arabe.

Quand j'y allai, pour commencer une mission, en 1862, j'y trouvai le djémadar *Iça* Jésus, qui me fit bon accueil, lui ayant été recommandé par le sultan Saïd Medjid, de Zanzibar, son chef.

Ce jeune sultan avait lui-même reçu des recommandations, en faveur de notre mission, établie à Zanzibar, de la part de Napoléon III.

La demeure du djémadar Iça était en terre et de pauvre apparence. Je me choisis une case de même nature, non loin du gouverneur. Elle avait une porte pour toute ouverture, et la fumée y avait laissé le souvenir de son passage.

Julien, mon jeune domestique, m'avait accompagné et nous arrangions ensemble notre nouvelle demeure. La première nuit ne fut pas mauvaise : on dort bien partout quand on est jeune et fatigué.

Le lendemain, je dis à mon Julien : « Mon enfant, il faut me préparer la messe. — Père, me dit-il, il fait noir comme dans un four. — Allume quelques chandelles. » — Et, pendant qu'il les cherchait, j'allais couper deux bâtons dans un buisson, et je les enfonçai dans la paroi en terre. Là, j'établis mon autel de missionnaire et bientôt je pus commencer le Saint Sacrifice.

Avait-on jamais offert le divin Sacrifice sur ce rivage, depuis le sacrifice du Calvaire ? Je ne pense pas, François Xavier avait passé, allant dans l'Inde et venant de Mozambique, mais au large. Nul souvenir de prêtre catholique n'existait à Bagamoyo. Je prenais possession de cette terre, au nom de Jésus, Roi éternel et la mettais sous la protection de Saint Joseph, premier apôtre de l'Afrique, puisqu'il a conduit en Egypte, terre africaine, l'Enfant et sa Mère.

Cette hutte de sauvage valait pour moi une cathédrale. Elle m'inspirait plus de piété qu'un grand monument, et, en contemplant le Sauveur du monde sur le corporal de l'autel, sous forme d'hostie, je pensais à la distance qu'il y avait entre son trône de gloire au ciel et son abaissement sur la terre... je le priais de bénir cette Afrique tant abandonnée jusque-là et de la faire sortir des ténèbres de l'erreur.

Veut-on civiliser un pays ? Qu'on y aille dire la messe. Le sang de Jésus-Christ parle, crie, et attire du Ciel la lumière qui éclaire et la vertu qui civilise ; ou plutôt, il est lui-même la lumière et la vertu.

Voyez comment l'Afrique s'est transformée. En 1858, quand je visitai la côte occidentale, sur le brick de guerre français *le Génie*, commandant Méqué, nous ne trouvâmes d'Européens que sur l'îlot de Mozambique, et quand je m'installai à Bagamoyo, j'étais seul prêtre et seul blanc, sans doute, sur cette côte qui court du Cap de Bonne-Espérance au golfe d'Aden, c'est-à-dire du 35° degré de lattitude Sud au 30° degré de latitude Nord, 65 degrés ; quelque chose comme 17 à 1800 lieues. Mon diocèse était vaste. — J'étais chargé de la préfecture apostolique de Zanzibar, devenu aujourd'hui *Vicariat apostolique*, confié à Mgr de Courmont, mon fils dans l'épiscopat. »

Quelque attaché qu'il fût à cette mission de Zanzibar, qui lui avait coûté tant de fatigues et où il avait déployé tant de dévouement, le moment était venu pour l'abbé Fava de la quitter. Premier vicaire général de Mgr Maupoint, il se trouvait appelé, en vertu du décret d'organisation des évêchés coloniaux, à prendre l'administration du diocèse pendant l'absence de l'évêque, retenu en France par une douloureuse et longue maladie ; il lui fallut rentrer à la Réunion en novembre 1862. Toutefois, forcé d'abandonner sa chère mission, il tint à en assurer l'avenir, en la confiant, avec l'autorisation de la Propagande, à la congrégation du Saint-Esprit et du très saint Cœur de Marie qu'il avait pu apprécier à la Réunion. Son successeur comme préfet apostolique fut le R.P. Horner. Aujourd'hui, la mission, qui s'est développée, forme un vicariat apostolique dont l'évêque est Mgr de Courmont, « fils dans l'épiscopat » de Mgr Fava.

Il y avait peu de temps que l'abbé Fava était revenu à la Réunion comme vicaire général administrateur, lorsque commencèrent mes rapports avec lui ; ils ne devaient pas cesser. J'arrivais de France pour prendre la direction du journal catholique la *Malle ;* j'avais une chaude lettre de recommandation de Mgr Maupoint, retenu en France par la maladie, pour son vicaire général. Je venais de quitter l'épée pour la plume, ayant récemment donné ma démission d'officier, et j'allais débuter, sans aucun apprentissage, dans une carrière toute nouvelle. Je n'étais pas sans appréhension ; je me demandais si je saurais me diriger dans un pays inconnu ; je savais qu'en réclamant un rédacteur en France, on avait insisté pour qu'il eût l'expérience de la presse, à cause des polémiques incessantes et très vives dans lesquelles le journal était engagé. Ce n'était pas pour diminuer mes appréhensions.

Dans cette situation difficile, mon principal appui, mon guide a été l'abbé Fava. C'est à lui, en grande partie, que je dois d'avoir pu fournir à la Réunion une carrière de sept années (1). Dès lors, il comprenait l'utilité, la nécessité de la presse catholique, et il lui donnait, sur ce terrain restreint, l'appui qu'il devait lui continuer comme évêque. Est-il nécessaire de rappeler les lettres si encourageantes adressées chaque année par Mgr Fava à l'habile et zélé directeur de la *Semaine Religieuse* de Grenoble, M. le chanoine Saillard ? Nous ne résistons pas au désir d'en citer quelques passages :

« On nous inonde de feuilles qui distillent goutte à goutte le poison dans l'âme des lecteurs imprudents, écrivait Mgr Fava, le 30 décembre 1877, aux rédacteurs de la *Semaine* qu'il remerciait de leur dévouement et félicitait de leurs succès ; ne devient-il pas nécessaire que les amis de la Vérité, de l'Ordre, de la Religion, de la Patrie se remuent, s'ingénient, se cotisent et fassent l'impossible pour répandre la bonne parole ? Vous, Messieurs, vous offrez un contre-poison, ou plutôt vous remplacez la mort par la vie. Car la parole porte au monde la vie ou la mort : la vôtre est la *bonne semence* dont à parlé Notre Seigneur ; la vôtre est l'*arbre de vie* qui fait vivre éternellement, puisqu'elle émane du cœur et des lèvres du Verbe divin... Avec Dieu

---

(1) Ne puis-je pas, ne dois-je pas dire que je lui dois, au moins en partie, la suite de ma carrière de journaliste catholique déjà bien longue — plus de 30 ans, — mes débuts à la Réunion, qui m'avaient mis en rapports directs avec MM. Louis et Eugène Veuillot, ayant amené mon entrée à l'*Univers*.

et en Dieu, je vous bénis dans toute l'affection de mon cœur. » Le 30 décembre 1878: « Vous puisez, Messieurs, dans le danger qui menace les âmes et qui afflige l'Eglise, un nouveau courage pour le combattre... Nous invitons les personnes dévouées à s'unir à votre apostolat. Offrir aux pauvres qui ont faim et froid du pain et des vêtements, c'est faire œuvre agréable à Dieu ; mais à des milliers d'âmes qui disent sans cesse ici-bas j'ai faim, j'ai soif de vérité, *j'ai soif de vous, ô mon Dieu*, leur donner la vérité, leur donner Dieu, c'est faire œuvre divine. » Et Sa Grandeur recommande à ses chers diocésains « la propagande de la *Semaine Religieuse* par tous les moyens et toutes les pieuses industries dont ils peuvent disposer ». Les lettres se continuent ainsi, encourageant et félicitant les rédacteurs de la *Semaine Religieuse* ; le prélat finit même par rendre l'abonnement à la *Semaine* obligatoire aux paroisses. Avec ces idées qu'il avait déjà, en 1863, il était naturel que le vicaire général administrateur de Saint-Denis nous encourageât et nous soutînt, au moins pour l'œuvre dont la direction nous était confiée.

Une des grandes préoccupations de l'abbé Fava était l'éducation chrétienne de la jeunesse. La situation était moins mauvaise en 1863 qu'actuellement ; l'enseignement primaire public n'était pas « neutre », c'est-à-dire athée sous une étiquette de neutralité ; les frères des écoles chrétiennes et les religieuses—sœurs de Saint Joseph de Cluny et filles de Marie — tenaient la plupart des écoles, à la grande satisfaction des populations. Outre le collège de Sainte-Marie ouvert par Mgr Desprez dans les conditions que nous avons fait connaître, il y avait deux institutions secondaires ecclésiastiques à Saint-Paul et à Saint-Benoît. L'abbé Fava donnait son appui à toutes ces écoles et institutions ; il se prodiguait, présidant les distributions de prix et faisant ressortir les avantages, la nécessité de l'inspiration religieuse dans l'enseignement. Aux élèves du collège de Saint-Benoît, il expliquait en 1863 ce que doit être et ce qu'est un collège chrétien :

Mes enfants, je dirais volontiers qu'il y a comme un reflet divin qui vient du ciel pour embellir cette institution. Dans l'ordre du bien, elle vient après l'Eglise de Jésus-Christ. Le collège enseigne au point de vue naturel ce que l'Eglise révèle au point de vue surnaturel ; l'Eglise parle des vérités du monde invisible, le collège des vérités du monde visible, mais ces deux enseignements se confondent parfois, et toujours ils aboutissent à la même fin, Dieu. Ne nous parlez pas, vous qui voulez rétrécir l'esprit humain, qui prenez plaisir à isoler l'homme, à lui arracher le sceptre des mains et la couronne du front, de le séparer de Dieu. Pour nous, l'homme est toujours sous l'œil de Dieu, et le collège, tel que nous l'entendons, doit apprendre à l'enfant que, malgré sa déchéance, l'homme est resté le roi de la nature et que la création tout entière est pour l'homme ce que l'homme est pour Dieu. Cet enseignement doit apprendre à l'enfant que le Créateur s'est peint dans toutes ses œuvres, afin que l'âme humaine entendît partout une voix qui lui parlât de son Dieu...

C'est ainsi que le collège forme l'enfant à la connaissance de la vérité ; il forme aussi son cœur à la vertu ; il lui apprend à aimer ses semblables ; il en fait un enfant dévoué à la patrie et à tous les sentiments nobles....

Je dirai en terminant, chers enfants, que le collège, tel que nous l'entendons, travaille à conserver dans le cœur de l'enfant ce que nous regardons comme le plus précieux trésor de l'humanité, l'innocence ; pour nous, le vrai progrès, c'est le progrès moral ; la vraie civilisation, c'est la civilisation morale. Nous cherchons à former la conscience de l'enfant à la rectitude, pour qu'il sache un jour connaître le bien et le mal partout où ils se trouvent, et les appeler de leur nom. Nous voulons ainsi jeter dans la société un certain nombre d'hommes qui protestent contre les erreurs de l'opinion ; qui ravivent notre conscience publique, mère de la vraie civilisation, parce qu'elle est elle-même fille du christianisme. Conserver l'innocence dans un jeune corps, c'est le plus beau triomphe du collège. L'innocence est la gardienne des dons qu'un enfant a reçus du ciel ; elle ouvre son intelligence à des vérités que le vice ne discerne pas. L'innocence apprend le respect envers les parents, envers les maîtres, envers les condisciples ; elle rend un jeune homme aimable aux yeux du ciel et de la terre ; elle le grandit ; elle l'élève au-dessus de tous ; elle en fait l'honneur du collège, la joie de sa famille ; elle en fera plus tard l'ornement de la société.

Dans ce même discours, répondant à ceux qui accusent l'enseignement ecclésiastique de ne pas former les enfants

« aux vertus humaines qu'exigent la société et la patrie »,
l'abbé Fava, après avoir rappelé que la meilleure leçon est
celle de l'exemple, disait : « Partout où se trouve la patrie,
la noble France, il y a des prêtres français. Lorsque nos
braves soldats portent au loin le drapeau glorieux de la
France, des prêtres se disputent l'honneur de les suivre ;
lorsque notre flotte cingle vers les rivages lointains, nos
aumôniers sont là pour consoler le marin dans ses épidémies
et le soutenir à ses derniers moments. Aux champs de la
Crimée et d'Italie, le prêtre et le soldat marchaient côte à
côte et du même pas. Ceux qui nous accusent n'y étaient
pas ; c'est pourquoi ils ne nous rendent pas justice. » Et le
fondateur de la mission de Zanzibar pouvait ajouter :
« Nous sommes parfois sur de lointains rivages et chez
des nations barbares, où la patrie n'a jamais été et où cependant nous apprenons aux sauvages à bénir Dieu et la
noble France qui les assiste de sa généreuse offrande ».
N'était-ce point son histoire à lui-même ?

Ce discours nous en rappelle un autre prononcé au même
collège, quelques années plus tard, et qui fut le point de départ d'une série d'incidents que nous appellerions volontiers un « orage dans un verre d'eau », à cause du peu
d'étendue de l'île de la Réunion. Ces incidents, bien peu de
personnes existent qui en aient conservé le souvenir précis ; nous les raconterons donc brièvement.

Présidant au collège de Saint-Benoît une distribution des
prix à laquelle nous assistions, l'abbé Fava avait fait le
tableau de l'homme parfait, qui est le chrétien, fidèle imita-
teur du Christ, son divin modèle. Nous revenions ensemble
à Saint-Denis, et l'abbé Fava, qui devait présider la distribution des prix du pensionnat de l'Immaculée Conception (1),
se demandait quel sujet il traiterait. L'idée lui vint, qui

____

(1) C'est le principal établissement de la Réunion pour l'instruction
des jeunes filles ; il était et est encore tenu par les sœurs de Saint Joseph de Cluny. Ayant été l'aumônier de ce pensionnat,

nous parut excellente, de donner un pendant à son homme
parfait en présentant aux jeunes filles la femme parfaite.
Tout naturellement, cette femme était une fervente chrétienne, la « femme forte » des Livres saints ; il ne pouvait
en être autrement dans le discours d'un vicaire général parlant chez des religieuses. Or, le gouverneur de la Réunion,
dont nous ne voulons pas rappeler le nom, avait une femme
qui, devançant quelque peu son époque, posait pour la libre penseuse ; elle s'imagina qu'elle était visée dans le discours de l'abbé Fava et elle s'en plaignit à son mari qui eut
là maladresse de se faire publiquement l'organe de son
mécontentement. L'abbé Fava ne s'en émut guère ; il n'avait
nullement songé à la femme du gouverneur. D'ailleurs, la
réponse vint de haut ; l'abbé Fava avait envoyé ses deux
discours de l'homme parfait et de la femme parfaite au
ministre de la marine et des colonies, alors l'amiral Rigault
de Genouilly ; celui-ci le remercia par une lettre des plus
élogieuses. Le gouverneur dut regretter d'avoir parlé si
vite.

Dès cette époque, l'abbé Fava savait à l'occasion faire
respecter ses droits et sa dignité. Lorsqu'il était vicaire
général administrateur, le commandant de la station navale
de la mer des Indes donna, en rade de Saint-Denis, un dîner
officiel auquel il invita toutes les autorités. Volontairement
ou non, le vicaire général administrateur fut oublié, en violation des prescriptions formelles du décret constitutif des
évêchés coloniaux. L'abbé Fava se garda bien de réclamer,
mais il donna à son tour un dîner officiel auquel il convia,
avec toutes les autorités, le commandant en second de la
station, M. de Pritzbuer, depuis vice-amiral, laissant de
côté le commandant en chef. Celui-ci comprit la leçon et ré-

l'abbé Fava lui portait un grand intérêt ; il appellait, il appelle encore
les anciennes élèves ses « enfants », leur conservant une affection
qu'elles lui rendent bien ; nous pouvons l'affirmer en toute connaissance de cause.

para sa faute en faisant une visite d'excuses ; nous n'avons pas voulu nous rappeler son nom.

Mais revenons aux établissements d'enseignement : le vicaire général de la Réunion témoignait la plus grande bienveillance aux frères et aux religieuses ; il leur donnait le même appui que nous aurons plus tard à signaler chez l'évêque dans des circonstances plus graves. Le 29 août 1865, dans la première réunion de l'Association des anciens élèves des frères récemment fondée à Saint-Denis, il rendait un éloquant hommage au dévouement des fils du bienheureux Jean-Baptiste de la Salle : « Les chers Frères, disait-il, déjà lassés par le poids du jour, vont encore s'enfermer dans des salles d'études avec les adultes. Ils trouvent dans leur cœur assez d'amour du prochain pour tenir des classes du soir en faveur des jeunes gens, leur permettant ainsi de joindre l'étude à l'apprentissage d'un métier. Leur vocation est de donner l'instruction à la jeunesse ; pour y être fidèles, ils ne reculent devant aucun sacrifice, et celui qu'ils s'imposent en faisant la classe du soir est d'autant plus méritoire qu'il prend uniquement sa source dans l'amour de Dieu et du prochain. » En « rendant cet hommage public aux chers frères », le missionnaire ne manquait pas de rappeler que seule « l'Église catholique sait inspirer au cœur de ses congrégations religieuses un dévouement pour les enfants du peuple, d'autant plus admirable qu'il est plus modeste et plus ignoré ».

Puisque nous parlons des congrégations enseignantes à la Réunion, il y a une trentaine d'années, on nous permettra d'enregistrer le témoignage qui leur était donné par le gouverneur ; c'est comme un complément des paroles de l'abbé Fava citées plus haut.

Au supérieur des Frères, le gouverneur écrivait, le 13 juin 1865 : « Un des faits qui m'ont le plus frappé dans la tournée que je viens de faire, c'est l'excellente direction qui est donnée à l'instruction primaire dans les nombreuses écoles confiées à votre pieux institut. Grâce à vos sages méthodes et à l'esprit qui anime vos enseignements, il se forme maintenant, sur tous les points de la colonie, une génération nouvelle, élevée dans les habitudes d'ordre et de travail et dans les principes de morale chrétienne qui font les bons pères de famille et les citoyens utiles. Le dévouement que vos frères apportent à cette œuvre si essentielle pour l'avenir du pays mérite toute sa reconnaissance, et je suis heureux de me faire en ce moment l'organe du sentiment public en vous priant de leur transmettre l'expression de ma complète satisfaction. »

Les religieuses ne recevaient pas de moindres éloges. A la supérieure des sœurs de Saint-Joseph de Cluny, le gouverneur écrivait : « J'ai visité avec le plus vif intérêt, dans la tournée que je viens de terminer, les nombreuses écoles qui sont dirigées par les sœurs de Saint-Joseph. Grâce a la multiplication de ces excellentes institutions, les jeunes filles de toutes les classes reçoivent maintenant, sur tous les points de l'île, une éducation appropriée à leur condition. C'est pour la colonie un bienfait inestimable. La bonne éducation des femmes est, à tous les degrés de l'échelle sociale, le premier élément de la moralité d'un pays. Votre pieuse communauté se trouve ici chargée de ce grand intérêt. Je viens de constater par moi-même qu'il ne peut être en de meilleures mains. J'ai vu partout le zèle et le dévouement de vos sœurs obtenir les résultats les plus satisfaisants. Je vous prie de leur adresser, et d'en recevoir aussi pour vous, Madame la Supérieure, mes biens sincères félicitations. »

A la supérieure des filles de Marie : « J'ai visité dans ma tournée les écoles-ouvroirs dirigées par vos vénérables filles. J'ai vu avec une profonde satisfaction les succès qu'elles y obtiennent, et la facilité avec laquelle elles savent donner des habitudes d'ordre et de travail à celles mêmes de leurs petites élèves qui semblent y répugner le plus. De pareilles institutions méritent toute la sympathie de l'Administration. Soyez assurée, Madame la Supérieure, qu'elles ont toute la mienne, et que je ferai tout ce qui est en mon pouvoir pour en assurer le maintien et la propagation... »

Et en dépit de ces témoignages, qui n'avaient pas cessé d'être fondés, les écoles ont été laïcisés à la Réunion comme en France. On n'a même pas voulu comprendre cette parole de Gambetta que « l'anticléricalisme n'était pas un article d'exportation ».

L'île de la Réunion a été appelée par bien des voyageurs la « perle de l'Océan Indien » (1); c'est bien le meilleur pays de ces parages ; cependant le climat, par une chaleur presque continue, fatigue l'Européen; il lui faut se ménager, s'il veut, suivant une expression familière, « faire feu qui dure », et même tout en se ménageant, il est souvent obligé de venir refaire en France sa santé éprouvée. L'abbé Fava semblait insensible aux atteintes de ce climat énervant; il n'avait jamais besoin de se reposer; on le voyait, après avoir prêché le matin à Saint-Denis, partir, dans l'après-midi, au gros de la chaleur, pour aller dans quelque chapelle des environs porter aux noirs la parole de Dieu; ceux-ci étaient à la fois heureux et fiers de l'entendre ; sa dignité, sa prestance, augmentaient encore pour eux l'effet de sa parole (2). Dédaignant les voitures, l'abbé Fava allait à cheval ou à pied ; les plus longues courses ne l'effrayaient pas. Nous avons conservé le souvenir d'une course faite

(1) C'est surtout de l'île Bourbon, ancien et meilleur nom de l'île, que les voyageurs font un tableau enchanteur.

(2) Les noirs, véritables enfants, sont très sensibles aux avantages physiques ; un homme de haute taille leur en impose beaucoup. Voici à ce sujet, une anecdote typique. Un vicaire de Saint-Denis s'occupait beaucoup des noirs et en confessait un grand nombre; il était fort zélé et fort intelligent et savait bien les prendre ; un nouveau vicaire lui fut adjoint qui était de haute taille; presque tous les noirs allèrent au nouveau venu ; ils ne pouvaient pas admettre que le plus grand ne fût pas meilleur.

dans la saison chaude, *l'hivernage*, comme on dit à la Réunion ; nous nous rendions à la léproserie, et il nous fallait pour cela gravir les pentes assez rudes du cap Bernard qui domine Saint-Denis ; lorsque nous fûmes arrivés, au lieu de se reposer comme ses compagnons de route, l'abbé Fava, infatigable, alla faire une instruction aux lépreux tout heureux de l'entendre (1).

Lorsque Mgr Fava est arrivé à Grenoble, il va y avoir 21 ans, il a voulu visiter les paroisses les plus reculées de son vaste diocèse ; aucun chemin, si mauvais qu'il fût, aucune montagne ne l'arrêtait ; on l'a vu dans des endroits où n'était allé aucun de ses prédécesseurs ; ses courses de la Réunion l'avaient préparé pour cela ; il en avait franchi les plus hautes montagnes.

Avant de quitter la Réunion avec l'abbé Fava, nous signalerons rapidement une imposante cérémonie qu'il présida le 30 novembre 1865. En 1833, six habitants de Saint-Paul avaient renversé une croix de jubilé élevée en 1828 ; les six profanateurs moururent dans des circonstances où il est difficile de ne pas voir un châtiment de Dieu, mais la croix n'avait pas été relevée. Le 17 novembre 1865, l'abbé Fava commença à prêcher le jubilé aux habitants de Saint-Paul ; il le terminait le 30 septembre par la plantation d'une croix de jubilé qui venait remplacer celle qu'on avait renversée. La réparation fut solennelle ; toutes les autorités s'y étaient associées, et l'abbé Fava, en face de la croix triomphante, montra que, si Jésus-Christ a été outragé durant sa passion par des Juifs déicides, dix-huit siècles d'hommages solennels, d'amour et d'adoration, ont magnifiquement répondu et continuent à répondre à la scène ignominieuse du Golgotha. Puis, rappelant la profanation de

(1) La léproserie était alors confiée aux filles de Marie ; on n'y envoyait que les religieuses désireuses d'y aller ; lorsque l'une d'elles succombait, parfois atteinte de l'épouvantable maladie, vingt s'offraient pour la remplacer.

1833, dont les auteurs avaient été si promptement et si providentiellement punis, il félicita la ville de Saint-Paul de la réparation qu'elle faisait de cette insulte en portant en triomphe, en plein soleil, avec un élan admirable, l'image du Christ.

DEUXIÈME PARTIE

L'EVÊQUE

A plusieurs reprises, l'abbé Fava avait rempli les fonctions de vicaire général administrateur, notamment lorsque Mgr Maupoint s'était rendu à Rome pour le concile du Vatican. Dans ces fonctions, il avait été en relations continuelles avec l'Administration de la marine et des colonies, qui avait fort apprécié sa manière de traiter les affaires. « Lorsque l'abbé Fava nous a présenté une affaire, disait un membre du Conseil privé de la Réunion, qui ne passait pas précisément pour catholique, on est pleinement éclairé, et il n'y a plus qu'à prononcer. Seulement, on lui résiste difficilement, tant il est habile à vous convaincre. » Comme le ministère de la marine et des colonies, qui étaient alors réunies, avait naturellement son mot à dire dans le choix des évêques des colonies, il était à prévoir que l'abbé Fava, si justement apprécié, serait plus tôt que tard un de ses candidats. Aussi ne fut-on pas surpris lorsqu'on apprit à Saint-Denis que M. Crémieux avait désigné l'abbé Fava pour l'évêché de Saint-Pierre et Fort-de-France (Martinique). On regretta seulement ce départ, auquel on s'attendait, mais que l'on ne croyait pas si prompt (1).

Depuis plus de dix ans, la Martinique était sans évêque. A Mgr Leherpeur, son premier pasteur, avait succédé Mgr Porchez ; celui-ci était mort en 1859. L'empereur avait désigné pour le remplacer un prêtre que, pour des raisons certainement graves, le pape Pie IX n'avait pas cru devoir accepter ; il n'avait pas voulu céder, et l'Eglise de Saint-Pierre et Fort-de-France restait veuve. Il en était de même de celle d'Agen. On n'aurait certainement pas attendu la fin de cette regrettable situation de la révolution du 4 Septembre, dont les chefs, en dehors du général Trochu, n'étaient guère catholiques ; mais Dieu se sert des instruments les plus divers, et ce fut un juif qui mit fin au veuvage des églises d'Agen et de la Martinique.

Paris étant menacé par les troupes allemandes, le gouvernement de la Défense nationale envoya en province une délégation composée de MM. Crémieux et Glaiz-Bizoin et de l'amiral Fourichon. M. Crémieux devint à Tours l'hôte de l'archevêque, Mgr Guibert, depuis archevêque de Paris et cardinal. Bientôt, il subit l'ascendant du vénérable prélat, et comme il lui demandait ce qu'il pourrait faire pour lui témoigner sa gratitude pour l'hospitalité qu'il recevait, Mgr Guibert lui signala la vacance persistante des deux sièges d'Agen et de la Martinique. Peu de temps après, M. l'abbé Fava était désigné pour la Martinique, et M. l'abbé

(1) Les regrets augmentèrent lorsque la Réunion perdit son évêque, Mgr Maupoint, brusquement enlevé ; on pensa que, si la nomination de Mgr Fava avait un peu tardé, la Réunion aurait pu le garder. Nous-mêmes, nous nous faisions l'écho de ces regrets auprès de Mgr Fava, qui n'était pas encore parti pour la Martinique, et nous lui demandions si l'on ne pourrait pas faire des démarches pour obtenir qu'il retourne à Bourbon. « J'irai volontiers dans cette colonie que je connais et à laquelle m'attachent des liens de vingt ans, nous dit-il, mais je ne ferai rien pour peser sur la décision du Gouvernement et du Pape. »

Chaulet d'Outremont, chanoine de Tours, pour celui d'Agen.
C'étaient deux excellents choix pour lesquels M. Crémieux,
reconnaissant son incompétence, s'était laissé guider par
Mgr Guibert et par le nonce apostolique, Mgr Chigi. Le
décret qui nomma l'abbé Fava porte la signature de
MM. Crémieux, Glais-Bizoin et l'amiral Fourichon; M. Gambetta n'était pas encore arrivé; peut-être ne se fût-il pas
montré d'aussi facile composition que son collègue juif (1).

Prévenu de sa nomination à l'évêché de la Martinique,
l'abbé Fava quitta la Réunion le 8 avril 1871; il n'abandonnait pas sans regret le pays auquel il avait donné vingt
ans de sa vie et où il laissait tant de sympathies; il arriva
en France le 6 mai, en pleine Commune, et il dut attendre
à Versailles, où nous eûmes la joie de le revoir, — nous
avions quitté la Réunion depuis deux ans, — que l'ordre
fut rétabli. Le 25 juillet, il était sacré dans la cathédrale de
Montauban, en même temps que Mgr Legain, évêque de
cette ville; le prélat consécrateur était Mgr Desprez, archevêque de Toulouse, dont il avait été à la Réunion l'auxiliaire dévoué; les prélats assistants, Mgr Lacarrière, ancien évêque de la Guadeloupe, et Mgr Chaulet d'Outremont, évêque d'Agen. A la veille du sacre, la direction
des cultes fit des difficultés pour Mgr Fava, à cause du
bref pontifical, qui, comme nous le disions plus haut, le
nommait directement; mais Mgr Legain déclara qu'il ne
se ferait sacrer que si Mgr Fava l'était en même temps que
lui. La remise des deux sacres aurait fait une espèce de
scandale; le ministre des cultes, M. Jules Simon, craignait
le bruit, et il n'était pas mal disposé; il permit de passer
outre.

(1) Par une curieuse exception, l'abbé Fava, qui fut accepté avec
empressement à Rome, où l'on connaissait bien le fondateur de la mission de Zanzibar, fut nommé par bref direct du Pape, sans aucune
allusion à la désignation du gouvernement français. Cela lui suscita
une petite difficulté au moment de son sacre.

Avant de partir pour son lointain diocèse le 14 septembre, Mgr Fava se rendit dans son pays, à Evin-Malmaison ; nous avons eu communication d'un récit de la visite du prélat à la maison paternelle, daté du mois d'août 1871 ; nous le reproduisons dans sa touchante simplicité :

« Mgr Fava, récemment sacré à Montauban, quittait, il y a plus de vingt ans, simple prêtre, le diocèse de Cambrai pour l'île de la Réunion ; aujourd'hui, revêtu du caractère épiscopal, il va s'éloigner encore de sa patrie et de sa famille, pour aller diriger dans les Antilles l'Eglise de la Martinique. Avant de s'embarquer, il est allé visiter Evin, sa paroisse natale. C'était le dimanche 6 août. Sa Grandeur est arrivée le matin à la station de Leforest, où une cavalcade nombreuse l'attendait. Le cortège traversa le village de Leforest, qui avait été décoré avec goût pour recevoir les premières bénédictions du nouveau pontife. Arrivé au village d'Evin, Monseigneur descendit de voiture et fut reçu par le vénérable curé de la paroisse, M. Lavallé, qui a baptisé Monseigneur Fava. On comprend la douce émotion qui s'est emparée alors de l'évêque et du curé. Les nombreux témoins de cette heureuse rencontre pleuraient d'émotion.

« Evin-Malmaison était entièrement pavoisé et décoré, plus de quinze arcs de triomphe ornaient le parcours de la procession. Une scène bien touchante eut lieu vis-à-vis la maison paternelle du nouvel évêque. Mgr Fava a encore le bonheur de posséder son père, âgé de quatre-vingt-quatre ans. Ce vénérable vieillard se fit porter sous la grande porte de sa ferme. Là, un magnifique arc de triomphe avait été dressé ; il portait à son fronton ces mots : « Mon fils, bénis ton vieux père. » A l'approche du pontife, le respectable vieillard s'inclina profondément et demanda la bénédiction. L'évêque releva son père et lui dit : « Mon « père, bénissez d'abord votre fils, puis je vous bénirai. » Mgr Fava imita ce que faisait toujours Mgr de Pressy chaque fois qu'il rendait visite à son père. Rien ne saurait rendre l'émotion qui s'est emparée de l'assistance en ce moment si touchant.

« La ville de Douai où il a passé sa jeunesse, Boulogne où se célébrait une grande procession qu'il a présidée, et d'autres villes du diocèse de Cambrai et d'Arras, l'ont tour à tour possédé quelque temps. Partout l'on se plaignait d'avoir à se séparer sitôt de celui dans lequel on aimait à retrouver, avec la dignité, la science et la piété de l'évêque, l'affabilité la plus charmante, l'à-propos le plus vif et la courtoisie la plus exquise.

« Bientôt Monseigneur reprendra la mer, et l'île de la Martinique, privée depuis plus de dix ans de son premier pasteur, verra enfin cesser son long veuvage. »

I

LA MARTINIQUE

A la Martinique, on attendait avec impatience l'évêque vainement désiré pendant de longues années. La joie publique fut grande quand on apprit, le 4 octobre, que Mgr Fava arrivait à bord du stemer la *Caravelle*. « Mercredi passé, dit le journal *Les Antilles* du 7 octobre 1871, entre 4 et 5 heures de l'après-midi, le canon du sémaphore a annoncé le packet français, et la bonne nouvelle de l'arrivée de notre troisième évêque a retenti jusqu'aux coins les plus reculés de notre ville et de notre banlieue. Tous les cœurs se sont mis à battre à l'unisson. Tant d'âmes pieuses, en effet, tant de gens qui croient que la société n'a plus désormais de salut que dans l'alliance entière de la religion et de la liberté, attendaient avec impatience la délivrance de notre Eglise, plongée depuis bientôt douze ans dans un interminable veuvage. On sait si bien parmi nous que les idées d'ordre et de justice sont une conséquence forcée des idées religieuses. Enfin, nous touchions au moment désiré. La Martinique, qui vient d'être dotée d'un gouverneur dans lequel elle met toute sa confiance (1), allait donc posséder un évêque, complément obligé de son organisation, assise indispensable de ses futures destinées. Deux heures après le signal donné de la place Bertier, le steamer la *Caravelle* était sur rade, ayant à son bord Mgr Fava et son secrétaire, M. l'abbé Méresse. Mais la nuit était venue, il était trop tard pour qu'on songeât seulement à procéder à la cérémonie de réception du prélat ; il fallut la renvoyer au lendemain. »

Dans la nuit, Mgr Fava accepta l'hospitalité à bord d'un bâtiment de la marine militaire, le *Magicien*, dont le commandant, M. Mourat, lui avait préparé un appartement. Il débarqua le lendemain et fut reçu avec tous les honneurs prescrits par le décret constitutif des évêchés coloniaux. Mais cette pompe officielle n'est rien auprès des manifestations spontanées des populations heureuses d'avoir enfin un évêque. « C'est que, disaient les *Antilles*, cet évêque, c'est l'ordre, la paix, l'union de toutes les classes, la concorde et la fraternité dans leur expression la plus pure et la plus complète ! C'est la mansuétude paternelle de la Providence s'étendant encore davantage sur notre colonie qu'elle a déjà visiblement protégée dans tant de circonstances terribles et redoutables ! C'est un gage de réconciliation pour tous au pied des autels et sous la bénédiction commune de ce père de tous les fidèles ! C'est, si on le veut, une lumière nouvelle après un long passage dans les ténèbres, la résurrection après la mort morale. » Ces paroles, où l'on reconnaît le langage imagé des créoles, ces « gascons des tropiques », au dire de l'un d'eux (2), répondaient

(1) L'amiral Cloué, plus tard ministre de la marine et des colonies.
(2) Capo de Feuillide.

bien aux sentiments des populations ; on en trouve la preuve
dans les nombreux discours de bienvenue adressés au
nouvel évêque.

C'est M. l'abbé Blanger, vicaire général, plus tard évêque
de la Guadeloupe, puis de Limoges, et dont Mgr Fava devait
prononcer l'oraison funèbre, qui lui dit : « Vous régnerez,
mais par le combat ; vous régnerez sur des populations
qu'il faut avertir, reprendre même, selon le conseil de
l'Apôtre, mais qu'on ne saurait s'empêcher d'aimer ; vous
régnerez sur ces pieuses communautés religieuses qui feront la joie de votre épiscopat par leur généreux concours ;
vous régnerez sur ces associations charitables qui n'attendaient que votre arrivée pour marcher avec un nouvel élan ;
vous régnerez surtout sur vos prêtres qui, spontanément,
sont accourus de tous les points du diocèse pour vous témoigner leur respect, leur affection, comme ils nous ont
toujours témoigné une estime qui demeure notre meilleure
récompense. Et vous régnerez, Monseigneur, par cette réputation de zèle apostolique, de prudence et de bonté qui
vous a précédé ; comme le pontife de douce mémoire, dont
je suis heureux de vous transmettre l'héritage (1), vous
nous enchaînerez tous dans les liens de la charité, *in vinculis
charitatis.* » C'est le maire de Saint-Pierre, adressant à
Mgr Fava ce compliment de bienvenue, assez court pour
que nous puissions le reproduire intégralement : « Nos vœux
sont aujourd'hui pleinement exaucés, un prélat selon nos
cœurs nous est donné. Aux vertus qui forment l'apanage
de Votre Grandeur, vous joignez, Monseigneur, le précieux
avantage de connaître déjà les populations des colonies,
leurs besoins et leurs aspirations les plus intimes. Parmi
ces aspirations, au premier rang, vous le savez, Monseigneur, il faut placer le règne incontesté de notre divine
religion. C'est l'amour de la religion, c'est ce noble senti-

(1) Mgr Porchez.

ment qui, secondé d'un autre amour, celui de la patrie et du respect des lois humaines, prépare et assure le bonheur et la prospérité des peuples. Nous avons l'assurance, Monseigneur, que votre haute influence contribuera puissamment à réunir, dans un même sentiment d'union, de concorde et de charité, tous les enfants de la Martinique, pour travailler au bonheur de cette belle colonie. Ils ne formeront plus ainsi qu'un seul et même troupeau, à la voix de son digne et vénéré pasteur. »

A Fort-de-France, qui a sa cathédrale comme Saint-Pierre (1), l'enthousiasme ne fut pas moindre. Le Maire de Fort-de-France, M. Godissart, plus tard, député, et dont les votes ne répondirent guère aux chrétiennes paroles prononcées dans cette circonstance, disait à Mgr Fava : « Le peuple dont nous sommes les élus, aime Dieu, la liberté, la famille, la patrie... Il sait, Monseigneur, que l'orphelin, l'opprimé, le pauvre, tous ceux qui pleurent, tous ceux qui souffrent, peuvent se placer sous votre égide paternelle, et que vous, représentant le divin Maître, vous les accueillerez, vous les protégerez, vous les consolerez. Il sait aussi l'alliance intime qui a toujours existé entre la liberté et la religion du Christ, religion qui, dans sa grandeur sublime, a pour bases l'indulgence pour les erreurs et les faiblesses, l'oubli des injures, l'amour de la paix et de l'union. Il sait enfin, Monseigneur, que qui aime le peuple est aimé de Dieu. Puisse le Ciel, écoutant mes vœux, accorder de longues années à Votre Grandeur pour le bonheur des fidèles qui lui ont été confiés par la divine Providence. »

Avons-nous besoin de dire que les réponses du nouvel

____

(1) Mgr Fava portait le titre d'évêque de Saint-Pierre et Fort-de-France, et, comme le rappelait, M. l'abbé Blauger, vicaire général, avant de s'appeler l'évêque de Saint-Pierre et Fort-de-France, le premier pasteur du diocèse s'appelait l'évêque de Fort-de-France et le premier rivage qu'il avait foulé avait été le rivage de Fort-de-France.

évêque aux divers discours de bienvenue n'étaient pas pour diminuer l'enthousiasme ? A M. le vicaire général Blanger, il disait : « Nous arrivons à la Martinique parce que Dieu le veut, et avec bonheur parceque nous y trouvons un clergé digne du respect, de l'estime et de l'affection des fidèles, animés eux-mêmes d'un excellent esprit. Nous n'ignorons pas non plus que les congrégations religieuses travaillent, avec autant de succès que de zèle, au bien de la jeunesse, et qu'elles nous seront d'un puissant secours dans l'accomplissement de notre mission, ainsi que les conférences de Saint-Vincent de Paul et les pieuses confréries. Elles nous aideront à rendre la demeure du pauvre ce qu'elle a été dans d'autres temps, un sanctuaire béni de Dieu, parce qu'il y trouve droiture, probité, innocence, tout ce que le Seigneur aime à contempler et à bénir. Nous bénissons dès maintenant ces dévouements, et nous sommes heureux de venir unir notre action à toutes celles que nous avons nommées, pour la gloire de Dieu et pour le bonheur de la Martinique.»

Au maire de Saint-Pierre, dont nous avons reproduit l'allocution tout entière, il disait : « Comme vous l'avez dit, Monsieur le Maire, c'est sur la religion que repose la société, car seule la religion possède l'autorité aussi bien que la vertu de rendre sacrée la loi, sans laquelle la société est impossible. Notre ministère a pour but d'apprendre aux hommes les lois dont Jésus-Christ est l'auteur, et tous nos efforts tendront à les faire aimer et pratiquer parce que le bonheur du peuple est à ce prix. Vous pouvez croire que la ville de Saint-Pierre compte en nous un citoyen de plus, qui sera fier de ses gloires, heureux de ses succès, touché de ses malheurs, et surtout consolé des peines inséparables de la vie, par le spectacle des vertus que cette ville ne manquera pas de nous donner. En un mot, Monsieur le Maire, l'homme n'a pas à chercher un modèle bien loin : le Fils de Dieu est le modèle de l'homme en tout. Notre Seigneur a aimé sa patrie, il a pleuré sur Jérusalem, il l'eût sauvée si elle eût écouté sa voix. Nous voulons, comme ce divin Maître, vous aimer et vous servir. Notre action n'a pas à se déployer dans les affaires administratives, étrangères à notre caractère, mais il y a toujours le terrain du dévouement où nous pourrons poser le pied sans nulle appréhension. Pour un évêque, le dévouement est plus qu'un droit, c'est un devoir. Il ne pourra donc déplaire à personne de nous le voir pratiquer envers tous indistinctement. Nous sommes le père de tous nos diocésains, et par la grâce de Dieu, nous saurons ne pas l'oublier.» Dans sa réponse à M. Godissart, maire de Fort-de-France, qui était en même temps vice-président du Conseil général de la Martinique, alors fort généreux pour les établissements religieux d'enseignement, Mgr Fava montra immédiatement toutes ses préoccupations pour l'éducation religieuse de la jeunesse. Après avoir dit combien un évêque était heureux en mettant le pied pour la première fois sur un rivage, d'être accueilli comme il l'était, par la population et les magistrats de la cité, il continuait ainsi : « Je sais, Monsieur le Maire, combien vous êtes dévoué aux intérêts religieux du peuple, reconnaissant que la religion est la base de la société et la source de la vraie liberté. En effet, la vraie liberté est celle qui nous enseigne le légitime usage de nos droits et de nos facultés, tout en nous faisant souvenir que nos droits s'arrêtent là où commencent les droits d'autrui. Par la création d'écoles nombreuses vous assurez à la jeunesse du peuple des instituteurs qui sauront lui donner ce respect d'autrui sans lequel il n'y a pas de liberté possible. Permettez-moi, Monsieur le Maire, de ne plus voir en vous seulement le maire de cette ville, mais le vice-président du Conseil général à qui s'offre ma vive reconnaissance. C'est vraiment aimer le peuple que d'instruire religieusement ses enfants. Tel est le souci du conseil général, et c'est sa gloire, comme aussi son titre à ma profonde gratitude. » Enfin, les *Antilles*, résumant le discours prononcé par Mgr Fava, à la cathé-

drale de Saint-Pierre, pour sa prise de possession, disait :
« Le prélat a terminé son allocution en déclarant que, si
jamais il faisait un acte ou prononçait une parole qui
puisse faire peine à quelqu'un, c'est que la lumière aurait
manqué à son esprit, mais jamais le dévouement à son cœur.
Dès lors, ses enfants se souviendront de ce qu'ils doivent
à leur père, et une parfaite harmonie régnera toujours entre
le pasteur et les fidèles. » Nous pouvons ajouter que le journal avait été bon prophète ; comme nous le verrons, « l'harmonie a régné entre le pasteur et les fidèles » jusqu'au
jour où le pasteur, au grand regret des fidèles, a été appelé, par le chef suprême de l'Eglise, à un autre diocèse.

Ces « souvenirs » ne comportent pas une histoire complète
de l'épiscopat de Mgr Fava à la Martinique, ni à Grenoble ;
nous nous bornerons à relever quelques faits, à citer quelques paroles, en suivant généralement l'ordre chronologique.

Le 9 octobre 1871, Mgr Fava adressait au clergé et aux
fidèles sa lettre pastorale de prise de possession. Il commençait par remercier : « L'accueil qui nous a été fait à
Saint-Pierre et à Fort-de-France, disait-il, nous impose la
douce obligation de rendre de publiques actions de grâces
aux membres des diverses administrations, au clergé,
aux congrégations et aux fidèles de ces deux villes. Nous
ne voulons nommer personne, puisqu'il faudrait nommer tout le monde ; tous sont confondus dans notre
reconnaissance comme dans notre affection. » Il exposait ensuite dans quels sentiments il acceptait la lourde
responsabilité de l'épiscopat : « Nous aurions raison
de trembler, disait-il, si nous avions placé notre espoir en
nous-même. Mais non, notre espérance est en Dieu. « De-
« puis longtemps, avons-nous écrit au Saint-Père, nous
« avons compris combien terrible est la charge d'un pas-
« teur à qui sont confiées toutes les âmes d'un diocèse, et de
« quelles difficultés est entouré le devoir ou de conserver

« les fidèles dans la voie de la vérité et de la vertu, ou d'y
« ramener les égarés. Mais deux évêques, qui ont été pour
« nous, au diocèse de Saint-Denis, deux modèles pendant
« vingt ans, nous ont appris que Dieu bénit toujours les
« travaux de ceux qui, s'appuyant sur les mérites du Sau-
« veur Jésus, prennent soin avant tout de ne poser aucune
« borne à l'amour et à l'obéissance qu'ils doivent au Saint-
« Siège. Or, nous promettons de ne jamais oublier cette vé-
« rité qu'il a plu au Saint-Esprit de nous rendre plus sa-
« crée et plus chère encore par la déclaration de l'infail-
« libilité du Souverain Pontife, docteur de l'Eglise
« universelle. Car tel est le privilège que le divin Maître a
« daigné accorder à Pierre et à ses successeurs. Cette doc-
« trine qui nous a été enseignée dès notre jeunesse au
« Séminaire de Cambrai, tout fidèle doit, à notre avis, la
« respirer comme l'air natal. Pour nous, nous la recevons
« de l'Eglise et nous l'embrassons de tout notre cœur, et
« nous l'approuvons entièrement dans le sens que le saint
« Concile a voulu la définir et l'a définie. » Le saint Pontife
Pie IX a daigné nous répondre avec une bonté toute paternelle et nous donner, comme gage de sa bienveillance, la
bénédiction apostolique. » Cet amour, cette obéissance pour
le Saint-Siège, dont le nouvel évêque faisait si hautement
profession, Mgr Fava n'a cessé d'en donner d'éclatants témoignages à la Martinique comme à Grenoble ; nous rappellerons seulement ici sa création des Serviteurs de saint
Pierre, et la filiale obéissance avec laquelle, sur un désir
de Léon XIII, il sacrifia le chapitre de son catéchisme qu'il
avait consacré aux devoirs électoraux et dont on ne pouvait
contester ni l'exactitude doctrinale, ni l'opportunité.

Outre sa confiance en Dieu et son humble soumission au
Saint-Siège, le nouvel évêque avait d'autres motifs de confiance. D'abord, il comptait sur les bons sentiments du clergé qui « avait su conserver l'esprit de Dieu et conquérir
le respect, l'estime et l'affection de la colonie par ses ver-

tus, son zèle et sa prudence », si bien que, « malgré l'absence de l'évêque, toujours sensible à son diocèse comme celle d'un père à sa famille, ni l'administration générale du diocèse, ni la discipline n'avaient souffert ». Ensuite, n'avait-il pas le concours des congrégations et confréries religieuses auxquelles il rendait cet hommage ? « Avec quelle consolation nous prononçons vos noms, pieuses et ferventes congrégations qui partagez les travaux du clergé et les nôtres. Nous vous avons nommés, pères du Saint-Esprit et du Saint-Cœur de Marie, à qui sont confiées nos maisons d'éducation et plusieurs autres œuvres très prospères. Héritiers des qualités qui distinguaient votre saint fondateur, le vénérable père Libermann, vous saurez de plus en plus élever les âmes vers Dieu par la science et la vertu. Nous vous avons nommés, chers frères de Ploërmel, pieux enfants de l'Eglise et de la Bretagne, instituteurs zélés des enfants du peuple. Nous vous avons nommées aussi, vous, nos chères sœurs de Saint-Joseph de Cluny, illustrées sur beaucoup de rivages par votre dévouement, et vous aussi, nos chères sœurs de Saint-Paul de Chartres, si recommandables par votre charité. Pourrons-nous oublier les âmes qui s'unissent pour glorifier le Seigneur par la prière, ou le faire bénir par leur charité comme les conférences de Saint Vincent de Paul ? Nous ne saurions non plus taire votre nom, pieuses associations d'hommes et de femmes répandues dans tout le diocèse. Vous pouvez compter sur notre dévouement, car nous savons combien il est utile aux fidèles de venir se ranger sous vos bannières sacrées. » Enfin, il ne doutait pas d'avoir le concours empressé de l'Administration. « Nous ne saurions nous dissimuler, disait-il, qu'il arrive rarement aux évêques de ne pas voir s'élever devant eux des obstacles qui arrêtent leur marche vers le bien, surtout aux colonies où l'on se trouve placé dans des conditions exceptionnelles. Vingt ans passés à l'île de la Réunion nous ont appris toutefois, nos très chers Frères, que nous serons sûrement aimé de vous pourvu que nous sachions vous aimer en remplissant religieusement les devoirs de notre charge pastorale. De même, nous vivrons en parfaite harmonie avec l'Administration supérieure du pays dont un amiral est maintenant le chef respecté, si nous sommes fidèle à nous souvenir qu'elle environne toujours d'honneur la loi, cette chose sacrée, dont le but est de fixer les droits, mais aussi les devoirs de chacun. Un pays est heureux quand la justice est en possession de régler sa marche et ses destinées, et il s'avance à grands pas vers l'idéal de bonheur possible en ce monde, lorsque les élus du peuple sont attentifs à prendre la religion pour base de la société et à vouloir que l'instruction religieuse soit largement donnée à toutes les classes de la société. Ici, à la Martinique, on a compris que ce n'est pas seulement pour les individus, mais aussi pour les sociétés, que Notre Seigneur a dit : « *Cherchez d'abord le règne de Dieu et sa justice, et tout le reste vous sera donné par surcroît.* » Hommages soient rendus aux hommes intelligents qui ont suivi cette voie. Elle est celle de la sage raison foulant aux pieds les préjugés et les passions : la voie où l'on recueille les meilleurs fruits que des administrateurs puissent jamais désirer pour leur pays et ambitionner pour eux-mêmes. » On pouvait parler ainsi, avec un peu d'optimisme peut-être, en 1871, mais aujourd'hui, combien pareil langage serait peu de saison en France comme aux colonies. Depuis cette époque, nous avons grandement marché dans la mauvaise voie.

Mgr Fava terminait sa lettre pastorale en consacrant son diocèse au Christ Jésus, à la Vierge Marie et à ses deux patrons, saint Joseph et saint Amand. Il disait, invoquant celui-ci : « Et vous, noble pontife, saint Amand dont nous portons le nom, vous avez aimé en même temps l'Eglise et le jeune royaume des Francs ; vous avez été l'ami du Pape saint Martin, et vous avez baptisé le roi Sigebert ; vous vous êtes penché sur le berceau de la France comme une mère sur le berceau de son premier-né ; priez pour notre chère patrie ; priez pour la Martinique qui est sa fille aussi bien que la fille de l'Eglise ; priez pour son pasteur afin qu'il soit comme vous un apôtre zélé de Jésus-Christ. » Nous nous serions reproché de ne pas rappeler ces paroles dans l'année des belles manifestations de Reims pour le quatorzième centenaire du baptême de Clovis, c'est-à-dire du baptême de la France.

Nous nous sommes étendu un peu longuement sur cette première lettre pastorale de Mgr Fava, parce qu'elle indiquait ce que voulait, ce que devait être l'évêque ; nous ne pourrons évidemment pas citer et résumer ainsi toutes les lettres pastorales du prélat, soit à la Martinique, soit à Grenoble. Dès son premier mandement de carême, daté du 11 janvier 1872, Mgr Fava commence son rôle de docteur ; il se fait un devoir d'exposer à ses ouailles les grandes vérités religieuses. Dans ce premier mandement il commente ces paroles bien connues de l'Oraison dominicale : « *Panem nostrum quotidianum da nobis hodie.* Par ces paroles, nous demandons à Dieu, non seulement « les aliments matériels », le pain du corps, mais aussi le pain de l'intelligence et le pain de l'âme, « nourriture surnaturelle qui vient directement du Ciel et que la religion nous offre ». Ces trois nourritures, les parents les doivent à leur famille, ils ne lui doivent pas « un pain quelconque, mais un pain salutaire à l'âme comme au corps, dispensé, non d'une main avare, mais généreuse comme l'affection dont Dieu a rempli leur cœur ». Et Mgr Fava part de là pour rappeler comment « la terre est une table immense, où la providence de notre Père céleste tient toujours un banquet servi à tous les êtres de la création ». Voilà pour le pain matériel dont il faut bénir celui qui le donne. Quant au pain de l'intelligence, « à la Martinique, c'est l'Eglise de Dieu qui est chargée de la donner à la jeunesse » dans les collèges ecclésiastiques dirigés par les Pères du Saint-Esprit et du Très

Saint Cœur de Marie, comme dans les écoles primaires confiées aux chers Frères de Ploërmel, aux Sœurs de Saint-Joseph et aux Sœurs de Saint-Paul de Chartres; il y a aussi des « institutrices sorties des rangs de la population, mais la religion peut s'en dire la mère, puisqu'elles s'honorent d'être ses filles ». Aussi, toutes ces écoles « comblent-elles le pasteur de consolation et de joie, non, certes, par un misérable esprit de domination, mais par amour de Dieu, des âmes et du pays ». Mais, « outre la vie du corps et de l'esprit qui constitue la vie naturelle, il y a la vie surnaturelle, vie de foi et d'amour divin. La créature ne suffit pas à notre âme ; nous avons besoin du Créateur; notre regard voudrait plonger à travers l'espace pour voir Dieu, et le cœur humain brise aujourd'hui les idoles qu'il adorait hier, car il n'est pas plus rassasié de ce qu'il goûte que l'œil de ce qu'il voit. Notre âme est faite à la taille de l'infini et le fini est toujours trop petit pour sa grandeur. Il y a donc un autre pain pour cette âme immortelle, c'est le Verbe de Dieu. « L'homme ne vit pas seulement de pain, mais de « toute parole qui sort de la bouche de Dieu. » C'est pour répondre à ce besoin que le « Verbe Incarné est venu parler lui-même aux hommes, et depuis dix-huit siècles, il leur parle par son Eglise qui ne se taira jamais...: L'Eglise catholique est la maison où le Père céleste distribue le pain à ses enfants bien-aimés. Vous le savez, nos très chers Frères, et vous entrez avec respect dans nos églises ; vous écoutez la parole qui tombe du haut de la chaire évangélique; vous croyez et vous vivez. Vous allez vous asseoir à la table eucharistique sachant que c'est la table de votre Père ; vous ouvrez la bouche pour dire : Père, donnez-nous ce pain qui est nôtre! Et Dieu, le meilleur des Pères, vous donne, avec un amour incomparable, le pain des anges, le fruit qui a été suspendu aux branches de la Croix; vous mangez sa chair adorable qui empêche de mourir, comme autrefois l'arbre de vie planté dans le paradis terrestre. »

Dans ses deux mandements de carême de 1873 et 1874, Mgr Fava commente d'autres paroles de l'Oraison dominicale ; dans le premier, prenant ce texte : *Fiat voluntas tua, sicut in cœlo et in terra*, il « proclame la loi de l'obéissance devant une génération qui aime à se dire indépendante ». Il établit qu'il faut « obéir avant tout à Dieu, souverain maître de toutes les créatures ; obéir, dans la société religieuse et civile, aux supérieurs chargés de nous régir ; obéir dans la famille à nos parents. Il faut obéir, malgré les oppositions et les cris de la nature orgueilleuse, parce que la grandeur et la liberté de l'homme sont à ce prix, ainsi que son éternel bonheur. » Et il part de là pour faire ressortir « la nécessité, la grandeur et les fruits de l'obéissance ». Nous ne citerons que ces quelques lignes de la dernière partie ; elles sont éloquentes dans leur brièveté : « L'obéissance des législateurs à la loi divine dont l'empire est universel ; la fidélité des chefs à respecter dans leur gouvernement la justice envers leurs sujets ; la soumission des sujets à la loi devant qui tous doivent s'incliner ; le respect rendu à l'autorité qui émane de Dieu ; telles sont les vertus qui font les sociétés heureuses, et toutes ces vertus sont filles de l'obéissance. » Dans le mandement de carême de 1874, ce sont ces paroles de l'Oraison dominicale : *Adveniat regnum tuum*, que commente Mgr Fava ; il montre que ce « règne de Dieu » que nous demandons, ne peut arriver que par l'Eglise catholique. « Soyons donc les enfants soumis de l'Eglise et Dieu règnera sur nous. »

Le dernier mandement de carême de l'évêque de la Martinique, celui de 1875, ne semble pas, par le sujet, doctrinal, comme les précédents ; Mgr Fava y parle du pèlerinage qu'il avait fait l'année précédente à Lourdes, à Rome et à Jérusalem. Le docteur s'y montre cependant dans diverses pages, notamment dans celles qui parlent d'une «association vaste comme l'univers, dont les membres nombreux occupent tous les rangs de la société, dont le caractère est au fond la haine de l'église ». Mgr Fava commence par ces pages contre la franc-maçonnerie une lutte qui ne devait plus cesser. Mais nous ne voulons pas actuellement nous arrêter sur cette lettre, nous passons donc sur ces pages dont le but est de montrer le caractère providentiel des apparitions de Lourdes, comme sur celles consacrées au pèlerinage à Jérusalem (1), mais nous citerons le récit que fait l'évêque de sa réception par le pape Pie IX :

« Avec quelle joie nous sommes allé voir cet homme unique, maintenant assis sur la chaire de saint Pierre ! Lorsque nous arrivâmes à Rome, à cette ville embellie avec tant d'amour par les papes, déjà la nuit enveloppait cette grande cité. Bientôt nous parcourions ses vastes rues, étincelantes de lumière, de beauté et de richesses artistiques ; et nos yeux contemplaient avec ravissement ses palais, ses fontaines, ses splendides demeures. Une pensée vint bien vite arrêter notre esprit, et nous disions : Non, ce n'est pas tout cela que nous sommes venu voir. Au fond de cette ville, derrière tous ces édifices, au milieu de toutes ces merveilles de Rome, il y a un vieillard de 83 ans, caché, emprisonné, abreuvé d'amertume par ses enfants ingrats ; c'est lui que nous venons voir, écouter et vénérer. Nous irons lui demander de pouvoir lui baiser les pieds et les mains. Il daignera nous parler, nous appeler de notre nom et nous bénir. Nous emporterons, en le quittant, ses traits paternels gravés dans notre âme. Nous irons alors vers le peuple confié à notre amour, et nous lui parlerons de ce saint vieillard qui est la merveille de Rome et du

____

(1) Constatons cependant ce fait que Mgr Fava fut, après Mgr Maupoint, dont il avait été le vicaire général, le premier évêque français qui soit allé à Jérusalem, depuis que la ville sainte, enlevée aux musulmans par les premiers croisés, a été reprise par Saladin.

monde. Voilà ce que nous sommes venu faire dans cette cité couronnée de sa gloire la plus pure.

« Notre désir a été vite et pleinement satisfait. Le Saint Père nous a reçu avec la bénignité du Sauveur, nous interrogeant sur la Martinique, son clergé, ses congrégations religieuses, son peuple et l'administration de cette colonie. Nous fûmes heureux de pouvoir dire au Souverain Pontife le zèle de nos bien-aimés collaborateurs ; la piété de nos chères congrégations et notre dévouement : la foi demeurée ardente au sein de notre peuple ; les facilités que nous offre l'administration pour le gouvernement de notre diocèse.

« L'offrande que nous présentâmes ensuite au Saint Père, au nom de la Martinique, fut honorée du plus paternel des sourires. Pie IX semblait dire : au moins, il y a aussi dans cette île lointaine des cœurs compatissants qui ont pitié de moi. En retour, il nous a tous bénis. Nos compagnons de voyage étaient en ce moment agenouillés auprès de Sa Sainteté avec nous. Le saint Pontife leva les yeux au ciel, joignit les mains, puis, étendant la droite, il traça solennellement le signe de la croix en disant d'une voix accentuée : « Que le Dieu Tout-Puissant bénisse la Martini-
« que, son pasteur, son clergé, ses congrégations, les pau-
« vres, les riches. Que la Martinique soit heureuse. »

« Nous avons recueilli avec une joie ineffable ces paroles sacrées. Nous les avons gravées dans notre cœur pour vous les redire, et notre bonheur sera de vous les rappeler, en demandant au Seigneur de vouloir les exaucer dans toute leur plénitude.

« Doux et fort, c'est sous ce double aspect que Pie IX nous est apparu. Nous avons reconnu en lui le Pontife qui a dit : « Ayons un cœur de mère pour le pécheur, mais « frappons dur sur l'erreur. » Les avis qu'il adressait à ses nombreux visiteurs ; le discours qu'il prononça devant nous sur la patience à une foule de personnes venues pour le complimenter ; la fermeté de sa parole quand il approuvait

4

le bien ; le feu de son regard quand il flétrissait le mal ; son sourire pour les petits, sa démarche, ses gestes, son attitude, tout en Pie IX nous impressionnait et nous remplissait d'admiration. Jamais nous n'avons rencontré un homme vrai en tout comme Pie IX. La nature et la grâce se sont unies pour en faire une des plus parfaites images de Celui qui a dit : *Ego sum Veritas*, je suis la Vérité. Pie IX dit ouvertement la vérité au monde. Il la proclame comme Jésus devant Caïphe pour la gloire de Dieu, sans nulle crainte, pas même celle de la mort. Ceux qui ne comprennent pas la dignité de la vérité et le témoignage qu'on lui doit s'étonnent parfois du langage du Souverain Pontife. A ces esprits étonnés nous demanderions volontiers : est-il permis au soleil de refuser sa lumière et sa chaleur au monde ? aux astres de la nuit leur douce clarté ? aux nuages, leurs pluies, leurs éclairs et leurs foudres ? à la terre ses fruits ? à la mer, ses voies, son calme, ses murmures et ses tempêtes ? Dites-nous, ô homme, pourquoi le roc est immobile, et comment il se rit de la tempête ?

« Cela est et cela se fait parce que Dieu le veut.

« De même Pie IX est vrai, Pie IX est juste, Pie IX approuve, Pie IX condamne, parce que Dieu le veut. Il n'a pas le droit de se taire et de refuser sa lumière au monde ; ni aux hommes la douceur de son sourire ; ni les bénédictions, ni les foudres dont ses mains sont chargées. Vicaire de Jésus-Christ, il doit imiter ce divin Maître, qui fut miséricordieux au pécheur repentant, terrible aux hypocrites et aux scandaleux, armant sa main d'un fouet pour chasser du temple ceux qui le profanaient. Tel est Pie IX. Ce qu'il y a d'étrange, c'est qu'après dix-huit cents ans, le monde ne sache pas encore ce que c'est qu'un Pape. »

Pour achever la série des lettres épiscopales de Mgr Fava à la Martinique, nous en aurions d'autres à signaler, parmi lesquelles une pour l'œuvre de la restauration de la cathédrale de Saint-Pierre, et une autre pour prendre congé dé ses diocésains en quittant la Martinique pour venir à Grenoble. De celle-ci nous parlerons plus tard. De celle là nous dirons seulement que Mgr Fava qui, vicaire général de Mgr Desprez et de Mgr Maupoint, avait contribué à l'érection de nombreuses églises et chapelles, continuait cette œuvre à la Martinique comme il devait la continuer à Grenoble, où tant d'églises et de chapelles ont été reconstruites ou réparées sous son fécond apostolat. (1)

Dès son arrivée à la Martinique, Mgr Fava avait affirmé très haut l'intérêt qu'il portait à l'éducation religieuse de la jeunesse. Nous avons cité ses remerciements à M. Godissart, maire de Fort-de-France et vice-président du Conseil général, pour la générosité avec laquelle les conseillers généraux subventionnaient les établissements religieux. Dans son premier mandement de carême, il revenait sur cette question de l'éducation religieuse de la jeunesse, question vitale à ses yeux. Dans sa première visite au Séminaire-collège de Saint Louis de Gonzague, il déclarait que, si le premier évêque de la Martinique, Mgr Leherpeur, n'avait « fait que fonder ce collège, il aurait pu s'endormir tranquille, son œuvre accomplie ». L'évêque de la Martinique restait fidèle aux traditions du vicaire général de Bourbon dont nous avons signalé le zèle pour l'enseignement. Aussi se faisait-il un devoir, à la Martinique, comme précédemment à Bourbon et comme plus tard à Grenoble, de présider les distributions de prix. Dès l'année 1871, il en préside trois, les 16, 21 et 22 novembre, et nous avons sous les yeux les discours prononcés. Avec ces enfants, le prélat ne craint pas d'aborder les plus hautes questions, mais il le fait de manière à être parfaitement compris par son jeune auditoire. Aux élèves du collège ecclésiastique de Fort-de-France, il dit : Aimez la vérité, et il leur montre qu'ils la trouveront dans la religion catholique. Aux élèves du collège ecclésiastique deSaint-Pierre, il parle de « l'amour

(1) 135 construites; 215 restaurées.

universel de l'humanité pour l'unité », mais cette unité, vainement cherchée par tant d'utopistes, on ne la trouvera pas en dehors de la véritable Eglise. Enfin, aux élèves des Sœurs de Saint-Joseph de Cluny, il demande de « travailler à former la conscience publique en la rendant de plus en plus chrétienne ». N'est-ce pas leur proposer une tâche trop haute ? On ne le croira pas quand on aura lu ces quelques lignes, où le prélat montre « la mission sérieuse que la femme doit remplir dans cette question de la conscience publique ».

« Puisque la conscience publique est le résultat des consciences individuelles, s'exprimant au dehors, qui donc apportera au trésor commun les principes chrétiens, sans lesquels la vertu ne sera pas honorée par le peuple, ni le vice flétri, témoin le paganisme ancien ou moderne ? Quand l'homme a cessé d'être chrétien dans sa vie pratique, comment donnera-t-il ce qu'il n'a pas ? Alors un pays maintient son niveau moral par la femme chrétienne, par la vertu de la femme, par la vertu de la jeune fille, par la dignité des familles respectables, par la fidélité aux nobles traditions, par le culte des souvenirs et des leçons qui nous ont appris dès notre enfance à rougir de ce qui n'est pas pur, noble, délicat, j'allais dire céleste, car la religion élève jusque là le cœur du chrétien. Où est l'enfant qui saurait oublier l'attitude digne de sa mère lui apprenant la crainte et l'amour de Dieu ? Où est l'homme à qui la vieillesse de sa mère ne soit sacrée ? Que d'hommes j'ai rencontrés, qui m'ont parlé de la vertu de leur mère, les lèvres tremblantes d'émotion, et le cœur ainsi que les yeux remplis de larmes. Que de frères ont évoqué devant moi le souvenir d'une sœur bien-aimée ! « Ma sœur, me disait dernièrement un voyageur, est un ange de vertu ! » « Ma mère, me disait un autre, est une sainte ; que ne puis-je lui ressembler ! » Que d'époux sont devenus meilleurs au contact de leurs épouses, nobles âmes puisant dans la religion les vertus qui font fleurir la joie et la paix au foyer domestique... Où descendrait notre niveau moral, si les mères, les épouses, les jeunes filles, les congrégations religieuses, et une foule de saintes femmes répandues dans la société, ne s'opposaient comme des barrières invincibles au torrent matérialiste qui parcourt le monde ! »

Est-ce que ces paroles ne sont pas d'une actualité plus saisissante encore maintenant qu'il y a vingt-cinq ans ? N'est-ce pas pour empêcher que la jeune fille, élevée chrétiennement, ne forme la conscience publique en la refaisant chrétienne, qu'on a fondé les lycées de filles ?

En 1872, en 1873, Mgr Fava préside les diverses distributions de prix ; en 1874, il est absent, ayant été forcé par sa santé d'aller prendre un peu de repos en France ; en 1875, il n'est plus évêque de la Martinique, ayant été transféré à Grenoble. Dans ses discours de 1872 et 1873, le prélat continue à donner à ses jeunes auditeurs les plus hautes leçons, tantôt sous une forme sérieuse, comme lorsqu'il fait aux jeunes gens du collège de Saint-Pierre un beau tableau de l'idéal qui n'existe guère en dehors de la foi chrétienne, tantôt sous une forme humouristique, comme lorsqu'il recommande aux jeunes filles le « bon sens », ce « gouvernail de la vie pratique », qui reste incomplet sans le secours de la grâce. Terminant son tableau de l'idéal, l'évêque tourne les yeux vers Rome : « Ma pensée, en parcourant le monde, dit-il, s'est arrêtée un instant devant une figure qui l'a captivée, une figure de vieillard. Il est beau, il est vrai, il est bon. Je ne sache pas qu'il y ait sur la terre un homme plus complet. Il porte à son front, avec la majesté des ans et de la vertu, la triple couronne de roi, de pontife et de martyr. L'auréole de sa gloire atteint aux limites du monde. Sa bouche parle, et l'univers catholique écoute, croit, aime et agit. Tous ses enfants, qui sont innombrables, l'aiment avec une ardeur céleste ; ses ennemis étonnés le respectent et l'admirent. Dieu a voulu ajouter à toutes ses grandeurs celle de la souffrance, et voici que ce juste est aux prises avec la douleur, spectacle réputé par les philosophes anciens eux-mêmes comme le plus sublime qui soit. Cet homme, qui peut être le modèle des autres hommes, vous l'avez nommé ; oui, tous vous murmurez avec amour le nom de Pie IX, pontife, roi et martyr ! Il est digne d'être pour nous un exemple ; mais ne l'oublions pas, lui-même nous dit sans cesse que l'Homme-Dieu est son soutien ; qu'il lui doit tout et que, sans lui, il ne peut rien. Imitons-le, et nous deviendrons parfaits. »

Dans les derniers discours du prélat à la jeunesse commence à percer une certaine préoccupation. Comme nous l'avons vu, à son arrivée il remerciait M. Godissart, maire de Fort-de-France et vice-président du Conseil général, de ce que les élus de la population de la Martinique faisaient pour les collèges-séminaires ; en même temps, il félicitait la Martinique d'avoir un excellent enseignement secondaire qui lui coûtait peu. Mais des esprits inquiets — il y en a partout — s'étaient lassés de cette situation doublement avantageuse, et pour les familles et pour la colonie ; ils avaient réclamé un lycée qui devait leur donner pour les enfants de la colonie un enseignement plus cher et moins bon que celui qu'ils avaient. Vainement l'amiral Cloué, peu suspect d'hostilité contre l'enseignement universitaire, avait voulu éclairer les conseillers généraux sur les dangers de la voie dans laquelle ils engageaient la Martinique. « J'avais transmis au département de la marine et des colonies, leur disait-il, le vœu que vous avez émis pour la fondation d'un lycée. J'avais demandé, pour les mettre sous vos yeux, tous les renseignements que comporte une pareille entreprise. Vous avez voulu traiter cette affaire avant d'être en possession des documents attendus. On a même laissé entrevoir que la question avait été mise sous le boisseau. Le Conseil a voulu affirmer sa volonté d'établir un lycée, et il a voté 200,000 francs à prendre dans la caisse de réserve. Le lendemain même, le courrier apportait tous les renseignements recueillis en France et à la Réunion. Ils sont de nature à vous faire renoncer à votre projet, puisqu'il faut un million au moins pour les frais de premier établissement, plus une subvention annuelle de 150 à 200,000 francs pour aider au fonctionnement du lycée ; c'est ce que paye la Réunion. Il est impossible, en présence de pareils chiffres, qu'aucun de vous songe maintenant à une pareille entreprise ; et néanmoins, vous avez maintenu le vote immobilisant les 200,000 francs de la caisse de réserve. »

Déjà Mgr Fava, que préoccupait justement cette campagne en faveur d'un lycée, avait signalé les mêmes faits. « Lorsque nous comparons la Martinique avec d'autres colonies, disait-il à ses diocésains, nous affirmons que Dieu vous a aimés d'un amour de prédilection : il vous a prodigué l'instruction et il a ménagé vos fortunes. Nous savons de science certaine que le lycée de l'île de la Réunion coûte chaque année à cette colonie plusieurs centaines de mille francs, et que, depuis vingt ans, c'est par millions que l'on compte ses dépenses. La Martinique a évité ces frais immenses grâce aux collèges ecclésiastiques ; sa fortune publique s'en est enrichie, et le bien général du pays en a profité, sans que l'instruction en ait souffert. La vérité et la reconnaissance nous font un devoir de signaler encore une fois ces faits pour l'honneur de l'Eglise et de nos vénérables prédécesseurs. L'héritage qu'ils nous ont légué peut bien nous imposer quelques soucis et quelques sacrifices, mais le fardeau nous sera toujours léger, pourvu que nous puissions à l'avenir, comme par le passé, donner à nos enfants le pain salutaire de l'intelligence. » La campagne pour le lycée continuant en s'accentuant, le prélat revint à la charge. Il ne cessait de rappeler tout ce que l'enseignement devait à l'Eglise dont « les écoles se remplissent dès qu'on lui laisse un peu de liberté ». C'est pour cela qu'on prétend « lui lier les mains et lui fermer la bouche ». Aux élèves du collège de

Fort-de-France, il disait : « Les souverains pontifes, les évêques, les ordres religieux, les prêtres ont été de tout temps dévoués à l'enfance et à la jeunesse. Le clergé de France a toujours été chargé de l'éducation ; au moyen âge, il a conservé la science antique, tout en développant ce que lui avaient légué les âges précédents. A travers les illustrations du grand siècle, on voit briller d'un vif éclat les figures de Bossuet, de Fénelon, de Massillon, et une foule d'autres, sans compter les orateurs et les poètes d'alors que l'Eglise avait formés. » Revenant sur les économies que les collèges ecclésiastiques avaient permis à la Martinique de faire, il disait encore: « Une lettre de M. Jules Simon (alors ministre de l'instruction publique) montre d'une manière éclatante ce que le clergé a fait pour la Martinique depuis vingt ans. « Pour bâtir un lycée, dit le ministre, il faut un « million, et chaque année, pour l'entretenir, 200,000 fr. » 200,000 francs, Son Excellence aurait pu dire 300,000 ; c'est le chiffre des dépenses annuelles du lycée de la Réunion. A ce prix, comptez les millions épargnés à la colonie par le dévouement de mes zélés prédécesseurs et par le clergé.»

Il ne faudrait pas croire que cette œuvre des collèges ecclésiastiques, défendue et soutenue par l'évêque, lui fût pécuniairement avantageuse ; elle lui était au contraire fort onéreuse. Nous avons déjà cité quelques mots significatifs de Mgr Fava faisant allusion aux soucis et aux sacrifices que lui impose l'héritage de ses zélés prédécesseurs. Voici des faits précis : « Peut-être, dit-il dans son discours aux élèves du collège de Fort-de-France, ignorez-vous qu'à mon arrivée dans cette colonie, une dette énorme pesait sur l'œuvre des collèges. J'ai demandé des secours à ceux qui pouvaient m'en donner, au ministère de la marine et à la colonie. M. le Gouverneur a compris ma position, et son concours bienveillant m'a été assuré. Malheureusement nos démarches n'ont pas abouti. Quoi qu'il en soit, je n'oublierai jamais l'appui que m'a prêté M. le Gouverneur dans ces circonstances difficiles, et je veux, en vous le révélant aujourd'hui, que vous lui marquiez aussi, mes enfants, votre reconnaissance. N'oubliez pas le clergé de la Martinique. Ne trouvant pas ailleurs les ressources qui m'étaient nécessaires, je lui fis appel. Il entendit ma voix. Grâce aux sacrifices qu'il s'est imposé, j'ai pu abaisser le chiffre des intérêts annuels que j'avais à payer, de 17,000 à 8,000 francs. La charge est lourde encore, mes enfants, car les collèges ne nous rapportent aucun profit, si ce n'est le bonheur de vous offrir une instruction solide et une éducation chrétienne. Ce bienfait vaut plus que tous les trésors, il est vrai ; mais les ressources pécuniaires sont nécessaires cependant. Un de nos grands soucis est de les trouver.»

Il n'est pire sourd que celui qui ne veut pas entendre ; les meneurs de la campagne pour le lycée ne se rendirent ni aux raisons données par le gouverneur, ni aux adjurations éloquentes de l'évêque, désireux avant tout de « sauver des âmes », et «cherchant le moyen de leur enseigner le chemin de la vertu et du ciel en les appelant dans des collèges chrétiens » ; ils ne tinrent aucun compte des vœux des familles chrétiennes, heureuses de confier leurs enfants à ces collèges. La campagne se poursuivit et finit par aboutir, au grand détriment des intérêts moraux et matériels de la colonie ; mais comme la fondation du lycée est postérieure au départ de Mgr Fava, nous n'avons pas à nous en occuper davantage ; il nous suffit d'avoir enregistré les efforts du prélat pour l'enrayer dès ses débuts.

Forcé d'être bref, nous nous bornerons à enregistrer encore quelques faits du fécond apostolat de Mgr Fava à la Martinique. Le prélat y commençait ces longues et fatigantes tournées pastorales auxquelles l'avaient préparé ses courses apostoliques à Zanzibar et à la Réunion et qu'il devait continuer à Grenoble sur un théâtre à la fois plus étendu et plus difficile. Il allait partout; il ne reculait pas devant des passages même dangereux, et un des vicaires généraux, après une de ces courses hardies, racontait combien il avait été préoccupé et presque effrayé jusqu'au moment où un passage dangereux avait été franchi. Dans ces visites pastorales, du reste, l'évêque était bien récompensé de son zèle et payé de ses fatigues par l'accueil enthousiaste que lui faisaient les populations auxquelles il ne manquait jamais, si grand besoin qu'il eût de se reposer, d'adresser la parole.

Après les tournées pastorales, c'étaient les grandes usines qu'on construisait alors à la Martinique et qu'on lui demandait de venir bénir. Mgr Fava ne résistait guère à une invitation de ce genre ; c'était un moyen de répondre par des faits à l'injuste reproche fait à l'Eglise de dédaigner et même de condamner le progrès matériel, alors qu'elle demande seulement qu'on ne perde pas de vue la nécessité et la supériorité du progrès moral. Dans une même journée, le 20 février 1872, il bénissait deux usines, prenant chaque fois la parole ; il y montrait « une source de richesses matérielles favorisant le progrès moral par la fondation des familles chrétiennes et la fréquentation des écoles ». Mais l'évêque ne pouvait « oublier les intérêts sacrés de l'âme », et il se faisait un devoir de « les plaider même au milieu du bruit des machines et au sein de l'agitation vertigineuse des turbines ». La grande industrie a ses dangers pour les patrons comme pour les ouvriers. Si « la grande richesse, au service de la charité, de l'art et de la vérité, peut enfanter des choses sublimes », elle est « semblable aux plus terribles machines ; c'est une chose que les hommes imprudents ne savent pas manier, ils y trouvent la mort et bien d'autres avec eux ». Quant à l'ouvrier, pour être différents, les dangers ne sont pas moindres : « Il faut agglomérer les hommes, agglomérer les femmes pour les grands travaux ; il se passe au moral le même phénomène qu'au physique, quand il s'agit des grandes agglomérations ; l'air se vicie et le milieu devient malsain ; les grandes usines pervertissent le peuple; l'industrie, avec ses fabriques, est meurtrière des bonnes mœurs. » Où est le remède? Dans la religion. « Seule la religion est capable d'apprendre à l'homme la modération dans ses désirs et dans l'usage de sa fortune. Tandis que la passion lui crie : *Affer, affer*, apporte, apporte, la religion lui dit : « Cherchez avant tout le royaume de « Dieu, et tout le reste vous sera donné par surcroit ». Si donc nous tournons nos pensées et nos désirs avant tout vers Dieu, la richesse ne sera pour nous qu'une servante ; nous la forcerons à exécuter nos desseins, au lieu d'en être nous-mêmes les esclaves et les victimes. » Voilà pour les patrons. Pour l'ouvrier, « instruit à l'école de la religion, il comprendra que l'amour des biens éternels doit l'emporter sur celui des biens matériels ; il gardera sa foi, ses autels, son Dieu ; il profitera du jour sacré du dimanche pour prier et se reposer ; paré de ses habits de fête, il s'en ira avec les membres de sa famille à l'église pour assister au divin sacrifice de la messe, entendre la parole qui éclaire, recevoir les sacrements qui fortifient et purifient le cœur, afin de devenir plus homme, c'est-à-dire plus raisonnable et plus religieux; dès lors, il enseignera à ceux qui l'entourent, par ses paroles et par ses exemples surtout, l'honnêteté et les bonnes mœurs qui ne sauraient exister réellement sans la fidélité à Dieu.» Il nous semble que ces conseils, donnés il y a plus de vingt ans aux patrons et aux ouvriers de la Martinique, s'adressent également à ceux de France et qu'ils sont d'une actualité plus grande que jamais.

A diverses reprises, l'évêque de la Martinique fut appelé en dehors de son diocèse; il alla notamment à la Guadeloupe pour présider aux obsèques de l'évêque, Mgr Reyne, ancien aumônier de marine, dont il prononça l'oraison funèbre. En 1874, il se rendait à la Trinidad pour le sacre de Mgr O'Carroll, évêque d'Alabanda, coadjuteur de Mgr Gonin, archevêque de Port-d'Espagne. Appelé à prendre la parole, il traita de l'action dans l'Eglise de l'Esprit-Saint qui se sert de l'épiscopat pour glorifier Notre Seigneur Jésus-Christ, sujet sur lequel le prélat devait revenir dans la suite.

Nous arrivons à la fin de l'épiscopat de Mgr Fava à la Martinique. Accueilli avec enthousiasme par les populations comme par le clergé, le prélat rencontrait partout une respectueuse affection, et les populations, dans ses tournées pastorales, se portaient avec empressement à sa rencontre; le clergé aimait cet évêque plein de bienveillance pour ses prêtres; on en eut la preuve lors de la célébration de la fête de saint Amand en 1872; ce fut une véritable manifestation qui eut son écho dans la colonie tout entière. Lorsque, en 1874, par un décret du 5 mars, Mgr Fava fut nommé chevalier de la Légion d'honneur, la joie fut générale (1). Et cependant le moment approchait

---

(1) M. Marraud de Sigalony, un créole, à l'occasion de la décoration de Mgr Fava, lui adressait une pièce de vers intitulée : *Les Quatre Croix*; la voici :

Jeune encore, vous aviez, au seuil du sanctuaire,
Porté vos premiers pas,
Pour pouvoir, plein de zèle, à la rive étrangère
Livrer les saints combats.

Vous aviez entendu, comme un écho propice,
L'appel de votre Dieu,
Dont la croix vous remit la croix du sacrifice
Sous un climat de feu.

Pendant vingt ans, armé de la croix du courage
Dans les périls divers,
En vous germe un prélat, qu'un plus heureux rivage
Salue en ses concerts.

A vos regards surpris, pend sur votre poitrine
Cette croix de l'honneur,
Dont le rayon brillant de ses feux illumine
Un aussi noble cœur.

La croix de la victoire encor vous est acquise,
Au séjour des élus;
Au vaillant serviteur la Vierge l'a promise
Pour prix de ses vertus.

où l'évêque devrait se séparer de ses ouailles. Pendant longtemps, la robuste santé de l'abbé Fava avait bravé les atteintes des climats de la Réunion et de Zanzibar. A peine en 1868 avait-il pris un congé de quelques mois pour se refaire au climat natal à la suite d'une fièvre prise à l'île Maurice. Mais vingt-quatre ans de colonie l'avaient profondément atteint dans sa santé, et en 1874, il dut revenir en France. C'est alors qu'il fit à Lourdes, à Rome et Jérusalem le pèlerinage dont nous avons déjà parlé. Au mois de janvier 1875, il regagnait la Martinique où on était heureux de son retour, mais son premier évêque, Mgr Desprez, alors archevêque de Toulouse, avait été frappé de son état; son expérience des colonies lui avait fait reconnaître que Mgr Fava ne pourrait plus faire un long et utile séjour à la Martinique; il demanda au Gouvernement, alors bien disposé, — c'était la présidence du maréchal de Mac-Mahon, — que Mgr Fava fût appelé à un diocèse dans la Métropole, et il l'obtint d'autant plus facilement que, suivant ce qui nous fut dit à cette époque par quelqu'un de placé pour être bien renseigné, l'évêque de la Martinique était regardé comme un véritable apôtre. Mais laissons ici la parole à Mgr Fava. « Vous avez appris, dit-il à ses diocésains, notre prochain départ pour la France et vous n'ignorez pas ce qui nous oblige à vous quitter. Nous avions pù travailler pendant vingt-cinq ans sous le soleil de l'Equateur sans que notre santé en fût altérée, lorsque, dans ces derniers temps, une fièvre persistante nous a forcé d'interrompre les travaux de notre ministère et nos courses apostoliques dans le diocèse. Mgr Desprez, archevêque de Toulouse, qui nous a ordonné prêtre et sacré évêque, s'est ému de notre maladie. Sachant par sa propre expérience avec quelle rapidité les santés les plus robustes disparaissent sans retour dans nos colonies, Sa Grandeur a voulu nous soustraire à cette épreuve. Elle a demandé à M. le Ministre des cultes de vouloir bien nous présenter pour l'un des évêchés vacants en France. Après avoir pris l'avis du nonce apostolique du Saint-Siège à Paris, Son Excellence s'est empressée de faire cette démarche auprès du maréchal-président de la République, et bientôt a paru le décret qui nous appelle au siège de Grenoble. »

L'une des préoccupations de Mgr Fava était de savoir à qui incomberait son « héritage »; il laissait des « œuvres commencées », son successeur accepterait-il de les continuer comme il l'avait fait lui-même pour ses prédécesseurs? la charge pouvait paraître lourde, moins lourde cependant que celle qu'il avait prise. Toute préoccupation lui fut enlevée par Mgr Desprez, qui lui apprit qu'il présentait pour l'évêché de la Martinique, M. l'abbé Carmené, vicaire général de la Réunion, son « ancien collègue et ami ».

Nommé évêque de Grenoble, le 6 août 1875, en remplacement de Mgr Paulinier, appelé à l'évêché de Besançon, Mgr Fava était préconisé le 23 septembre; il quittait la Martinique le 29. Dans la lettre d'adieu au clergé et aux fidèles, il leur disait : « Nous aurions volontiers demandé à passer encore quelques années avec vous, et tel était l'ardent désir de notre cœur. Il nous semblait que nous aurions pu achever certaines œuvres commencées et compléter ce que nous avions entrepris pour votre bien et le salut de vos âmes. Après y avoir réfléchi devant Dieu, nous avons cru que notre successeur accepterait notre héritage comme nous avons recueilli celui de nos vénérables prédécesseurs et qu'il voudrait bien nous tenir compte de nos efforts. La sagesse nous imposait aussi l'obligation de voir la main de la divine Providence dans les demandes faites (par Mgr Desprez) et les décisions prises à notre sujet. Nous étions obligé d'ailleurs d'avouer le besoin impérieux que nous éprouvions de vivre désormais dans un climat moins brûlant que celui de la Martinique. C'est ainsi que nous avons été conduit à nous agenouiller devant l'autel du Pontife Eternel, Jésus-Christ, Notre Seigneur, pour lui dire : *Fiat voluntas tua sicut in cœlo et in terra.* Que votre volonté soit faite sur la terre comme au ciel.

« Durant notre vie sacerdotale, souvent nous avons dû faire des sacrifices en brisant des liens qui nous attachaient aux âmes confiées à notre ministère pastoral ; mais aujourd'hui la peine est plus profonde parce que Dieu nous avait posé au milieu de vous comme un père. Il en avait mis les sentiments dans notre âme, et par sa grâce vous nous entouriez de piété filiale, de respect et d'affection. Le clergé tout entier, les congrégations religieuses, les fidèles en général, nous réjouissaient et nous encourageaient par leur foi, leur attachement à l'Eglise et au Souverain Pontife, et leur fidélité aux pratiques religieuses. Nous vivions en famille avec vous, nos très chers frères, et lorsque nous visitions notre diocèse, nous avions le bonheur de voir se presser autour de nous ces bonnes populations des villes et des campagnes dont l'accueil touchant nous a toujours ému. Ce souvenir, à jamais gravé dans notre âme, charmera toute notre vie. Souvent nous prendrons plaisir à nous le rappeler et à le dire à ceux qui nous entoureront, ayant soin de faire remonter jusqu'au clergé si zélé de notre diocèse, et aussi jusqu'aux congrégations de frères et de sœurs que nous possédons, cet élan populaire qui formait autour de nous la couronne la plus chère et la plus belle qui soit pour le cœur d'un père.

« Nous sommes heureux de proclamer ici le secours puissant que nous avons reçu de MM. les gouverneurs, chefs d'administration et autres fonctionnaires de la colonie, ainsi que du Conseil général et des municipalités, pour la direction de nos affaires diocésaines. Nous voulons leur en marquer notre sincère reconnaissance et demander à Dieu de les bénir en eux-mêmes et dans leurs familles. Ces bons rapports que nous avons eus avec l'administration nous sont d'autant plus chers que notre conviction est

qu'ils sont un moyen voulu de Dieu pour la diffusion de la
vérité, la création et le maintien des diverses œuvres et
institutions nécessaires au progrès intellectuel et moral
des populations, ainsi qu'au soulagement des malheureux.
Malgré les écueils dont la route administrative est semée
aux colonies plus qu'ailleurs, pour ceux qui s'occupent de
la chose publique, nous avons pu vivre dans l'union avec
l'autorité. Ce sera pour nous un souvenir plein de consolation et de joie (1). »

Remplissant une dernière fois son rôle de docteur auprès
de ses chers diocésains de la Martinique, Mgr Fava leur
adresse « les conseils que l'amour paternel dicte au père
de famille, quand il est obligé de s'éloigner de ses enfants ».
Il leur recommande d'aimer leur mère, l'Eglise, et le chef visible de cette Eglise, le pape Pie IX, auquel, « messager de leur
amour filial, il a porté de leur part une généreuse offrande »,
que « Sa Sainteté a daigné rappeler plus d'une fois à ses
pieux visiteurs ». Puis il fait à ses enfants ses derniers
adieux en ces termes émus :

« Si nous écoutions l'affection que nous vous portons,
nos très chers frères, nous passerions de longues heures à
vous parler, et notre bonheur serait d'éterniser cet entretien ; car la parole, c'est l'âme se déversant dans une âme
amie. Mais il faut se séparer, s'éloigner, ne plus se voir,
ne plus se parler, entrer les uns pour les autres comme dans
une tombe anticipée et se résigner à l'absence qui est,
comme on l'a dit, la mort des vivants. Qui n'a senti, une
fois au moins dans sa vie, cette douleur de la séparation,
alors qu'on s'arrache à ceux que l'on aime, l'âme émue et
le cœur plein de larmes qu'on essaie de refouler à leur
source ? On s'éloigne, mais le regard reste tourné vers le

---

(1) Comme on voit que ces lignes ont vingt ans de date ! Quel est
l'évêque aujourd'hui qui pourrait rendre le même témoignage aux
« autorités » quelles qu'elles soient ?

lieu et les personnes que l'on quitte. Bientôt tout a disparu et l'on demeure plongé dans la solitude et le silence. Adieu ! s'écrie-t-on une dernière fois, puissions-nous nous revoir au ciel ! C'est là, nos très chers frères, la douleur qui nous est réservée et le calice que nous boirons dans quelques jours. Le Fils de Dieu, notre adorable modèle, a pu se consoler en instituant la divine Eucharistie qui le fait vivre personnellement présent au milieu de ses bien-aimés enfants ; ce bonheur ne nous est pas donné. Seule notre pensée, seul notre cœur, demeureront avec vous. Lorsque nous serons arrivé au milieu de la grande et noble famille que Dieu confie à notre sollicitude, nous nous souviendrons de vous. Nous gravirons la montagne de la Salette comme nous gravissions avec joie celle de Notre-Dame de la Délivrande, et là, nous prierons pour notre Martinique bien-aimée. Non, nous ne vous oublierons jamais.

« Adieu donc, nos très chers frères, et que la bénédiction de Dieu descende sur vous, sur la Martinique tout entière et qu'elle y demeure à jamais ! Priez pour nous, et demeurons unis dans le Sacré Cœur de Jésus » (1).

(1) M. Marraud de Sigalony, le poète créole, dont nous avons cité les vers pour la décoration de Mgr Fava, lui adressa également, au moment de son départ, au nom de « la Martinique reconnaissante », une pièce de vers dont voici les deux dernières strophes :

> Allez donc, Monseigneur, où le Ciel vous appelle ;
> De notre Martinique, affligeante nouvelle,
>   Ce départ déchire le cœur.
> Nous savons faire trêve à l'étroit égoïsme,
> Et nous savons unir le sublime héroïsme
>   Au glaive aigu de la douleur.
>
> Agréez ces accents ; puisse la bonne étoile
> D'un rayon lumineux favoriser la voile,
>   Au mât de votre esquif léger ;
> Qu'il sillonne des flots la surface limpide,
> Que le flambeau céleste, en vous servant de guide,
>   Vous préserve de tout danger.

Henri Marraud, de Sigalony : *Loisirs d'un Rural.* Saint-Pierre (Martinique), imprimerie des *Antilles*, 1882.

II

GRENOBLE

Débarqué à Saint-Nazaire dans le courant du mois d'octobre, Mgr Fava prenait possession du siège de Grenoble le 18 novembre, le jour choisi pour la célébration de son jubilé épiscopal. Déjà le nouvel évêque était connu de réputation, aussi lui fit-on un accueil des plus empressés. La cathédrale était pleine, et bien des fidèles n'avaient pu y trouver place ; dans le chœur se pressaient des prêtres nombreux accourus même des points les plus éloignés du vaste diocèse de Grenoble ; une place nous avait été réservée dans le chœur, où nous étions le seul laïque ; c'est un honneur que nous n'avons pas oublié. Lorsque le nouvel évêque de Grenoble monta en chaire, un profond silence se fit dans l'assemblée ; on était impatient de l'entendre, et il fut avidement écouté. Un moment vint où, parlant des rapports qu'il se proposait d'entretenir avec les prêtres du diocèse, il déclara que, devenu leur père, il réclamait sa part de leurs douleurs comme de leurs joies, de leurs succès comme de leurs épreuves ; il ajouta qu'il était leur défenseur naturel et qu'il saurait les défendre. On sentait, à l'accent de l'orateur, que ce n'étaient pas là de vaines paroles ; aussi l'effet fut-il profond. De ce moment-là, l'évêque avait gagné ses prêtres (1).

(1) L'évêque n'avait pas moins réussi auprès des fidèles. A l'issue de la cérémonie, nous étions allé voir un vieux parent habitant Grenoble et nous causions avec lui, lorsque sa fille, qui revenait de la cathédrale, entrant brusquement, s'écria : « Ah ! papa, quel bel évêque nous avons ! » C'était l'impression générale.

Quelques années plus tard, une jeune parente, femme d'un officier, nous avouait que jamais elle n'avait osé accompagner son mari dans ses visites à l'évêque, parce que celui-ci lui en imposait trop. Nous

Pour la Martinique, où Mgr Fava n'avait passé que quatre ans, il nous a été possible de grouper les faits ; à Grenoble, pour une période de plus de vingt ans, cela nous serait difficile ; aussi nous bornerons-nous à les enregistrer dans l'ordre chronologique, laissant souvent la parole à l'évêque, dont les enseignements sont nécessairement les meilleurs souvenirs pour son jubilé épiscopal.

Dès son mandement de Carême de 1876, Mgr Fava reprend cet enseignement doctrinal qu'il avait commencé à la Martinique ; il présente à ses diocésains Jésus-Christ homme pénitent, homme parfait, homme-Dieu ; homme pénitent au Gethsemani ; homme parfait devant les tribunaux ; homme-Dieu au Calvaire. Le Vendredi-Saint, il commente lui-même aux fidèles, dans sa cathédrale, les sept paroles de Jésus-Christ, comme le complément naturel de son mandement,

Cette année 1876 avaient lieu, pour la première fois, les prières publiques pour la réunion des Chambres ; elles avaient été inscrites dans la Constitution sur la proposition d'un grand chrétien, M. de Belcastel ; elles en ont été rayées depuis, comme si la France n'avait plus besoin de la protection divine. Mgr Fava annonce ces prières par une circulaire que d'autres suivront ; il semble que, dès ce moment, le prélat prévoie l'avenir ; il insiste sur la nécessité de prier pour que Dieu éclaire et dirige nos sénateurs et députés : « Prier pour la France, dit-il, c'est un devoir que nous remplirons tous avec bonheur. L'amour de la patrie n'est-il pas naturel au cœur de l'homme ? Les païens eux-mêmes, par des sacrifices et des prières, imploraient publiquement le ciel en faveur de leur pays. Chez les chrétiens, l'amour de la patrie a été divinisé par la *charité*

la mêmes, un peu par surprise, en face de Mgr Fava, à qui nous avions fait part de ses appréhensions, et elle put voir que la tenue si digne de l'évêque s'alliait avec une extrême bienveillance.

que l'esprit de Dieu a répandue dans nos cœurs. La charité est, en effet, pour toutes les vertus de notre âme, ce que la racine est dans l'arbre : elle leur transmet la sève qu'elle va puiser dans le cœur de Dieu où elle se plonge et s'enracine. Chez le chrétien, aimer son pays, c'est aimer Dieu ; mourir pour la patrie, c'est mourir pour Dieu. Qui a jamais aimé sa patrie comme l'Homme - Dieu , notre modèle divin ? » Et plus loin :

Dieu, nos très chers Frères, nous a donné la liberté, c'est-à-dire la faculté de choisir entre le bien et le mal. Remarquez : la faculté et non le droit. Lorsque nous abusons de cette faculté pour désobéir à Dieu et à ses commandements, et nous obstiner dans le mal, à la fin, le jour de la justice se lève sur nos têtes coupables. Jérusalem voit les Romains arriver, le fer et la torche à la main ; et nous, enfants de la France, nous voyons des nuées d'ennemis fondre sur notre pays, entourer de retranchements sa capitale et la couvrir de feux vengeurs. L'élite de nos guerriers est emmenée en captivité ; l'œil attristé ne rencontre partout que des veuves et des orphelins, des tombeaux et des pleurs.

Prions, nos très chers Frères, et demandons à Dieu que Notre Seigneur n'ait jamais à dire de la France comme de Jérusalem : *« Que de fois j'ai voulu rassembler auprès de moi tes enfants, et tu ne l'as pas voulu ! »* Si, un jour, ces paroles se faisaient entendre, notre ruine serait proche. L'incrédulité n'a pas sauvé Jérusalem, ni les Juifs : elle ne sauverait pas non plus la France.

Prions, et demandons au ciel que nos Sénateurs et nos Députés se montrent chrétiens dans leurs paroles et leurs votes. Hélas ! Nous le savons, car ils l'ont dit publiquement dans leur profession de foi : plusieurs ne sont plus les disciples du Christ. Ils vont partir comme Saül pour aller persécuter les chrétiens, qu'ils appellent les *cléricaux* par dérision. Demandons à Dieu que, nouveaux Saül, ils passent par le chemin de Damas, afin qu'une fois convertis ils défendent le Christ, l'Eglise et son Chef auguste, au lieu de les persécuter. S'ils aiment la France, comme ils le disent, qu'ils prennent donc pitié d'elle et qu'ils aient des yeux pour voir. Alors ils comprendront que Dieu et son Christ, en fin de compte, demeurent toujours les maîtres, et qu'un peuple incrédule ne fut jamais ni grand ni prospère.

Prions, nos très chers Frères, et demandons que nos législateurs aient l'intelligence de ces paroles où la sagesse incarnée a renfermé tout un code de politique : *« Quærite primum regnum Dei et justitiam ejus, et hæc omnia adjucientur vobis. — Cherchez le règne de Dieu et sa justice, et tout vous sera donné par surcroît. »*

Faire des lois qui facilitent la diffusion de la vérité : de toute vérité naturelle et surnaturelle ; des lois qui favorisent la pratique de la vertu : de toute vertu naturelle et surnaturelle ; des lois qui assurent à tous la liberté par le respect des droits de chacun ; des lois qui commencent à faire régner parmi les hommes la fraternité universelle, dont l'idéal n'est qu'au ciel ; des lois, enfin, qui concourent au bonheur général et particulier par la perfection des individus, des familles et de la société entière : voilà ce qu'on appelle : *chercher avant tout le règne de Dieu et sa justice ;* et s'il vous plaît de remarquer que le *Syllabus* se résume dans ces mêmes paroles : *chercher avant tout le règne de Dieu*, vous cesserez, nos très chers Frères, d'en avoir peur ou de le mépriser ; et d'autres s'abstiendront de le présenter aux simples et aux ignorants comme un monstre prêt à dévorer ce qu'ils appellent *le progrès moderne.*

.Prions donc, afin que ceux qui tiennent entre leurs mains les destinées de la noble France, la fille aînée de l'Eglise, se souviennent qu'ils ont l'honneur de succéder aux grands hommes qui ont gouverné le royaume de Clovis, de Charlemagne et de saint Louis, et qu'ils n'oublient pas la gloire séculaire dont le front de notre patrie conserve encore un majestueux reflet.

. Permettez, ô mon Dieu, que nos Sénateurs et nos Députés aiment la vérité et la justice, et qu'il se rencontre encore parmi eux des chrétiens qui sachent élever la voix pour dire avec saint Pierre à ceux qui tournent le dos à Jésus-Christ : Où allez-vous donc ? Ne savez-vous pas que le Christ a seul les *paroles de la vie éternelle*, et que seul il peut rendre et conserver à la France sa puissance et sa grandeur ?

Oui, pour le bonheur de notre patrie bien-aimée, nous entendrons encore de ces voix courageuses au sein de nos assemblées, et leurs accents nous diront que le Christ aime encore les Francs et qu'il en sera toujours aimé.

Hélas ! l'épreuve allait commencer ; les « voix courageuses » ne devaient pas manquer au sein de nos assemblées, mais elles y seraient impuissantes.

Nous avons dit qu'à la Guadeloupe, Mgr Fava avait tenu à visiter toutes ses paroisses, sans en excepter la plus humble, ni la plus difficile d'accès ; il en sera de même à Grenoble, où les difficultés sont bien plus grandes ; il commence dès sa première année ; des paroisses voient arriver leur évêque qui depuis longtemps n'avaient pas eu cette joie ; elles en sont à la fois heureuses et fières.

D'ailleurs, dans ses visites pastorales, l'évêque se fait tout à tous ; il tient à parler à tous ses enfants, comme jadis aux pauvres noirs de la Réunion ou de la Martinique. Voici, comme exemple, une de ses journées prise au hasard dans la *Semaine Religieuse.* « Saint - Marcellin avait le bonheur de recevoir son évêque, le dimanche 14 mai. Monseigneur célébrait la messe de six heures ; à neuf heures, il faisait le prône à la messe de paroisse, et à onze heures, l'instruction des hommes ; un troisième sermon terminait la cérémonie des vêpres. La messe des hommes offrait un beau spectacle : le chœur, la nef principale et les tribunes ne pouvaient suffire à les contenir. »

On comprend que ces visites pastorales ne pouvaient que produire une excellente impression sur des populations encore chrétiennes : aussi, dans toutes les paroisses, faisait-on à l'évêque la réception la plus enthousiaste.

Sans s'exagérer l'importance de ces manifestations populaires, dit la *Semaine Religieuse* de Grenoble, il est assurément permis de s'en ré-jouir. Elles sont un signe évident de l'influence que conserve sur les âmes, dans nos contrées, la puissance du sentiment religieux. En effet, l'homme qu'on entourait de tant de témoignages de respect était, la veille encore, un inconnu pour la paroisse ; mais cet homme inconnu de la foule était un pontife, l'évêque du diocèse et le représentant de Dieu : de là, les hommages qui lui étaient rendus. La renommée, il est vrai, précédait ses pas et disait de lui des choses glo-rieuses ; il en résultait un enthousiasme plus ardent et plus universel qui, loin d'affaiblir le caractère essentiellement chrétien de cette mar-che triomphale, ne faisait que lui donner une affirmation plus écla-tante. On peut espérer que des résultats sérieux et durables en seront le fruit. Car, partout, avec cet accent de conviction qui échauffe le cœur, avec cette simplicité et cette clarté qui est une lumière pour les âmes, Monseigneur a rappelé les grandes vérités du salut et de la fin de l'homme. Il a dit quelle était notre dépendance vis-à-vis de Dieu aussi bien que devant les lois humaines ; si celles-ci méritent le respect et l'obéissance, qui peut croire que les lois divines seront impunément méprisées et foulées aux pieds ? — La vrai liberté, c'est celle des enfants de Dieu ; la liberté de faire le bien et de tendre à l'accomplis-sement de la vocation reçue du Créateur ; la liberté de s'élever à la perfection. — Dieu est le centre de tous les êtres, et toute intelligence comme toute volonté doit s'unir à lui, comme tout rayon doit converger au point central de la circonférence. L'union avec Dieu, c'est la véritable vie morale, c'est le perfectionnement s'élevant sans cesse à de nouveaux progrès ; la séparation d'avec Dieu, c'est l'appauvrissement de nos qualités, c'est la bride lâchée à nos instincts mauvais, c'est la mort. Ainsi dans les sociétés, l'union des citoyens à celui qui les dirige, président, roi ou empereur, fait leur vie, leur force et leur prospérité ; la division, c'est leur abaissement, leur impuissance et leur mort. — Toute science et tout art ont leurs maîtres, et l'honneur de ce titre ne s'acquiert que par beaucoup de travail et d'étude ; en religion, beaucoup veulent être maîtres sans avoir ni étudié ni appris. Quel aveuglement de prendre pour guides les prédicateurs de l'erreur, qui s'en vont de toutes parts semant les mensonges et les calomnies, parlant de ce qu'ils ignorent et déversant la haine sur ce qu'il y a au monde de plus nécessaire et de plus sacré ? — Que sont les peuples sans religion ? Que sont les peuples en dehors du christianisme ? Un troupeau d'esclaves conduit par quelques despotes qui ne respectent aucun droit. Et c'est là que nous mènent tous ceux qui s'acharnent à la destruction du catholicisme. — Mais le catholicisme ne mourra pas. Il aura ses martyrs, il en a eu dans tous les temps. Leur sang, aujourd'hui comme autrefois, sera la semence d'une régénération.

Ces importantes vérités et d'autres non moins graves, exposées avec solidité et de manière à être comprises de toutes les intelligences, seront dans les cœurs des germes qui s'épanouiront à leur jour pour le salut de plusieurs. En même temps, par elles, bien des âmes ont été raffermies dans leur conviction et leur attachement à la foi chrétienne.

Nous nous sommes, cette fois, un peu arrêté sur ces visites pastorales ; nous n'y reviendrons guère, sauf qu'il y ait des incidents particuliers à signaler ; nous nous contenterons d'ajouter qu'elles ont continué aussi longues, aussi nombreuses pendant bien des années ; si maintenant l'Evêque, retenu, non par sa grandeur, mais par l'âge et surtout par les fatigues d'un long et fécond apostolat, ne peut plus, à son grand regret, aller partout, il continue à faire ses tournées pastorales avec le même zèle et le même dévouement.

Dans sa lettre d'adieu à ses enfants de la Martinique, Mgr Fava disait : « Nous gravirons la montagne de la Salette, comme nous gravissions avec joie celle de Notre-Dame de

la Délivrande, et là, nous prierons pour notre Martinique. »
Il arrivait donc à Grenoble avec la croyance à l'apparition
de la Salette. Aussi, le 1er septembre 1876, adressait-il à
ses diocésains, pour le trentième anniversaire de l'apparition, une lettre pastorale sur Notre-Dame de la Salette.
« Pour la première fois, disait-il, il nous est donné de célébrer avec vous l'anniversaire de l'apparition de la Sainte
Vierge Marie dans les montagnes de la Salette. Si notre
voix se taisait à l'approche de cette époque mémorable, et
si nos pieds, en ce jour béni, demeuraient fixés dans la
plaine, vous pourriez dire que nous sommes oublieux de
nos devoirs envers Dieu et son auguste Mère. C'est pourquoi nous parlerons ; et, le jour venu, nous reprendrons
avec bonheur le chemin des montagnes qui ont tressailli
sous les pieds glorieux de la Vierge Marie.

« Oui, nous éprouvons une joie toute céleste, nos très
chers Frères, et comme une fierté surhumaine de venir
après les bergers. Ne sommes-nous pas aussi les fils de
Jésus, le charpentier, et les successeurs des bateliers du
lac de Génésareth ? Quand les anges, aux champs de la
Judée, annoncèrent l'Évangile, c'est-à-dire la bonne nouvelle, n'est-ce pas à des bergers qu'ils ont parlé ? C'est la
marche ordinaire du Tout-Puissant : *Il choisit les faibles
du monde pour confondre les forts.* »

Et le prélat part de là pour étudier « les instructions
données à la Salette par la sainte Vierge dans ce discours
qu'on pourrait appeler *son sermon sur la montagne* ». Ne
pouvant citer ces commentaires, nous en donnerons au
moins ce passage :

Il est impossible de méditer les paroles si simples en apparence que
la Sainte Vierge adressa à Maximin et à Mélanie, sans être frappé de
la sublime et profonde doctrine qu'elle renferme. Ces deux pauvres
petits pâtres, dont l'un avait onze ans et l'autre quatorze, ne se doutaient pas en les redisant que chacun de ces mots est un trait de lumière, et qu'ils affirment, tour à tour, l'apostolat divin de la Sainte
Vierge ; l'empire du Christ sur tous les peuples de la terre ; sa justice

éternelle provoquée par nos outrages et prête à frapper ; son bras terrible arrêté par les supplications incessantes de sa Mère ; notre légèreté pleine d'ingratitude ; notre oubli de la loi du dimanche ; nos blasphèmes insensés ; les châtiments mérités par nos péchés ; les récompenses promises, même en ce monde, à notre obéissance ; notre abandon de la prière et sa nécessité ; l'obligation d'assister pieusement au saint sacrifice de la messe ; enfin, la loi de l'abstinence, et par conséquent l'autorité de l'Eglise et le respect dû à ses commandements.

Où donc ces jeunes pâtres ont-ils trouvé le pinceau et les vives couleurs avec lesquels ils ont fait le portrait de la Reine des Apôtres ? Ils nous la montrent plus brillante que Moïse, semblable au Christ transfiguré sur le Thabor. Ils ne peuvent soutenir l'éclat de sa beauté. Elle est assise tristement sur une pierre qui couvrait une fontaine tarie, au bord de la Sézia, la figure appuyée et couverte de ses deux mains. Bientôt elle se lève pleine de majesté et se croise les bras sur la poitrine. Elle parle avec l'accent d'une bonté et d'une douleur inénarrables. Sa parole apostolique pénètre l'âme de ses auditeurs et s'y grave à jamais. Son discours, tout rempli des préceptes de la loi, est admirablement fait pour convaincre, persuader et toucher. A chacune de ses paroles, on entend palpiter son cœur de mère, et les larmes qui coulent de ses yeux révèlent en même temps sa tendresse pour les hommes et son amour céleste pour son Fils. Avec quel respect elle dit et elle redit le nom bien-aimé de cet adorable Fils ! Quelle n'est pas son affection pour la pauvre France ! Quoique infidèle à sa mission, la France lui est toujours chère ; et elle l'appelle encore : *Mon peuple.*

Où donc ces bergers avaient-ils appris que Marie était au Cénacle avec les Apôtres, et qu'elle y avait reçu l'Esprit de Dieu, ainsi que les dons les plus parfaits pour parler les diverses langues, lire dans le passé et l'avenir comme en un livre ouvert, et annoncer les choses futures avec une précision divine ?

Par quelle vertu se sont-ils élevés à la plus sublime théologie, et qui donc a mis sur leurs lèvres le langage de l'Aigle de Pathmos, ou plutôt la langue du ciel et de Dieu lui-même ?

Dans cette lettre, Mgr Fava annonçait qu'il allait reprendre le chemin de la sainte Montagne ; il y était, en effet, le 19 septembre, pour les fêtes du trentième anniversaire de l'apparition. Ces fêtes, favorisées par le temps, ce qui n'arrive pas toujours dans cette saison, furent très belles ; les pèlerins, parmi lesquels on en remarquait de venus d'Italie, étaient nombreux et recueillis. Monseigneur, qui assistait, pour la première fois, à l'anniversaire de l'apparition, tint à se faire l'apôtre de Notre-Dame de la Salette ; la veille, il développait ses grandeurs dans un discours sur ce texte bien choisi : *l'humilité précède la gloire*. La Vierge Mère n'a-t-elle pas passé à travers les humiliations et les souffrances avant d'être couronnée d'honneur au ciel et sur la terre ? Le lendemain, dans un grand discours, il établissait la réalité de l'apparition en la montrant dans sa vérité surhumaine.

Trois jours après, Mgr Fava se trouvait à Saint-Ismier, avec Mgr Mermillod, alors exilé en France, pour la bénédiction de deux cloches destinées, l'une à l'église paroissiale, l'autre à la gracieuse chapelle de la maréchale Randon, chapelle qu'avait fait construire le maréchal alors qu'il était encore protestant. Si nous enregistrons ici ce fait, qui n'a, par lui-même, qu'une importance secondaire, c'est que nous avons été heureux de saisir cette occasion de donner un souvenir à la maréchale Randon et à la gracieuse chapelle dans laquelle nous sommes souvent allés.

Nous aurons fini avec l'année 1876, lorsque nous aurons signalé la belle lettre pastorale par laquelle les archevêques et évêques de vingt-cinq diocèses annonçaient l'établissement d'une Université catholique à Lyon (1). Cette question des Universités catholiques, pourtant d'une gravité tout exceptionnelle, est encore si mal comprise que nous croyons utile de reproduire ici une partie au moins de la lettre des vingt-cinq prélats, parmi lesquels figure l'évêque de Grenoble. Elle commence en ces termes :

La sainte Eglise n'a jamais cessé de revendiquer, comme un apanage essentiel de sa mission divine, le droit et la liberté d'enseigner ; jamais elle n'a oublié que le devoir d'éclairer les peuples a été imposé aux

(1) C'étaient les archevêques de Lyon, Avignon, Alger, Aix et Chambéry, et les évêques de Dijon, Digne, Moulins, Langres, Annecy, Saint-Claude, Marseille, Gap, Grenoble, Ajaccio, Tarentaise, Montpellier, Autun, Valence, Belley, Nîmes, Oran, Fréjus, Viviers et Saint-Jean-de-Maurienne.

Apôtres et à leurs successeurs. Toutes les nations et tous les siècles disent que ni les fatigues, ni les persécutions n'ont su arrêter, dans cet apostolat, ceux que le Seigneur a revêtus de son autorité suprême pour instruire et sanctifier les générations humaines.

Dès que le baptême lui a donné un enfant, l'Eglise ne peut négliger d'exercer un contrôle maternel sur l'éducation de cette créature de Dieu, appelée à une destinée surnaturelle. Elle a le devoir de le suivre dans le développement de ses facultés, et de le conduire, autant qu'il est en elle, à une parfaite connaissance des choses divines et humaines, de manière à ce qu'il puisse répondre pleinement à sa vocation de chrétien.

Voilà, nos très chers Frères, ce qu'avaient compris toutes les nations catholiques. Aussi depuis la tentative impuissante de Julien l'Apostat, qui supprimait pour les chrétiens ce qu'on appellerait aujourd'hui le droit à l'instruction, l'Eglise fut-elle, jusqu'au commencement de ce siècle, libre d'ouvrir des établissements où la jeunesse trouvait le double bienfait d'une éducation et d'un enseignement conformes à la foi de ses pères.

Depuis lors, dépouillée de son droit, l'Eglise a réclamé auprès de tous les pouvoirs qui ont successivement gouverné la France des lois réparatrices ; et sa constance, que les révolutions n'ont pu lasser, a fini par être couronnée de quelque succès. Désormais l'enseignement chrétien jouit, à tous ses degrés, d'une liberté qu'on lui mesure, il est vrai, d'une main parcimonieuse ; mais cette liberté, défendue par les garanties légales dont elle est entourée, sera, nous l'espérons, respectée des passions antireligieuses elles-mêmes.

Ces conquêtes imposaient à vos Evêques, nos très chers Frères, des obligations nouvelles. Quand ils avaient lutté avec tant de persévérance, ce n'était évidemment pas en vue de remporter une victoire stérile, mais afin de mettre à profit une liberté si péniblement reconquise. Aussi la loi du 12 juillet 1875 était à peine promulguée, qu'établir des Universités catholiques devenait, dans l'Eglise de France, l'objet premier du zèle des Evêques, parce que, à leurs yeux, c'était l'œuvre qui répondait le mieux aux besoins impérieux des âmes, et aux nécessités de notre patrie.

La pensée d'établir dans la ville de Lyon une Ecole libre et chrétienne d'instruction supérieure, s'offrit d'elle-même à bien des esprits. Grâce à l'initiative de quelques chrétiens d'élite, une Faculté de Droit fut organisée avec une activité merveilleuse, et quelques semaines après on voyait se grouper autour des nouvelles chaires un nombre d'élèves dépassant nos espérances.

A peine cette entreprise courageuse des Catholiques lyonnais fut-elle connue, qu'aussitôt l'Episcopat s'empressa de la bénir. Aujourd'hui les choses ont marché, et nous venons, au nom de l'Eglise de Dieu et du Vicaire de Jésus-Christ, prendre solennellement la haute direction de la naissante Université Catholique de Lyon, que gouvernera désormais un Conseil composé d'Archevêques et d'Evêques. Avec l'aide de la divine Providence, Nous nous efforcerons de donner promptement à l'œuvre commencée tous les développements qu'autorise la législation et que réclame une institution de cette nature. Dès la rentrée prochaine, un cours de Droit naturel et de Droit canon, institué par Nous, viendra compléter ceux qui ont été jusqu'ici professés dans la Faculté existante. Dans quelques mois, Nous en avons l'espoir, la création de deux autres Facultés nous assurera le titre officiel d'Université et les avantages qui en sont la conséquence légale.

Assurément, nos très chers Frères, c'est là une œuvre considérable, et de toutes celles que nous impose en ces jours d'épreuves notre charge pastorale, la plus difficile peut-être. Mais les périls de la foi dans un siècle agité par tant d'erreurs ne nous permettent pas d'hésiter. Ne faut-il pas, pour arrêter les effrayants ravages du scepticisme, que la jeunesse puisse recevoir un enseignement tout entier inspiré par la religion et dirigé par la foi catholique? Or, en face de pareils intérêts engagés dans la lutte, serait-il possible que l'Episcopat se laissât arrêter par une défiance injurieuse pour cette Providence divine dont il sert ici les volontés, et qui sait avec tant de sagesse et de puissance venir en aide à ceux qu'elle choisit pour accomplir ses desseins?

Les prélats font un chaleureux appel à la foi et à la charité des « pères de famille chrétiens », puis ils ajoutent:

Nous allons donc, nos très chers Frères, pour Dieu et pour la Patrie, travailler à rendre chrétienne l'éducation supérieure, en faisant asseoir de nouveau l'Eglise dans les chaires illustrées autrefois par son génie. Nous recommandons spécialement notre dessein au zèle du Clergé et aux prières de toutes les âmes pieuses. Ce n'est pas en vain que travaillent ceux qui élèvent l'édifice, quand la bénédiction divine est sur eux et sur leurs œuvres. N'en doutez pas, nos très chers Frères, le secours divin et l'union de nos efforts nous promettent le succès ; ni les contradictions ni les obstacles ne pourront faire échouer la sainte entreprise à laquelle Nous nous sommes voués, laquelle a droit à vos plus ardentes sympathies, et à votre concours le plus généreux.

A la lettre pastorale collective, Mgr Fava, non moins zélé pour l'enseignement supérieur chrétien que pour l'enseignement secondaire et pour l'enseignement primaire, ajoutait une instruction pastorale dans laquelle il faisait ressortir l'urgence qu'il y avait à « mettre à profit la liberté qu'on rendait à l'Eglise pour ouvrir à ses fils des Universités catholiques ». Il rappelait tout ce que l'Eglise avait fait pour l'enseignement, alors qu'elle avait sa liberté d'action. Dès les catacombes, au milieu des persécutions, elle « avait ses écoles où elle formait la jeunesse, pépinière de lévites et de prêtres, et les persécutions sanglantes n'étaient pas finies que déjà l'on voyait surgir cette floraison sublime de docteurs que le monde a nommés les *Pères de l'Eglise* ». C'est par l'Eglise qu'ont été « formées ces légions d'apôtres et d'instituteurs qui ont civilisé l'Europe barbare ». C'est là une « vérité banale ». C'est l'Eglise qui a formé le XIIIe comme le XVIIe siècle, où l'on voit « l'esprit humain dans son plus magnifique épanouissement ». Qu'on « laisse donc à l'Eglise sa liberté, toute sa liberté! » La France sera la première à en profiter.

Hélas! cette liberté, que nous devions à l'Assemblée nationale élue en 1871, on ne l'a pas respectée; la loi de 1875 sur la liberté de l'enseignement supérieur, qui cependant réservait largement les prétendus droits de l'Etat, a été retouchée et amoindrie avant même qu'elle n'ait pu produire ses effets. On a supprimé les jurys mixtes; on a dénié aux fondations catholiques les noms d'Université et même de Faculté, sous le ridicule prétexte qu'ils appartenaient exclusivement à l'Etat, alors que nous voyons des Universités et des Facultés libres dans de nombreux pays. On espérait ainsi tuer les fondations catholiques : on se trompait; elles vivent, et il ne leur faudrait, pour se développer, qu'une loi de vraie liberté. Quelles seront les assemblées qui, reprenant et complétant l'œuvre de l'Assemblée nationale en 1875, nous la donneront? Ces assemblées, on pourra les bénir, parce que, en enlevant à l'Eglise d'injustes chaînes, elles auront bien mérité de la France.

Dans son mandement de carême de 1877, Mgr Fava traite de l'acte d'adoration; il parle successivement du culte intérieur et du culte extérieur que l'homme doit à Dieu. Le culte extérieur l'amène tout naturellement à la sanctification du dimanche.

Le dimanche est institué précisément pour réunir les chrétiens auprès de Jésus-Christ, à l'église, comme une famille autour de son père ; afin que reliés à ce Chef de l'humanité, nous soyons unis par lui à son Père céleste, qui est aussi le nôtre. C'est là l'essence de la religion.

C'est le dimanche que le prêtre annonce la parole de Dieu, sans laquelle les esprits demeurent dans l'ignorance religieuse ; les cœurs, sans force et sans vertu ; les volontés, rebelles à la loi divine et humaine ; les âmes, sans foi, sans espérance, sans charité ; l'enfance, sans éducation vraie ; la jeunesse, sans mœurs ; la famille, sans dignité, et les peuples sans Dieu et sans autel.

Le dimanche, c'est le jour où l'homme laisse tomber de ses mains fatiguées l'instrument du travail, pour relever son front vers le ciel et son cœur vers ses destinées éternelles. Durant ces heures de loisir que Dieu lui fait, il reprend l'Evangile et en lit à ses enfants quelques pages connues, dont il s'est nourri lui-même. Avec eux, il se rend à l'église pour prier et chanter les louanges du Seigneur. Oui, l'homme est le chanteur de Dieu sur la terre, comme l'ange dans le ciel, jusqu'au dimanche éternel, où le concert des hommes et des anges sera au ciel unanime et universel.

Le dimanche, c'est le jour où le père, privé durant la semaine, par ses labeurs, des joies de la famille, s'assied au milieu de tous ses bien-aimés, pour leur parler, les encourager ; parfois pour leur donner des avis et les corriger ; car le père a tous ces devoirs à remplir ; et il doit se souvenir que c'est une suprême injure, après avoir mis un enfant au monde, de l'abandonner à lui-même.

Le dimanche, c'est le jour où chacun sort de son isolement pour rentrer en société, revoir ses parents, ses amis, ses connaissances. Au seuil de l'église et à l'ombre du clocher on se revoit, on se serre la main, on ravive les souvenirs d'autrefois ; on noue des amitiés qui seront éternelles, parce qu'elles sont chrétiennes et bénies de Dieu.

Ne vous étonnez pas, nos très chers Frères, de nous entendre parler sans cesse de la sanctification du dimanche. Sans dimanche, il n'y a pas de culte religieux possible ; et, par conséquent, pas d'instruction, pas de foi, pas de religion ; Dieu est oublié, blasphémé, offensé par toutes sortes de crimes. Alors le chrétien tombe plus bas que les païens ; car les païens, s'ils étaient dans l'erreur, du moins avaient des temples, et ils priaient.

Comme conclusion à son mandement, afin de mieux assurer la sanctification du dimanche, il prescrit ce qui suit :

Art. 1er. — Vu l'ordonnance, en date du 21 novembre 1852, par laquelle Mgr Philibert de Bruillard, l'un de nos vénérables prédécesseurs, a érigé canoniquement dans notre diocèse l'archiconfrérie de Notre-Dame Réconciliatrice de la Salette.

Considérant que ladite archiconfrérie répond d'une manière providentielle, ainsi que le fait lui-même de l'apparition de la Sainte Vierge, aux besoins de notre temps et de la France, en particulier ; et qu'il y a lieu de la propager et de la mettre en honneur, comme en pratique, dans notre diocèse, où elle a pris naissance, nous invitons tous les membres de notre clergé, si déjà ils ne lui appartiennent, à faire partie de l'archiconfrérie de Notre-Dame Réconciliatrice de la Salette, et à s'en montrer les protecteurs et les apôtres dévoués, partout où ils le pourront, en vue de rendre et de faire rendre à Dieu le culte intérieur et extérieur qui lui est dû.

ART. 2. — Nous invitons MM. les Curés, en particulier, à établir ou à maintenir dans leurs paroisses respectives ladite confrérie, et à user de toute leur influence pour y attirer tous leurs paroissiens.

Nous prions MM. les Aumôniers et tous les ecclésiastiques, tant séculiers que réguliers de notre diocèse, ainsi que les supérieurs des communautés religieuses d'hommes et de femmes, de donner aussi à cette œuvre toute leur attention et tout leur dévouement.

ART. 3. — Nous exhortons les parents, maîtres et maîtresses de maison, chefs d'ateliers, entrepreneurs, artisans, en un mot, toutes les personnes qui travaillent ou font travailler, à se ranger sous la bannière de Notre-Dame Réconciliatrice de la Salette.

ART. 4. — Considérant que l'œuvre dite : Association catholique pour la sanctification du dimanche, établie d'abord à Lyon et approuvée, en 1874, par Mgr Paulinier, notre vénérable prédécesseur, pour le diocèse de Grenoble, se lie à notre Archiconfrérie comme la fille à sa mère, nous engageons ceux qui en font partie à se placer sous la protection de Notre-Dame Réconciliatrice de la Salette pour obtenir les grâces et privilèges qui sont accordés à son Archiconfrérie, afin qu'ils se montrent de plus en plus dévoués à la sanctification du dimanche, comme membres de leur association.

Le prélat qui, à la Réunion et à la Martinique, portait tant d'intérêt à l'enseignement secondaire chrétien, ne pouvait moins faire à Grenoble. Le 10 août, l'Union fraternelle des Anciens élèves du Rondeau tenait sa réunion annuelle ; Mgr Fava voulut la présider en personne, heureux de témoigner de sa sollicitude et de son affection pour les anciens comme pour les nouveaux élèves du Rondeau ; il célébra lui-même la messe pour les anciens élèves défunts et, prenant la parole dans la séance qui suivit, il fit l'éloge de l'éducation chrétienne donnée par cette maison du Rondeau, qui, « non seulement forme les esprits de manière à ouvrir l'entrée des plus belles et des plus difficiles carrières — il en avait des témoignages sous les yeux — mais élève le cœur jusqu'à l'amour de Dieu, sans lequel les vives affections de la jeunesse elle-même sont vides ». Aussi « s'estimait-il heureux d'avoir reçu de ses vénérés prédécesseurs un tel héritage et de rencontrer dans son diocèse des hommes formés à si bonne école ». Déjà le Rondeau « lui était cher, et il sentait qu'il l'aimerait chaque jour davantage à mesure qu'il apprendrait à le mieux connaître par le bien qu'il fait dans le diocèse ». On sait que la promesse a été fidèlement tenue et nul nom n'est plus justement aimé au Rondeau que celui de Mgr Fava.

Quelques semaines après le 2 août, l'Evêque donnait une nouvelle et éloquente preuve de son intérêt pour l'instruction chrétienne de la jeunesse. C'était la distribution des prix de l'Externat Notre-Dame, à Grenoble. Fondé par le prédécesseur de Mgr Fava, Mgr Paulinier, de pieuse mémoire, pour donner satisfaction aux désirs d'un certain nombre de familles chrétiennes, l'Externat était dirigé par les Pères Jésuites ; mais ceux-ci se voyaient forcés de se retirer, parce que la Compagnie de Jésus ne pouvait fournir les professeurs nécessaires. « Fallait-il laisser tomber l'Externat ou le soutenir ? » Avec Mgr Fava, la réponse n'était pas douteuse. « Un évêque est père, et comme au père et à la mère, Dieu lui inspire des résolutions qui émanent surtout (nous dirions volontiers plus) du cœur que de l'esprit, et qui ont avant tout pour fin comme pour mobile le bonheur des enfants. Non, nous ne saurions, parents chrétiens, vous renvoyer vos enfants ni les priver de cet asile que leur a ouvert notre vénéré prédécesseur. » Donc, l'Externat subsistera, confié aux prêtres du diocèse, qui déjà fournissaient des professeurs ; mais il faut le soutenir.

Messieurs et Mesdames, j'apparais donc devant vous, et je vous présente l'Externat, comme saint Vincent de Paul l'orphelin qu'il avait recueilli, et moi aussi je vous dis à tous : Or sus, l'enfant vivra si vous le voulez.

Car, Messieurs, il faut se souvenir que les établissements d'instruction publique ont, pour se soutenir, des bases diverses. Les uns, comme les lycées de l'État, reposent sur la fortune publique. Qu'ils aient un nombre plus ou moins grand d'élèves, et que les dépenses l'emportent plus ou moins sur les recettes, les lycées marchent toujours, parce que l'État est là pour faire la différence entre les dépenses et les recettes, et combler tout déficit.

Il n'en est pas de même de nos collèges. Ils reposent sur la fortune privée, c'est-à-dire sur la fortune des familles, payant chacune une rétribution pour les enfants qu'elles nous confient. Si un déficit se produit au bout de l'année, l'État ne fait rien pour nous. Quant à l'Évêché, il n'a d'autres ressources que celles de la charité des fidèles, et déjà elles sont absorbées par les institutions qu'il est absolument obligé d'entretenir.

Nous comptons donc sur les familles chrétiennes pour assurer l'existence de l'Externat. Si elles nous honorent de leur confiance en nous donnant à élever leurs enfants, notre institution vivra ; sinon, elle irait végétant jusqu'au jour où, ce qu'à Dieu ne plaise ! la prudence nous forcerait à la fermer.

Pères et mères de famille, c'est donc par amour pour vous et pour l'âme de vos chers enfants, que l'Évêque prend à sa charge cet établissement qui a produit d'excellents résultats, il est vrai, sous le point de vue de l'éducation, mais qui a causé jusqu'ici beaucoup d'embarras sous le rapport financier.

Nous nous reprocherions de ne pas signaler la lettre-circulaire du 1er août 1877 par laquelle Mgr Fava convoque le clergé de son diocèse à la retraite ecclésiastique. Dans cette lettre, adressée aux « fidèles » aussi bien qu'au clergé, après avoir fait ressortir les avantages d'une retraite ecclésiastique, où le prêtre « entend une parole préparée pour lui » et « retrouve des modèles dans la personne de ses frères et de ses condisciples », le prélat insiste sur la nécessité de « resserrer les liens qui unissent » et les membres du clergé et les fidèles. Il recommande de « s'unir de cœur et d'esprit au Vicaire de Jésus-Christ sur la terre, centre visible de l'Unité catholique », et il ajoute :

A quelle époque cette union fut-elle jamais plus nécessaire qu'aux jours où nous vivons? Voyez comme l'armée des ennemis de Dieu et de son Christ, de l'Eglise et de sa doctrine, se lève en masse et se range sous la bannière de la Révolution? Les sociétés secrètes, qui étaient demeurées comme isolées les unes des autres jusqu'à notre époque, semblent aujourd'hui vouloir se coaliser pour jouir de la puissance que l'unité seule possède. Elles aussi se lèvent comme un seul homme et marchent *au mot d'ordre* qu'un centre mystérieux, inconnu d'elles-mêmes, leur communique.

Où vont-elles ?

La plupart de ces hommes n'en ont pas conscience, si ce n'est d'une manière vague. Ils marchent parce qu'ils sont enrôlés et parce qu'on leur commande. Seulement ils savent, à n'en plus pouvoir douter aujourd'hui, que leur société est hostile à l'Eglise de Jésus-Christ et que le Pape les a tous excommuniés.

Mais encore, où vont ces sociétés secrètes ?

Là où les conviait naguère un de leurs chefs les plus applaudis, quand il disait : « *Montons au Capitole et proclamons-y la religion du Dieu-Humanité.* »

C'est-à-dire persuadons à l'homme qu'il n'y a pas d'autre Dieu que lui-même, qu'au-dessus de l'homme il n'y a plus rien, ni Dieu, ni juge, ni ciel, ni enfer, et que le but de la vie ce n'est pas le bonheur, en ce monde et dans l'autre, par l'union de l'homme au Créateur, mais par l'union de l'homme à ce qui est créé. La jouissance ! La jouissance sans limites et sans remords : voilà, comme ils disent, l'objectif positif de la vie humaine.

On le voit, Mgr Fava continuait à s'occuper des sociétés secrètes et de leur campagne contre l'Eglise; il poursuivait l'œuvre commencée à la Martinique et dont ses travaux apostoliques en divers pays lui avaient donné l'idée, en lui montrant, dans les sociétés secrètes, l'un des grands dangers de l'heure présente. Le danger n'a fait que s'accentuer, et il devient chaque jour plus nécessaire de faire l'union des catholiques contre des sociétés qui semblent avoir juré la destruction de l'Eglise.

Le 2 octobre, une fête magnifique, que nous ne pouvons pas ne pas signaler brièvement, réunissait, à Vienne, avec Mgr Fava, le cardinal Caverot, archevêque de Lyon, Mgr Mermillod et les évêques de Nîmes, de Valence et de

Bethléem. Il s'agissait de la vénération des reliques de l'église de Vienne, une des plus anciennes et des plus illustres de la Gaule. Ces prélats venaient « pour honorer les héros chrétiens dont on vénérait les reliques dans cette brillante fête populaire; pour faire reluire sur l'église de Vienne un rayon de cette gloire antique qui la rendait si grande au milieu des églises de France, gloire et grandeur, hélas! emportées par la tempête révolutionnaire; pour procurer à la population de Vienne, où l'on compte tant de belles âmes, riches de la foi et de la vertu des martyrs, les joies du culte religieux si chères aux peuples, si instructives pour tous, si pleines d'espérance pour ceux qui travaillent et souffrent ici-bas ». Dans cette belle fête, ce fut un confesseur de la foi, Mgr Mermillod, qui porta la parole avec sa chaude éloquence, bien connue dans le diocèse de Grenoble. De son discours, nous rappellerons seulement l'allusion à saint Avit, le grand évêque de Vienne, qui « écrivit à Clovis (au lendemain de son baptême) cette magnifique lettre où, prophétiquement, il décerne d'avance à notre patrie le glorieux titre de fille aînée de l'Eglise ». Un pareil souvenir ne peut s'oublier dans l'année du quatorzième centenaire du baptême de Clovis.

Avec l'année 1878 s'ouvre une ère nouvelle : la République est « aux républicains »; la tentative avortée du 16 Mai les a rendus les maîtres, et malheureusement ils s'inspirent du mot de M. Gambetta : « Le cléricalisme, voilà l'ennemi », le cléricalisme n'étant en réalité que le catholicisme. Le maréchal de Mac-Mahon, qui a dû « se soumettre », est impuissant; le vieux soldat, du reste, ne tardera pas à « se démettre »; il ne voudra pas livrer l'armée. Mgr Fava prévoit la lutte qui s'annonce; sa lettre du 30 décembre 1877 aux rédacteurs de la *Semaine Religieuse*, à laquelle nous avons déjà fait allusion, ne l'indique-t-elle pas lorsqu'elle fait ressortir la nécessité, pour les amis de la vérité, de l'ordre, de la religion et de la patrie, de faire l'impossible pour répandre la bonne parole, la bonne semence?

Dans son mandement de carême, continuant son rôle d'enseignement, l'évêque traite de Jésus-Christ, juge souverain ; il y expose ces deux vérités fondamentales : il y aura un jugement général ; c'est Jésus-Christ qui sera le Juge de tous les hommes.

Au mois d'avril 1877, Mgr Fava était tout heureux de s'associer aux fêtes qui se célébraient dans tout l'univers catholique pour le cinquantième anniversaire de la consécration épiscopale du pape Pie IX. Dans une lettre pastorale, datée du 15 avril, après avoir rappelé les grandeurs de la Papauté, il insistait sur l'amour que tous les chrétiens devaient à Pie IX, tant à cause des épreuves par lesquelles il avait passé, que parce qu'il « portait et méritait vraiment le nom de Père ». Moins d'un an après, toute l'Eglise était en deuil ; Pie IX était mort, toujours captif au Vatican ; il n'avait pas pu voir le triomphe de l'Eglise, comme l'espéraient nombre de ses enfants. La douleur fut grande pour Mgr Fava auquel, à diverses reprises, le Pape avait fait un accueil tout paternel, mais c'était la douleur du chrétien adoucie par les consolations divines. Si Pie IX n'était pas « sorti de ses abaissements », s'il n'avait pas, sur la terre, « obtenu le triomphe que méritaient ses vertus », par la mort il « entrait dans son règne éternel avec le Fils de Dieu, dont il avait été le Vicaire » et « le deuil universel où la terre était plongée par sa mort montrait bien que Jésus-Christ voulait glorifier, parmi les hommes, celui qui s'oubliait lui-même pour ne chercher que la gloire du Maître qu'il servait ». Donc, « gloire à Pie IX, pontife infaillible ! gloire à Pie IX, roi pacifique et ami de ses sujets ! » C'est par cette glorification du Pontife mort dans la captivité du Vatican, mais d'autant plus grand aux yeux des chrétiens, que Mgr Fava terminait son discours au service célébré dans sa cathédrale pour le Pontife défunt et auquel assistaient presque toutes les autorités (1). De ce discours, où l'évêque, laissant parler son cœur, montrait dans Pie IX un vrai successeur de Pierre, « digne du suprême Pontificat, autant qu'on peut l'attendre de la pauvre humanité dans ce qu'elle a de plus saint et de plus noble », nous citerons au moins un passage :

Si nous écoutions l'élan de notre âme, notre parole serait un chant de douleur se mêlant aux larmes et aux cris plaintifs de la catholicité tout entière, car Pie IX est aujourd'hui pleuré dans tout l'univers. A mesure que la nouvelle de sa mort pénétrera à travers les océans, retentira sur les rivages lointains, et jusqu'au fond des forêts les plus sauvages, des larmes couleront des yeux de ses enfants, et sans doute l'hommage obscur du pauvre enfant de la forêt sera devant Dieu bien plus éloquent que nos éloges.

Si nous suivions l'attrait de notre cœur, nous placerions sous vos regards la figure si ferme et si douce de Pie IX, telle qu'elle nous est apparue à Castel Gandolfo, alors qu'il goûtait les douceurs d'un repos nécessaire, dans cette solitude que rien ne troublait, sinon le bruit de l'admiration universelle et les hommages d'un amour qui le cherchait partout; telle que nous l'avons revue au Vatican, rendez-vous de toutes les nations, de toutes les races, de toutes les croyances, des rois, des sujets, des riches, des pauvres, qui venaient pour voir Pie IX, l'entendre, l'admirer, lui baiser les pieds et les mains, recueillir un mot de sa bouche, un sourire de ses lèvres, un souvenir pieux, et puis qui s'en allaient à regret, le cœur ému, les yeux pleins de larmes, emportant comme le souvenir d'une vision céleste. Oui, c'était une vision céleste que le spectacle des audiences du Vatican, alors que Pie IX, dans sa majesté de Pontife et de vieillard, laissait errer son regard inspiré sur la foule, tandis que sa parole, tantôt caressante comme celle d'un père, tantôt sévère comme celle d'un juge, honorait la vertu, flétrissait l'injustice, plaidait la cause de l'opprimé, relevait les courages abattus, et toujours rappelait à l'âme immortelle ses destinées célestes.

(1) Nous disons *presque toutes* parce que déjà des vides s'étaient produits; c'était une conséquence de la campagne commencée contre les catholiques par le gouvernement lui-même. Nous devons constater que les autorités militaires étaient au complet et que les honneurs militaires avaient été rendus; un piquet de cent soldats faisait la haie d'honneur autour de la grande nef de la cathédrale. Aussi, dans son discours, Mgr Fava eut-il un souvenir toutparticulier pour les officiers qui étaient là nombreux devant lui et dont plusieurs avaient eu l'honneur d'être reçus par Pie IX, au temps où les soldats de la France montaient la garde autour du Vatican.

Comme nous prendrions plaisir aussi, Messieurs, à évoquer devant vous, enfants généreux de la France, de la France si chère à Pie IX, les souvenirs que vous avez rapportés de Rome, où vous défendiez les droits du Saint-Siège, qui sont ceux de l'Eglise. Vous et vos frères d'armes, vous comptez parmi les grands jours de votre vie celui où Pie IX vous a reçus avec cette cordialité toute française qu'il prodiguait aussi bien au simple soldat qu'à l'officier lui-même.

Un pape peut mourir en prison ou dans l'exil, la papauté ne meurt part. Les membres du Directoire, à la fin du siècle dernier, avaient fait enlever de Rome le pape Pie VI, qui était mort prisonnier à Valence; maîtres de l'Italie et notamment de Rome, ils se flattaient d'empêcher l'élection de son successeur et déclaraient tout haut que c'en était fait des ci-devant soi-disant papes. Peu de temps après, les cardinaux pouvaient se réunir à Venise, grâce aux victoires du général russe Souwarow, et ils élisaient le cardinal Chiaramonti qui prenait le nom de Pie VII et qui devait signer le Concordat avec le premier consul Bonaparte. A la mort de Pie IX, les adversaires de l'Eglise disaient volontiers que l'on ne pourrait pas élire son successeur. Quelques jours après, le cardinal Pecci était élu. Mgr Fava aimait trop la Papauté, ce centre de l'unité de l'Eglise, pour ne pas accueillir « avec joie et avec une conscience filiale » le pape Léon XIII qui « apparaissait avec toutes les marques dont il plaît à Dieu d'honorer les grands pontifes ». En annonçant cette élection à ses diocésains, il leur disait : « N'oublions pas, toutefois, mes très chers frères, *que le serviteur n'est pas plus grand que son maître,* et que, si Jésus-Christ a été attaqué et persécuté jusqu'à la mort, son Vicaire est appelé à supporter aussi l'épreuve et la douleur. Pour lui, comme pour Pie IX, il y aura d'un côté les fidèles enfants de l'Eglise, et de l'autre, les ennemis du Christ et de son Epouse mystique. Ne nous laissons ni surprendre, ni égarer, mais souvenons-nous qu'il n'y a point d'accord possible entre Dieu et ses ennemis, tant qu'ils ne voudront pas revenir à leur Père céleste et à celui qui

tient sur la chaire de Pierre la place de Jésus-Christ.
Prions donc pour Léon XIII, nos très chers frères, car il
aura à souffrir sans doute ; par nos prières, nous adouci-
rons ses douleurs. Prions la toute-puissance et la sagesse
divines de le protéger et de le guider dans tous ses actes. »
Et lorsque parut l'Encyclique de Léon XIII pour son élévation au Suprême Pontificat, Mgr Fava disait, dans la
lettre-circulaire par laquelle il l'annonçait :

Vous écouterez avec respect, nos très chers Frères, ces enseignements du Vicaire de Jésus-Christ. Ils rendraient la paix aux peuples
et aux individus, si la voix autorisée du Pontife Romain était écoutée.
Malheureusement il y a, de nos jours, en face de l'Eglise de Jésus-
Christ, l'église de Satan, qui agit secrètement et parle à tous le langage de l'erreur et du mensonge, détournant les peuples de la voie qui
conduit à Dieu et à son Vicaire. Gardez-vous, nos très chers Frères, d'entrer dans l'assemblée de ces hommes inspirés par l'esprit du mal, car,
sans vous en apercevoir peut-être, vous passeriez du drapeau de Jésus-
Christ et de son Eglise sous celui de ses ennemis. Il serait bien tard de
voir votre erreur, quand déjà vous seriez liés par un serment, ridicule
en apparence, mais terrible par les obligations qu'il impose. De grâce,
nos très chers Frères, demeurez étroitement attachés à l'Eglise, votre
mère, et à son Pontife, ainsi qu'à vos pasteurs légitimes, par lesquels
vous vous reliez à Jésus-Christ, et par Jésus-Christ, à son Père céleste,
qui est aussi le nôtre. C'est dans cette union que vous trouverez le
salut, la paix, aussi bien que la lumière et la vraie liberté.

Quelques mois plus tard, Mgr Fava faisait un nouveau
voyage *ad limina apostolorum.* Suivant son expression, il
« allait voir Pierre dans la personne de Léon XIII ». Un
évêque doit faire cette visite tous les trois ans, sauf empê-
chement, et cette obligation est douce pour un prélat ardemment dévoué au Pape (1). Ce voyage, Mgr Fava l'a raconté
lui-même dans une lettre datée du 18 décembre 1878 ; nous
lui laissons la parole :

(1) C'est à la suite de ce voyage *ad limina* que Mgr Fava était
nommé par le Pape comte romain et assistant au trône pontifical.
L'année suivante, il était nommé par le patriarche latin de Jérusalem,
Mgr Bracco, grand-croix de l'ordre du Saint-Sépulcre.

On sent bien vite que Léon XIII est père, à son accueil cordial, au ton de sa voix, à la bienveillance qui respire dans ses paroles et toute sa personne. Si quelque chose en lui avait pu nous inspirer quelque crainte, c'eût été l'éclat de son regard ; mais tandis que nous nous en laissions pénétrer, et que nous contemplions nous-même avec respect et confiance les traits de ce bien-aimé Pontife, nous sentions la bonté de son cœur, et nous comprenions qu'il a plu à Dieu de verser dans son âme la sagesse, l'intelligence et la force dont a besoin, de nos jours, la main chargée de gouverner le navire de l'Eglise, au milieu des flots agités, des écueils et des combats qu'il traverse.

Comme vous, nos très chers Frères, nous avions cherché la figure de notre Pontife dans ses portraits ; mais, sachez-le, pour connaître les traits de Léon XIII, il faut le voir. A son aspect seulement, vous comprendrez comment son âme, vivante de l'Esprit divin, sait imprimer à son regard, à son sourire, à sa parole et à toute sa personne, la bonté, la force, et aussi nous ne savons quel air de jeunesse, qui nous a fait goûter des joies pleines d'espérances.

C'est aussi après trois ans de séjour parmi vous, nos très chers Frères, que nous sommes allé au *Tombeau des Apôtres*, *ad limina apostolorum*. Nous avons, durant ces trois années, visité vos paroisses ; travaillé de concert avec notre clergé ; encouragé nos congrégations religieuses ; prié et agi avec les prêtres vénérables qui nous entourent, soit à l'Evêché, soit dans notre église cathédrale. Il convenait que le Souverain Pontife apprît de nous la piété des pasteurs et des fidèles. Nous lui avons parlé sincèrement, nous souvenant qu'il est, comme Pierre, l'organe du Saint-Esprit. Nous lui avons dit votre foi, nos très chers Frères, votre attachement à la Religion et à ses ministres, malgré les efforts que l'on fait de toutes parts, par tous les moyens imaginables, surtout par une presse impie, pour tuer en vous le respect des personnes consacrées à Dieu, et, finalement, avilir, dans vos âmes, les vérités éternelles. Nous n'avons pas craint d'avouer aussi que plusieurs d'entre vous subissent trop facilement la tyrannie de certaines sociétés occultes, dont le but est de faire triompher l'hérésie sociale qu'on peut appeler : *la négation du droit de propriété*, sous ses diverses formes. Nous avons excusé les égarés, autant que nous l'avons pu, en disant à Léon XIII que peut-être ils n'ont pas conscience de ce qu'ils font ; et encore, qu'une fois éclairés, la plupart de ces aveugles reviennent à de meilleurs sentiments. Nous ajoutâmes que, n'étaient l'influence du mot d'ordre venu d'ailleurs, et le respect humain, ces deux grandes plaies dont nous souffrons, notre peuple tout entier serait fidèle à la pratique de la Religion qu'il aime, et dont son cœur a besoin.

Léon XIII nous écoutait avec bonté ; et, quand nous lui offrîmes le don généreux que votre piété nous avait confié, quarante et un mille francs recueillis auprès du pauvre comme du riche, comment aurait-il

pu douter de votre affection pour lui ? Il en fut reconnaissant et atten-
dri. Levant les yeux au ciel, il nous dit : J'admire la bonté de Dieu,
qui prend soin de nous, en inspirant à nos enfants de venir en aide à
leur Père. Que Dieu en soit béni! Que votre diocèse et son Pasteur
soient bénis aussi !

Ces bénédictions, nous les avons recueillies avec autant d'amour que
de joie, nos très chers Frères, et nous venons vous les transmettre, à
vous et à vos enfants. Car, souvent, ce sont vos enfants qui implorent
de vous l'obole qui forme la collecte du Denier de Saint-Pierre. Vous
la leur remettez, afin qu'ils apprennent à vous respecter et à vous aimer, en voyant que vous-mêmes vous respectez et aimez le Saint-Père.
C'est une manière éloquente de leur dire : Mon enfant, je viens en aide
au Souverain Pontife dans sa détresse, afin que si, un jour, j'y tombe
moi-même, vous ne m'abandonniez pas; non, vous ne serez pas dur
pour votre père, pour votre mère, dans leur vieillesse, en vous souvenant que nous sommes venus en aide au Vieillard du Vatican, que
d'autres ont dépouillé de ses biens. — Croyez-le, nos très chers Frères,
le moyen le plus sûr d'être chers à vos enfants et toujours vénérés par
eux, c'est celui que vous prenez. Continuez donc à être généreux pour
le Saint-Père, qui partage avec les évêques, ses frères, et une foule de
prêtres et de malheureux, les offrandes de la France et de la chrétienté. Les charges du Saint-Siège sont grandes : ses ressources sont
nulles, nous vous l'assurons. Ces ressources se composent de nos au-
mônes, car le Saint-Père préfère devoir son pain de chaque jour, et
celui de ses frères, plutôt à ses enfants qu'à ses ennemis, qui exigent
de lui un compromis indigne du Saint-Siège et de la grande âme de
Léon XIII.

Nous avons passé quinze jours auprès de ce Père bien-aimé. Nous
avons eu le bonheur de le voir plusieurs fois. Avec Sa Sainteté et les
Cardinaux, nous avons traité des questions qui intéressent notre diocèse. Une fois encore, nous nous sommes convaincu que la Cour Romaine est un centre où aboutissent des affaires, qui se comptent par
centaines de mille. Aussi, à peine les Congrégations ont-elles repris
leurs travaux, un instant interrompu par le climat dangereux de
Rome, pendant la saison des grandes chaleurs, qu'aussitôt on voit les
membres qui composent ces Congrégations travailler sans relâche. On
s'étonne parfois des lenteurs de la Cour Romaine; mais, on oublie
qu'il lui vient des questions de tout l'univers catholique; et puis à
Rome, on traite les affaires avec une lenteur calculée. Un des conseillers du Vatican qu'il nous a été donné de rencontrer, nous disait : *du
temps, de la patience et du travail, avec ces trois choses, on arrive à tout et
bien.* Nous vous le disons en toute simplicité, nos très chers Frères,
nous avons quitté Rome, rempli d'une respectueuse admiration pour
Léon XIII, dont la vie se consume à examiner et à expédier les affaires
de la chrétienté, jusqu'à une heure avancée de la nuit; plein d'admira-

tion pour les cardinaux et les membres des diverses congrégations, qui consacrent leurs jours à l'étude et au travail, pour aider, de tout leur pouvoir, le Souverain Pontife dans l'administration, si vaste, si compliquée et souvent si délicate de l'Eglise universelle.

Nous avons dit qu'avec l'année 1878 commençait une nouvelle ère, ère de lutte et de persécution pour l'Eglise. Afin de bien afficher leur « anticléricalisme », les sectaires avaient voulu célébrer le centenaire de Voltaire, glorifiant, non l'écrivain, dont on ne peut contester le mérite littéraire, mais l'ennemi de l'Eglise. Si le centenaire n'avait pas revêtu un caractère absolument officiel, c'est que le maréchal de Mac-Mahon s'y était opposé; le soldat chrétien répugnait à cette glorification du triste philosophe de Ferney, qui félicitait Frédéric II de Prusse de sa victoire sur les Français. Mgr Fava fut au nombre des prélats qui protestèrent hautement; il prescrivit pour le jour même du centenaire, le 30 mai, date, cette année-là, de la fête de l'Ascension, des prières de réparation. « Pauvre France! disait-il dans sa lettre. Autrefois, tu étais le soldat de Dieu, *gesta Dei per Francos*, et aujourd'hui, tu es le soldat de ces sicaires du poignard et de ces sociétés secrètes qui forment l'armée de celui que l'Ecriture appelle *le prince de ce monde*, et que Tertullien nommait le *singe de Dieu!* Pauvre patrie, à quels abaissements je te vois condamnée pour avoir abandonné le Christ qui aime les Francs! »

Dans l'épiscopat de Mgr Fava, l'année 1879 peut porter le nom d'année de Notre-Dame de la Salette : le prélat commence par protester contre des bruits répandus au sujet du culte de Notre-Dame de la Salette qu'on disait avoir été condamné à Rome ; il consacre son mandement de Carême à cette dévotion ; il préside au couronnement de la statue de Notre-Dame de la Salette et à l'érection de l'église en basilique mineure ; enfin, pour cet acte purement spirituel, il est poursuivi, comme d'abus devant le Conseil d'Etat épuré et naturellement condamné. Ces faits sont trop importants pour que nous ne nous y arrêtions pas, laissant le plus possible la parole à l'évêque.

Un journal, généralement mieux inspiré, avait dit dans une correspondance de Rome, que le 25 janvier 1879, « Sa Sainteté avait déclaré, par un décret contresigné par le cardinal Bartolini, que le culte de Notre-Dame de la Salette n'avait ni base sérieuse, ni raison d'être; » il ajoutait que ledit décret « avait été expédié à Sa Grandeur l'évêque de Grenoble ». Mgr Fava protesta immédiatement par une lettre « au clergé et aux fidèles de son diocèse, à l'occasion de fausses nouvelles répandues contre la dévotion envers Notre-Dame de la Salette ». Nous reproduisons presque intégralement cette lettre qui est la justification concluante d'une dévotion chère à Mgr Fava comme à ses diocésains :

Nous avons, en effet, reçu ledit décret, mais au lieu de déclarer que le culte de Notre-Dame de la Salette n'a ni base sérieuse, ni raison d'être, il porte que deux grandes faveurs viennent d'être accordées par Sa Sainteté Léon XIII au sanctuaire vénéré de Notre-Dame de la Salette. Ces faveurs sont : le titre insigne de Basilique mineure pour l'église, puis le couronnement solennel de Notre-Dame de la Salette, représentée par la statue que la S. Congrégation des Rites approuve.

Cette statue, qui ne sera achevée qu'en juillet, et qui se fait à Rome, en ce moment, par un artiste distingué, différera de l'ancienne. Un Bref, que nous attendons, nous en donnera la description, et nous fixera tant sur le modèle que sur les mesures à prendre, en ce qui concerne l'ancienne statue.

Ainsi donc, nos très chers Frères, vous voyez que l'auteur du *Messager de Toulouse* a confondu les choses. Ce n'est pas la croyance qui est condamnée; mais l'ancienne statue qui est modifiée, comme nous venons de le dire, et dans la mesure qu'il plaira au Saint-Père de fixer. L'article a une gravité qu'il ne soupçonne pas. En effet, Mgr de Bruillard, de vénérée mémoire, n'a pas agi inprudemment, ni outrepassé ses droits, quand il a prononcé un jugement doctrinal sur le fait de l'apparition de la sainte Vierge à la Salette. Pendant cinq ans, ce fait a été examiné par plusieurs commissions, tantôt séparées, tantôt réunies. Elles étaient composées des hommes les plus éminents du diocèse de Grenoble. M. Orcel, dont vous savez la profonde sagesse, et M. Rousselot, professeur de théologie au Grand Séminaire, ont parcouru la France pour constater, en plusieurs diocèses, des guérisons

reconnues humainement impossibles par les médecins eux-mêmes. En un mot, tous les moyens ont été pris pour découvrir la vérité. L'ouvrage très sérieux de M. Rousselot le prouve jusqu'à l'évidence.

Mgr de Bruillard a donc agi avec une grande prudence, puisqu'il s'est appuyé sur les conclusions des commissions pour prononcer son jugement.

Ajoutez que Sa Grandeur a voulu demander le concours d'un prélat français, que Rome connaît bien, puisque Pie IX, *motu proprio*, l'a créé ensuite cardinal : j'ai nommé Mgr de Villecourt, alors évêque de la Rochelle. C'est lui qui a tenu la plume pour la rédaction du mandement doctrinal. Le manuscrit était entièrement écrit de sa main.

Remarquez encore que le mandement portant que l'Apparition de la sainte Vierge à la Salette est *jugée vraie, certaine et indubitable*, ne date que du 19 septembre 1851. Ainsi Mgr de Bruillard a mis cinq ans avant de se prononcer, et ces cinq années ont été employées à étudier le fait.

Le *Messager de Toulouse* prétend que Mélanie a menti et qu'elle le reconnaît : c'est une calomnie. Mélanie que je suis allé interroger à Castellamare, il y a deux mois, signerait de son sang le récit qu'elle a fait et toujours maintenu. D'ailleurs, elle n'était pas seule. Il y avait un second témoin : Maximin, lui aussi, aurait préféré mourir plutôt que de nier la vérité du fait de l'Apparition. Ces deux pâtres ont pu avoir leurs défauts et leurs torts, et nous ne prenons la défense, ni de l'un, ni de l'autre, dans ce qu'ils ont pu dire ou faire, en dehors du récit de l'Apparition ; mais ils ont été sincères dans ce récit, et nous disons que Mélanie est de la part du *Messager de Toulouse* l'objet d'une calomnie. La pauvre bergère est notre diocésaine : il nous appartient de la défendre ; nous le faisons volontiers, en ce moment, lui laissant le soin de se faire rendre justice.

D'ailleurs, le décret qu'il invoque est par lui-même une preuve évidente qu'il calomnie. Si Mélanie avait reconnu devant Sa Sainteté qu'elle a trompé, comment le Souverain Pontife nous accorderait-il, pour le sanctuaire de Notre-Dame de la Salette, le titre de Basilique mineure ; puis une nouvelle statue de la Vierge de la Salette qui sera couronnée solennellement en son nom, s'il plaît à Dieu : les hommes, la foi et la liberté aidant ?

Mgr de Bruillard a donc rempli un devoir et usé d'un droit, en portant un jugement doctrinal sur la vérité de l'Apparition de la Salette.

Rome n'intervient pas directement, remarquez-le bien, nos très chers Frères, dans les faits de cette nature. Quand il s'agit d'un saint à canoniser, elle examine les faits miraculeux. La sainte Vierge est la Mère de Dieu. Il n'y a pas lieu de relever les faits et les prodiges qu'elle opère, pour les soumettre à Rome. Aussi, Rome laisse aux Evêques le soin de faire constater eux-mêmes, soit les apparitions de la sainte Vierge, soit les guérisons miraculeuses, qui arrivent par son intercession. Lorsque les évêques ont porté leur jugement, et que le concours du peuple s'établit en faveur d'une dévotion reconnue par l'Eglise, l'Eglise regarde la chose comme une croyance pieuse, qu'elle favorise par des faveurs spirituelles. C'est ce qui est arrivé pour Lourdes ; ce qui est arrivé et arrive pour la Salette. Nous ne demandons donc pas au Souverain Pontife de reconnaître la vérité du fait de l'Apparition de la sainte Vierge à la Salette ; Mgr de Bruillard a prononcé son jugement doctrinal ; Rome n'y a pas contredit : cela nous suffit, et doit suffire à tout homme de bon sens. Si tous les faits historiques étaient constatés comme celui de l'Apparition de la sainte Vierge à la Salette, l'histoire mériterait une créance absolue.

Comme la fausse nouvelle donnée par le *Messager de Toulouse* avait fait le tour de la presse, des journaux, même plutôt sympathiques qu'hostiles à la religion, l'ayant reproduite, Mgr Fava fit faire des démarches auprès de ces journaux qui se firent généralement un devoir de publier le démenti qu'il désirait (1). Ce n'était pas là une précaution superflue ; la nouvelle avait eu un grand retentissement, comme en témoigne la lettre suivante, jadis publiée par la *Semaine Religieuse* de Grenoble :

Monseigneur,

En septembre 1874, au moment où vous quittiez la Martinique, pour rentrer momentanément en France, j'eus l'insigne honneur de vous être présenté. Je me place sous le patronage de ce souvenir pour supplier Votre Grandeur d'excuser la démarche que je tente auprès d'elle.

(1) Nous pouvons d'autant mieux en témoigner que nous avons été, dans cette circonstance, l'un des intermédiaires du prélat. Nous avons notamment gardé le souvenir de notre visite au *Figaro*. L'accueil fut empressé ; certainement, il s'adressait moins au « confrère » qu'à l'envoyé d'un évêque justement estimé. Le rédacteur qui nous reçut — c'était, croyons-nous, M. Platel, mort depuis, — nous surprit fort, lorsque, pour justifier le *Figaro*, il nous dit : « Tout arrive. » Comme nous lui objections qu'il ne pouvait pas arriver que l'Eglise se mît en contradiction avec elle, il nous regarda avec surprise, ne paraissant pas nous comprendre. C'est que l'instruction religieuse des rédacteurs du *Figaro*, et généralement des feuilles boulevardières, sans en excepter les mieux disposées, est très sommaire. N'est-ce pas le *Figaro* qui, un jour, parlait d'une « messe de mort » dite à six heures de l'après-midi ? Cela seul, sans des gauloiseries parfois bien fortes, suffirait pour que les familles chrétiennes ne leur accordent pas leur confiance.

Pendant les longs voyages entrepris, au milieu des dangers de toute nature courus, dévoré par la maladie, les ennuis, les chagrins, j'ai conservé vivace ma confiance profonde en la Vierge Immaculée, confiance inculquée dans mon âme par une mère aussi intelligente que vertueuse. Loin de moi, Monseigneur, de me faire passer auprès de vous pour un de ces hommes au cœur fort qui n'ont jamais faibli. Mais, dans mes égarements, le souvenir de Marie fut toujours pour moi le phare lumineux guidant vers le port du repentir et du salut ma pauvre barque ballotée par les orages de la vie.

J'ai surtout une foi entière, sans bornes, sans restrictions, en Notre-Dame de la Salette, dont la puissante intercession a valu des grâces abondantes et incontestables, soit à moi-même, soit à ceux qui me sont chers.

Quelle n'a pas été ma douleur, en lisant un entrefilet d'un journal aussi dangereux pour l'ordre que pour la religion, article intitulé : Déchéance de Notre-Dame de la Salette.

Tout d'abord, je me suis hautement, énergiquement inscrit en faux contre une nouvelle que je traiterai d'apocryphe et de calomnieuse tant qu'elle n'aura pas été confirmée et notifiée par nos supérieurs ecclésiastiques. Et alors, je m'inclinerai en fils dévoué à l'Eglise, mais il me semble que je tournerai encore malgré moi mes regards vers le sanctuaire vénéré où tant d'affligés ont trouvé le calme, tant de faibles la force, tant de forts le courage de persévérer.

Au moment où toutes les passions sont déchaînées contre la religion du Christ, faudrait-il voir encore disparaître une de ces nobles et douces croyances dont furent bercées mes jeunes années ?

Monseigneur, vous, un prince de l'Eglise, vous, dont la foi, l'énergie, la prudence me sont connues, daignez éclairer mon esprit... Vous ne sauriez repousser mon humble prière et me refuser une réponse.

Agréez, etc.

Des lettres semblables auront certainement contribué à décider Mgr Fava à consacrer son mandement de Carême de 1879 à la dévotion de Notre-Dame de la Salette ; il ne pouvait « refuser une réponse » à ceux qui lui demandaient humblement « d'éclairer leur esprit ». Ce mandement est trop long pour que nous puissions songer à le citer ; il est inutile de le résumer après la lettre que nous donnons plus haut. Nous nous bornerons à dire qu'il se divise en deux parties : dans la première, Mgr Fava rappelle les diverses « phases du long et minutieux examen » après lequel Mgr Philibert de Bruillard a rendu son jugement ; dans la seconde, il « étudie les circonstances religieuses et sociales dans lesquelles l'apparition s'est produite » et il montre que « ces circonstances rendaient éminemment opportune et éclatante la glorification de Notre Seigneur Jésus-Christ par l'apparition de son auguste Mère et par l'enseignement qu'elle adresse à son peuple ». Plusieurs pages de cette dernière partie sont consacrées aux sociétés secrètes, dont le prélat signale et flétrit l'œuvre néfaste. Le mandement se terminait par un dispositif où, « en ce qui concerne le culte religieux rendu à Notre-Dame de la Salette », il était dit : « Nous maintenons tout ce qui a été réglé, jugé et ordonné jusqu'à présent, soit par l'autorité de la Sacrée Congrégation des Rites, soit par nos vénérés prédécesseurs, soit par nous même. » En même temps, était officiellement annoncé le décret de Sa Sainteté Léon XIII accordant le titre de basilique mineure pour le sanctuaire du pèlerinage et le couronnement solennel de la statue de Notre-Dame de la Salette.

Dans sa lettre du 2 février, Mgr Fava avait déjà parlé de ces deux faveurs, ajoutant : « La nouvelle statue de la Vierge de la Salette sera couronnée solennellement, s'il plaît à Dieu, les hommes, la foi et la liberté aidant. » L'évêque ne doutait ni des « hommes », ni de la « foi », mais aurait-il la « liberté » ? La persécution contre les catholiques s'accentuait, tantôt franche, tantôt sournoise. Il put croire cependant que, pour l'érection de l'église en basilique mineure, comme pour le couronnement de la statue, deux actes absolument spirituels, toute liberté lui serait laissée. Aussi, au mois de juillet, pour donner plus d'éclat à cette double cérémonie, adressait-il aux évêques de la province ecclésiastique de Lyon et aux évêques fondateurs de l'Université catholique de cette ville une invitation ainsi conçue :

Monseigneur,

Je me fais un devoir d'informer Votre Grandeur que, le 20 et le 21 août prochain, auront lieu, à la montagne de la Salette, deux cérémonies religieuses auxquelles votre présence donnerait un nouvel éclat : la consécration de l'église du pèlerinage, érigée en basilique mineure, puis le couronnement de la nouvelle statue de la Vierge de la Salette, approuvée par la S. Congrégation des Rites.

Sur une invitation, concertée avec Son Eminence le Cardinal-Archevêque de Lyon, Son Eminence le Cardinal-Archevêque de Toulouse a bien voulu accepter de consacrer la Basilique, le 20 août. Le 21, Son Eminence le Cardinal-Archevêque de Paris couronnera la nouvelle statue de la Vierge de la Salette, au nom du Souverain Pontife Léon XIII.

Le clergé et les fidèles du diocèse de Grenoble, ainsi que les missionnaires de la Salette, en particulier, seront reconnaissants à Votre Grandeur, si vous daignez, Monseigneur, venir vous associer à eux pour rendre gloire à Notre-Dame sur la montagne où, depuis trente-trois ans, elle se plaît à combler de ses bienfaits ceux qui l'implorent.

Votre acceptation, Monseigneur, sera pour moi un honneur et un encouragement dont je me souviendrai toujours, devant Dieu.

Recevez, Monseigneur, l'expression de mes sentiments respectueux et dévoués.

† AMAND-JOSEPH,

Ev. de Grenoble.

Dès le 19 août, une foule immense se pressait sur la sainte montagne (1); des pèlerins étaient venus de partout (2), mais surtout du Dauphiné et de la Savoie, ce qui était tout naturel, de Paris, d'Arras et de Marseille. Plusieurs prélats avaient répondu à l'invitation de Mgr Fava ; outre S. Em. le cardinal Guibert, archevêque de Paris, qui devait cou-

---

(1) « La Sainte Montagne », ce mot si justifié nous rappelle une des premières miraculées de la Salette, qui avait publié les *Echos de la Sainte-Montagne*, après avoir vu et interrogé Mélanie et Maximin encore enfants, Mlle Marie des Brulais. Les journaux ont annoncé sa mort pleine de foi, couronnement d'une vie de bonnes œuvres.

(2) « Nous avons vu, dit la *Semaine Religieuse* de Grenoble, n° du 18 août 1879, des pèlerins d'Espagne, d'Italie, d'Autriche, d'Angleterre, de Pologne et jusque d'Amérique. La Martinique, ancien diocèse de Mgr Fava, était représentée par quatre prêtres. » La *Semaine* évalue les pèlerins à 15,000, chiffre plutôt inférieur à la réalité, d'après nos souvenirs. M. le vicomte de Damas, qui dirigeait le pèlerinage de Paris, et que nous avons interrogé à l'époque, parlait de 20,000. Beaucoup de ces pèlerins n'ont pas trouvé d'abri ; ils ont couché où ils ont pu, mais que leur importait. D'ailleurs, la Sainte Vierge a donné à ses fidèles un temps magnifique.

ronner la statue, au nom du Pape, et Mgr Paulinier, archevêque de Besançon, ancien évêque de Grenoble, qui devait consacrer la basilique, étaient venus : Mgr Pichenot, archevêque de Chambéry; Mgr Mermillod, évêque de Genève; Mgr Delannoy, évêque d'Aire; Mgr Robert, évêque de Marseille; Mgr Cotton, évêque de Valence; Mgr Bonnet, évêque de Viviers, et Mgr Terris, évêque de Fréjus.

Lorsque les prélats arrivèrent, le 19 au soir, la nuit était venue. Mgr Fava leur souhaita la bienvenue, les remerciant au nom de Notre-Dame de la Salette et en son nom particulier. Dans son allocution, il avait eu un mot tout particulier pour le cardinal Guibert qui, malgré son grand âge, n'avait pas reculé devant un pénible voyage; le vénéré prélat lui répondit :

Monseigneur,

C'est à une pensée généreuse de votre cœur que je dois aujourd'hui l'honneur de venir couronner Notre-Dame de la Salette. Quand je suis venu pour la première fois, c'était pour satisfaire un sentiment de dévotion ; j'avoue qu'en partant j'avais fait mes adieux au pieux sanctuaire. Je n'étais venu que pour apprendre le chemin, puisque la sainte Vierge, par la voix du Souverain Pontife, m'envoie pour couronner son image dans son sanctuaire.

Monseigneur, c'est à vous que revient le mérite de ce qui se passe en ce moment. C'est un grand acte qui s'accomplit. Nous vivons dans des temps difficiles ; l'Eglise éprouve beaucoup de contradictions dans ce moment, pour ne pas me servir d'une expression plus forte. Il faut donc que nous redoublions de prières et de bonnes œuvres. Et ce grand pèlerinage que vous avez convoqué à Notre-Dame de la Salette est un acte qui, je l'espère, appellera la protection de Marie et les bénédictions de Dieu sur la France et sur l'Eglise.

Nous entrerons tous, Monseigneur, dans le dessein qui vous a inspiré. Vous avez cru qu'il fallait faire un acte extraordinaire de foi, de piété, de dévouement, eh bien ! nous venons nous joindre à vous pour supplier la très sainte Vierge de regarder la France avec des yeux de miséricorde, d'appeler la protection de son Fils sur son Eglise, et nous avons la confiance que la foi de tout ce peuple, qui représente la France puisqu'il y a des pèlerins des diverses contrées de notre pays, nous avons la confiance que cette foi montera jusqu'à la Vierge Marie, et par elle jusqu'à son Fils, et qu'à partir de ce moment des bénédictions toutes particulières et les faveurs dont nous avons si grand besoin se répandront sur notre pays.

Dans la soirée, après le Salut, où Mgr Cotton avait pris la parole, alors que les prélats et bien des pèlerins se reposaient, une procession aux flambeaux s'était organisée qui se termina par un chemin de la Croix, et ce fut Mgr Fava qui voulut expliquer lui-même les mystères de la Passion. Il terminait à peine, que les messes commençaient dans la basilique; il était minuit.

Nous n'essayerons pas de résumer les inoubliables journées du 20 et du 21 août 1879, auxquelles Mgr Fava donnait un souvenir ému, le 19 septembre dernier, jour du cinquantenaire de l'apparition de la Salette; nous nous bornerons à dire que les fêtes furent magnifiques. Le 20, Mgr Paulinier consacra la basilique; le 21, S. Em. le cardinal Guibert procéda au couronnement de la statue au milieu de l'émotion générale. Ce fut Mgr Fava qui porta la parole; subitement prévenu que Mgr Mermillod, qui devait prononcer le discours en plein air, ne le pourrait pas, il improvisa une chaleureuse et substantielle allocution sur ce texte : *Ego autem non quæro gloriam meam ; est qui quœrat et judicabit* (1), heureusement appliqué à la Vierge de la Salette, qui ne cherchait que la gloire de son fils, et que les foules venaient acclamer. Mgr Mermillod, qui n'avait pu parler le matin, le fit le soir, au salut de clôture (2).

Personne n'aurait pu croire que les fêtes des 20 et 21 août fourniraient au Gouvernement le prétexte d'une poursuite

---

(1) Pour moi, je ne cherche pas ma gloire; il est quelqu'un qui la cherchera et me rendra justice.

(2) Mgr Mermillod s'était trouvé un moment fatigué, mais là n'était pas le seul motif de son silence à la cérémonie du couronnement; il nous a dit lui-même, à cette époque, qu'à Mgr Fava il appartenait de prendre la parole. « Le prélat avait été à la peine, ajoutait-il, il était bien naturel qu'il fût à l'honneur. » Nous n'avons jamais oublié ces paroles.

comme d'abus devant le Conseil d'Etat. C'est ce qui arriva cependant : Mgr Fava fut poursuivi et la nouvelle fut connue à Grenoble, le vendredi 4 septembre, au moment où se finissait la retraite ecclésiastique. Les prêtres réunis à Grenoble tinrent à donner immédiatement à leur évêque un témoignage de leur fidélité et de leur dévouement. La *Semaine Religieuse* a donné de ces faits un récit que nous croyons devoir reproduire intégralement :

Le vendredi matin, dernier jour de la première retraite, au moment où les prêtres allaient retourner dans leurs paroisses, on répandit la nouvelle que Mgr Fava était traduit comme d'abus devant le Conseil d'Etat, pour avoir érigé en basilique l'église de la Salette en vertu d'une bulle pontificale que Sa Grandeur n'aurait pas fait enregistrer.

Aussitôt un même sentiment anime tous les cœurs : il est décidé qu'on fera une adresse à Monseigneur et que cette protestation de fidélité et de dévouement sera lue dans la chapelle, à l'instant solennel de la la rénovation des promesses cléricales.

M. Debut, doyen du Chapitre, fut chargé de prendre la parole au nom de tous, et il lut l'adresse suivante :

« Monseigneur,

« Les prêtres de votre diocèse vont renouveler entre vos mains les promesses qu'ils avaient faites au grand jour de l'ordination. Ils me chargent d'exprimer à Votre Grandeur que ces promesses ne sont pas seulement un gage de leur obéissance et de leur respect, mais de leur plus entier dévouement. Nous comprenons, Monseigneur, qu'en ce moment, plus que jamais, le clergé doit se serrer autour de son Evêque, et quand cet Evêque, par l'ardeur de son zèle, sait provoquer les magnifiques élans de piété dont nous avons été témoins il y a peu de jours, pour nous serrer autour de lui, nous n'avons qu'à suivre l'attrait de notre cœur et les inspirations de notre foi. Quoi qu'il arrive, Monseigneur, nous vous prions de compter sur le clergé du diocèse, et comme vous en avez manifesté l'espérance en termes si émus, nous pouvons vous l'affirmer, rien ne pourra nous désunir. »

Monseigneur, après avoir remercié les prêtres de leur sympathie et de leur fidélité, donna les explications suivantes sur l'érection en basilique du sanctuaire de Notre-Dame de la Salette.

Sa Grandeur a fait remarquer d'abord que l'Evêque n'a pas le pouvoir d'ériger en basilique une église quelconque ; l'érection d'une église en basilique ne peut être faite que par un acte du Saint-Père.

L'Evêque reçoit avis de cette faveur, soit par un décret, soit par une communication particulière.

Dans le cas qui concerne l'église de la Salette, Mgr l'Evêque de Grenoble ne voulant pas, vu sa récente arrivée en France et son âge, entrer dans une voie nouvelle, que ni le Gouvernement, ni l'Eglise de France n'ont suivie depuis longtemps, a prié le Souverain Pontife de regarder le décret d'érection de l'église de la Salette en basilique comme non avenu. Sa Sainteté, dans son extrême bonté, a consenti à cette proposition, et a fait parvenir à Mgr l'Evêque de Grenoble un simple avis, par le cardinal Nina, pour dire qu'il n'y avait pas lieu de publier quoi que ce soit et qu'il adoptait sa proposition.

Il paraît toutefois que le Saint-Père n'a pas retiré la faveur qu'il avait accordée à l'église de la Salette.

Aussi Sa Grandeur s'est-elle autorisée de ce silence pour croire et dire que l'église de la Salette est désormais élevée au titre de basilique mineure.

« De quoi suis-je donc coupable ? ajoute alors Monseigneur. Il n'y a point de décret ; il n'y a point de publication de décret ; il n'y a pas d'exécution de décret.

« En effet, de quelle manière s'exécute un pareil décret ? C'est par la publication, car il n'y a aucune cérémonie particulière pour l'érection d'une église en basilique. La consécration de l'église de la Salette qui a été faite le 20 août n'est d'aucune façon l'exécution d'un décret, vu que l'on peut consacrer toutes églises d'un diocèse, même les plus imples. En toute occurrence, l'église de la Salette devait être consacrée, parce qu'elle était assez importante pour l'être, n'eût-elle pas été érigée en basilique, comme nous l'avons dit.

« Concluons, a dit Monseigneur, que, même en admettant que les deux parties contractantes, c'est-à-dire le Saint-Siège et le Gouvernement français, reconnaissent l'une et l'autre les articles organiques obligatoires, je n'ai pas contrevenu aux prescriptions de l'art. 1er 1° Il n'y a pas eu de décret ; 2° il n'y a pas eu de publication de décret ; 3° il n'y a point eu d'exécution de décret.

« Il reste une seule chose ; c'est un acte bienveillant du Souverain Pontife déclarant que l'église de la Salette est basilique mineure. Je ne sache pas que cet acte, que j'ai sollicité, il est vrai, mais dont je ne suis point l'auteur, puisse me rendre coupable, ni devant Dieu, ni devant la loi.

« Ce n'est pas là, je l'avoue, a dit Monseigneur, ce que j'attendais. Ayant dû remplacer Mgr Mermillod et improviser un discours où j'ai signalé la franc-maçonnerie comme n'étant pas étrangère aux attaques dirigées de nos jours contre Jésus-Christ, je pensais que quelque chef de ladite franc-maçonnerie allait me répondre et contredire mon assertion : au lieu de cette réponse, la franc-maçonnerie fait silence ; c'est la *République française* qui parle et offre à ses lecteurs, comme primeur et comme satisfaction, l'annonce que je suis traduit comme d'abus devant le Conseil d'Etat. »

Sa Grandeur a terminé en disant : « Messieurs, votre conduite à mon égard me dira si, en agissant comme je l'ai fait, j'ai perdu dans votre estime et votre affection. »

Nous pourrions nous en tenir à ces explications du prélat; mais il en a donné lui-même de plus complètes dans une lettre adressée au ministre de l'intérieur et des cultes, alors M. Lepère; voici cet exposé :

Votre Excellence joint à sa lettre d'envoi le rapport qu'elle a remis à M. le Président de la République et me prie de lui adresser les observations que je croirais devoir faire à ce sujet.

Conformément à ce désir, j'ai l'honneur, Monsieur le Ministre, de vous donner quelques explications, ci-après, sur la lettre d'envoi et sur le rapport.

Je n'ai pas à examiner, ici, si les articles organiques sont concordataires; ou si l'appel comme d'abus n'est pas en contradiction avec les droits inaliénables de l'Eglise : mais j'ai à m'expliquer sur un fait qui m'est personnel, et que vous déclarez, Monsieur le Ministre, être en contravention avec les lois de la République.

« Il y a contravention aux lois de la République, dit Votre Excel-« lence, et abus dans la mise à exécution par moi des décrets et brefs « pontificaux qui ont érigé l'église de Notre-Dame de la Salette en « basilique, et autorisé l'érection d'une statue à la Vierge. »

Le rapport précité porte aussi le passage suivant : « C'est en vertu « d'une décision de la Cour de Rome que les cérémonies des 20 et « 21 août ont eu lieu, c'est en vertu de cette décision que la basilique « a été consacrée. »

Votre Excellence me permettra de lui faire observer qu'elle fait erreur en affirmant que le décret, qui érige l'église de la Salette en basilique, a été mis à exécution par la consécration de ladite église. Il n'y a pas de connexion entre ces deux choses, vu que tout Evêque a la faculté de consacrer les églises de son diocèse, sans recourir à Rome. Celle de la Salette n'était pas consacrée; elle l'a été, non en vertu de son érection en basilique, mais à l'occasion de cette érection.

Il n'y avait qu'un seul moyen d'exécuter ledit décret : c'était de le publier et de le transcrire sur les registres de l'église érigée en basilique. Ni cette publication, ni cette inscription n'ont eu lieu. Donc le décret n'a pas été exécuté sous ce rapport.

Votre Excellence dit aussi que « les décret et bref ont autorisé l'érection d'une statue de la Vierge. » Aucune autorisation n'est requise, que je sache, du Conseil d'Etat, pour ériger une nouvelle statue de la Vierge. Rome elle-même ne s'en préoccupe pas ; elle laisse ce soin aux Evêques, à moins que les Evêques eux-mêmes n'aient recours à Rome, pour des raisons particulières, par exemple, lorsqu'il s'agit de couronner la Vierge, au nom du Souverain Pontife. Alors la décision qui émane de la S. Congrégation des Rites concerne la forme de la statue, et non son érection. — Je ne suis pas non plus, de ce chef, en contravention avec les lois de la République.

En ce qui concerne la manière dont les choses se sont passées, voici, Monsieur le Ministre, les explications que j'ai à donner.

Le 18 janvier 1879, j'ai reçu de la Congrégation des Rites un décret — pas de bref— qui érige l'église de la Salette en basilique mineure, et autorise le couronnement de la statue de Notre-Dame de la Salette au nom du Saint-Père, par le Cardinal-Archevêque de Paris. Ces deux faveurs m'avaient été accordées à Rome, par Léon XIII, *verbalement*, en décembre dernier.

J'ai donc fait savoir à mes diocésains que j'avais reçu les faveurs précitées ; mais je n'ai pas publié le décret, par ce seul motif que j'avais à demander au Saint-Père quelques modifications à cette pièce. Sans cela, je l'aurais publié, sans même songer que j'allais me mettre en contravention avec les lois de la République. J'avais vu couronner Notre-Dame de Lourdes, sans l'intervention du Conseil d'Etat ; Notre-Dame de l'Osier avait été couronnée par un de mes vénérables prédécesseurs, en 1873, sans cette formalité : je ne savais pas que le gouvernement actuel voulût nous imposer une autre marche. Je fus tiré de ma bonne foi par une visite de M. le préfet de l'Isère, qui m'entretint de cette question ; mais surtout par une lettre de Votre Excellence qui m'invitait, d'une façon très courtoise, à présenter le décret au Conseil d'Etat.

Cette invitation me créait une double difficulté : la première était d'entrer dans une voie qui n'aurait pas été suivie, selon moi, par le gouvernement ni par mes vénérés collègues dans l'épiscopat ; la seconde était de me mettre en opposition avec la volonté exprimée par Votre Excellence, si je ne soumettais pas ledit décret au Conseil d'Etat, lorsque cette pièce me reviendrait modifiée de Rome.

Dans ces circonstances, j'exposai mon embarras au Saint-Père, et le priai de m'exempter de l'obligation de publier le décret, lui demandant de pouvoir agir, en vertu des paroles bienveillantes par lesquelles il m'avait accordé les deux faveurs de l'érection en basilique et du couronnement de la Vierge de la Salette.

J'écrivis le 9 avril, et le 21 du même mois, Son Eminence le Cardinal Nina me répondit en quelque mots : « *Per onorevole incarico dell Augusto Pontefice mi affreto ora a significarle che Egli nulla ha da osservare in proposito.* »

Veuillez remarquer, Monsieur le Ministre, qu'en agissant ainsi, mon intention était, avant tout, de ne pas poser un précédent qui tout en m'assurant les bonnes grâces de votre administration, aurait pu être invoqué dans la suite par le gouvernement contre mes collègues, dans le cas où ils n'auraient pas agi comme moi.

J'ai cru qu'il ne m'appartenait pas, à moi récemment arrivé en France, d'ouvrir cette voie aux prélats vénérables qui ont blanchi dans l'apostolat, au sein des divers diocèses de France. Par ailleurs, je ne voulais pas me mettre en désaccord avec les instructions de Votre Excellence.

A mon avis, le retrait du décret me faisait éviter toute difficulté. Je le demandai, et le Souverain Pontife, qui évite autant que possible les conflits, eut la condescendance, vu les circonstances, d'obtempérer à mes désirs.

C'est ainsi que le décret a été retiré, pour les raisons que j'ai dites, et que je n'ai pas eu à le publier, ni à le présenter au Conseil d'Etat.

J'ai dit plus haut que je ne l'avais pas exécuté, en ce qui concerne l'érection de l'église de la Salette en basilique; j'ajoute simplement, et cette vérité ressort de ce qui précède, que le couronnement de Notre-Dame s'est fait en vertu de l'autorisation verbale qui m'avait été donnée à Rome par Léon XIII.

C'est aussi en vertu de cette même autorisation que j'ai annoncé les fêtes des 20 et 21 août et invité les prélats à y assister. Il n'est pas question du décret dans ces annonces ou invitations.

A cette lettre était jointe une lettre de S. Em. le cardinal Desprez, archevêque de Toulouse, ainsi conçue: « Je soussigné, atteste à qui il appartiendra qu'en septembre 1858, M. Rouland, alors ministre des cultes, m'a déclaré de la manière les plus formelle que les brefs, rescrits concernant la liturgie pouvaient être publiés sans l'autorisation préalable du gouvernement; les actes de l'épiscopat conformes à cette déclaration surabondent en France. »

Si le Conseil d'Etat, véritable tribunal, avait rendu des arrêts, et non des services, l'appel comme d'abus aurait été dédaigneusement écarté; mais le Conseil venait d'être républicainement épuré, et il condamna le prélat que cela n'atteignait pas. N'avait-il pas pour lui le témoignage de sa conscience qui lui « disait qu'il était innocent » ? Du reste, ayant reçu ampliation du décret qui le condamnait comme d'abus, il adressa au ministre de l'intérieur et des cultes une lettre, en date du 17 décembre 1879, dans laquelle il montrait combien ce décret était peu fondé en droit; nous la publions comme donnant le dernier mot sur cette affaire:

J'avais appris par les journaux qu'un décret présidentiel avait déclaré que, dans mes actes concernant le sanctuaire de la Salette, il y avait abus: je viens de recevoir l'ampliation de ce décret que Votre Excellence m'a envoyée.

. Vous me permettrez, Monsieur le Ministre, d'ajouter à cet accusé de réception quelques réflexions.

Supposé que la loi du 18 germinal an X ait la valeur que lui attribue le gouvernement; supposé que j'aie publié ou exécuté une expédition de la Cour de Rome, sans le visa du Conseil d'Etat, ces deux suppositions faites, avec les réserves que j'ai déjà dites à Votre Excellence, je me verrais encore obligé de ne pas accepter le décret qui me condamne.

En effet, pour être en droit de déclarer qu'il y a abus dans mes actes concernant la Salette, il faut que le pouvoir exécutif puisse s'appuyer justement sur un texte de loi auquel j'aie contrevenu.

Celui que relate le décret présidentiel est emprunté à l'article 1er de la loi du 18 germinal an X ainsi conçu :

« Aucune bulle, bref, rescrit, décret, mandat, provision, signature servant de provision, ni autres expéditions de la Cour de Rome ne peuvent être mis à exécution sans l'autorication du gouvernement. »

J'ai cité ledit article comme le fait le décret présidentiel lui-même, d'une façon incomplète.

Voici maintenant le décret qui me condamne :

Art. 1er.. — Il y a abus dans l'exécution donnée par l'Evêque de Grenoble aux décisions de la Cour de Rome, relatives à l'érection de l'église de la Salette en basilique mineure et au couronnement de la statue de Notre-Dame de la Salette.

Art. 2. — Le Ministre, etc.

Je suis donc condamné purement et simplement pour avoir mis à exécution des décisions du Saint-Siège. Or, dans le texte servant de base au jugement, il n'est question que de choses expédiées par la Cour de Rome ; par conséquent de choses écrites, susceptibles d'être examinées par le Conseil d'Etat, et non de décisions, simplement.

Remarquez, Monsieur le Ministre, que l'énumération faite par l'article 1er de la loi ds germinal an X est complète, minutieuse, et par là même restrictive de sa nature. Le juge lui-même ne peut rien y ajouter. C'est cependant ce qu'a fait le Gouvernement en y ajoutant le mot : *décisions*, et par ce mot il a créé un pénalité qui n'existe pas dans la loi.

Ai-je besoin, Monsieur le Ministre, de rappeler à Votre Excellence qu'il est admis dans toutes les législations, et en particulier dans la législation française, qu'en matière pénale, toutes les répressions sont de droit étroit, et que l'on ne peut appliquer une peine à un fait qu'une loi pénale n'a pas prévu ? Ce principe est élémentaire.

Si donc, d'une part, la loi du 18 germinal an X n'a pas prévu *les décisions* qui peuvent émaner de la Cour de Rome, et que, d'autre part, comme constate très bien le décret qui me condamne, en son article 1er, je n'ai fait qu'exécuter les décisions de la Cour de Rome, relatives à la Salette, il s'ensuit logiquement que je suis innocent, aussi innocent devant la loi de la République que devant ma conscience et devant Dieu.

Je prie Votre Excellence de considérer que l'Eglise catholique est, pour un évêque surtout, une Mère, l'Epouse mystique du Christ, divinement constituée pour tous les siècles, et qu'il m'appartient, comme c'est aussi pour moi un devoir sacré, de défendre ses droits inaliénables, son indépendance comme société divine et parfaite, sa liberté. Or, je voix qu'aux articles organiques, déjà imposés à l'Eglise par l'Etat tout seul, le décret présidentiel ajoute une expression qui donnera à l'article 1er de ladite loi une étendue qu'il n'a pas, et d'une nature telle que l'arbitraire, désormais, pourrait en tirer, à l'infini, des conséquences désastreuses pour l'honneur du Saint-Siège et la liberté de l'Eglise de France. C'est pourquoi, Monsieur le Ministre, j'élève la voix et j'adresse à Votre Excellence les observations respectueuses qui précèdent.

Quoique nous nous soyons déjà longuement arrêté sur cette année 1879, nous devons encore y signaler deux lettres épiscopales, l'une sur les congrégations religieuses, l'autre annonçant la transformation des écoles communales de Grenoble tenues par les Frères en écoles libres, l'érection de la confrérie du Crucifix et enfin la participation de Mgr Fava au premier congrès des catholiques du Nord et du Pas-de-Calais.

Les deux lettres épiscopales étaient une protestation contre la persécution qui, s'accentuant, menaçait d'une part les congrégations religieuses, et de l'autre les écoles des Frères. « Les congrégations religieuses, disait Mgr Fava, sont dignes du respect, de la reconnaissance et de l'amour des gouvernants et des peuples. Fondées par Jésus-Christ, qui en est le modèle parfait, gouvernées par l'Eglise de qui elles relèvent et dont elles sont les sujettes, elles occupent une noble position dans la religion chrétienne. Les attaquer, c'est attaquer Jésus-Christ lui-même dans sa personne et dans son Eglise. En le démontrant, Mgr Fava était amené à faire justice de ce mensonge que l'on ne visait que les congrégations religieuses, et même les seuls jésuites, mais qu'on était plein de respect pour le clergé séculier. « Sachant, disait-il, que les congrégations religieuses forment l'avant-garde de l'armée catholique, on essaie de les disperser et de les détruire. On dit qu'on laissera en paix le clergé séculier ; qu'on n'en veut pas à la religion ; ne le croyez pas. On se propose de diviser pour régner. Après avoir proscrit les jésuites, on proscrira les autres religieux, puis viendra le tour du clergé. Est-ce que déjà l'heure des simples catholiques, qu'on nomme par dérision des *cléricaux*, n'a pas sonné ? On les chasse de partout. » L'année suivante devait montrer les jésuites expulsés les premiers et bientôt suivis par les autres religieux.

La lettre annonçant la transformation des écoles communales tenues à Grenoble par les Frères des écoles chrétiennes en écoles libres, débute ainsi :

Nous avons eu la douleur de voir supprimer les écoles communales tenues à Grenoble par les frères de la doctrine chrétienne. Outre la peine profonde que nous cause cette mesure, elle nous crée de grands embarras, auxquels nous ne saurions nous soustraire, mais que nous voulons affronter et vaincre avec le secours de Dieu et votre généreux concours. Nous sommes père, le père spirituel du diocèse, les enfants nous sont confiés : comment pourrions-nous ne pas porter intérêt à leur âme ? La poule rassemble ses poussins sous ses ailes, l'animal lui-même défend ses petits ; serait-ce possible que le cœur d'un pasteur abandonnât ses brebis, à qui l'on ôte leurs gardiens bien-aimés ? Non, nos très chers Frères, nous ne commettrons point ce crime. Jésus-Christ a dit: *tout ce que l'on fait au plus petit des miens, c'est à moi qu'on le fait;* c'est donc lui qui a été la grande victime ; c'est lui qui a été renvoyé et qui demeure sans asile; offrons lui, dans la personne des enfants, les écoles qu'il demande, les maîtres qu'il affectionne.

Nous avions espéré que les écoles communales tenues à Grenoble par les Frères des écoles chrétiennes nous seraient conservées. Nous nous disions : il y soixante-dix ans que les bons frères enseignent dans cette ville, c'est à leur école que le peuple de Grenoble a appris à lire; mais on ne saurait oublier de si longs et de si précieux services, on ne les renverra pas. Leurs succès sont éclatants; leur vie, toute de dévouement, est irréprochable ; les enfants et le peuple les aiment; leurs anciens élèves les entouraient de leur vive affection ; à tous ces titres, nous les garderons.

Nous étions dans l'erreur : ils nous sont ravis. Il nous semblait cependant que nos désirs étaient d'accord avec la liberté, la justice, la paix, le bonheur des enfants, des familles et de la société elle-même.

En effet, la liberté veut que les pères et les mères puissent faire élever leurs enfants par des instituteurs de leur choix. L'instituteur remplace auprès des enfants, non pas l'Etat, mais les parents eux-mêmes, à qui Dieu confie avant tout l'âme de ces petits, comme un trésor cher à son cœur paternel, trésor immortel dont il leur sera demandé compté au moment de la mort. C'est donc un devoir sacré pour un père et une mère de faire en sorte que ces jeunes âmes soient élevées chrétiennement. L'homme n'est pas seulement citoyen, il est aussi chrétien ; il appartient à la patrie; toutefois, il dépend de Dieu, si bien qu'à la vie et à la mort il lui demeure soumis, dans sa miséricorde ou dans son éternelle justice. L'incrédulité ne saurait, par ses blasphèmes, renverser l'éternelle vérité, ni détrôner Dieu. Elle-même n'échappera pas aux mains invincibles de sa justice.

Les parents doivent n'oublier jamais ces vérités fondamentales, et s'en éclairer dans le choix qu'ils font des instituteurs auxquels ils confient leurs enfants. Jusqu'ici ils avaient la liberté de leur choix, puisque nous possédions, outre les écoles laïques, trois écoles communales tenues par les frères. Par le fait de leur suppression, ils ne sont plus libres. Bon gré, malgré eux, ils devraient envoyer leurs enfants aux écoles laïques, si nous ne prenions soin de leur offrir des écoles libres tenues par les frères.

Dire que les parents peuvent avoir chez eux les instituteurs qu'ils préfèrent, est-ce parler sérieusement ? Ne sait-on pas que le pauvre peuple n'en a pas le moyen?

Si la suppression des écoles communales congréganistes blesse la liberté, elle ne viole pas moins la justice.

Ceux qui veulent des frères payent à l'Etat et à la commune les impositions comme les autres citoyens. Or, ceux-ci ont les écoles qu'ils veulent: pourquoi les autres n'auraient-ils pas les mêmes avantages ?

Le prélat, après avoir examiné quelques-unes des prétendues raisons mises en avant contre les écoles congréga-

nistes et dont il démontre facilement la fausseté, déclare
que « force lui est de protéger désormais les écoles libres
des frères. » Il ajoute : « C'est pourquoi nous faisons savoir
aux parents, tant à Grenoble que dans le diocèse, notre intention à ce sujet. Oui, nous prenons sous notre protection
particulière les écoles congréganistes libres. Nous mendie-
rons, s'il le faut, pour les soutenir ; nous les entourerons de
toute notre affection. » Et il termine par ce chaleureux
appel :

Laissez-nous maintenant, nos très chers Frères, faire un appel
confiant à la générosité de vos cœurs. Les frais que nous prenons à
notre charge, de concert avec MM. les membres du comité de défense
des intérêts catholiques, établi parmi nous depuis plusieurs mois, seront
pour nous un fardeau bien lourd.

Pour remplir ces obligations, nous comptons sur l'offrande du riche
et du pauvre. Nous ne disons pas l'obole du pauvre, parce que la population de l'Isère nous a prouvé que le pauvre lui-même, dans ce diocèse,
sait donner largement.

L'œuvre que nous recommandons, toute sainte et toute sacrée de sa
nature, ne regarde plus des étrangers, mais le diocèse lui-même et ses
enfants.

Nous disons le diocèse, car ce ne sont pas seulement les écoles
libres de Grenoble que nous voudrions soutenir, mais aussi les autres
écoles communales congréganistes, supprimées dans les autres paroisses du diocèse par des arrêtés récents.

Le secrétariat de notre évêché recevra les sommes recueillies par
les personnes zélées désignées à cette fin, dans les paroisses, soit par
MM. les Curés, soit, de concert avec MM. les Curés, par MM. les membres du comité de défense des intérêts catholiques. Notre reconnaissance est assurée d'avance aux bienfaiteurs des écoles congréganistes
libres. Les frères et les enfants qu'ils aideront demanderont à Dieu,
en retour de leur générosité, de les bénir eux et leur famille. Le
Seigneur ne saurait refuser ses faveurs de choix aux enfants d'un
père et d'une mère assez généreux pour assurer une éducation
chrétienne aux enfants d'autrui ; il les comblera de ses bienfaits spirituels et temporels pour le temps et l'éternité.

Cette lettre eut un grand retentissement non seulement
dans le diocèse de Grenoble, mais aussi en dehors. Des
évêques écrivirent à Mgr Fava pour le féliciter, notamment

le cardinal Donnet, qui, en envoyant une souscription de 500 francs à son ancien suffragant (1), lui disait :

Votre appel si éloquent en faveur des écoles congréganistes de votre diocèse est allé jusqu'à mon cœur. J'y veux répondre, sinon dans la mesure de mon affection pour l'église de Grenoble à laquelle me rattachent de précieux souvenirs, du moins autant que les ressources dont je puis disposer me le permettent.

Grenoble, Monseigneur, a hérité d'une partie considérable de ce qui fut mon diocèse natal; c'est là un premier lien qui m'est cher. Il me semble que je dois un sentiment particulier d'affection et de respect aux prélats qui remplacent, dans l'antique métropole de Saint-Maurice de Vienne, les prélats illustres qui furent les pères de ma Foi et dont le dernier, Monseigneur d'Aviau, de sainte mémoire, après avoir providentiellement béni mon berceau, aux jours de la grande tourmente révolutionnaire, devint, ici, mon prédécesseur et le restaurateur de l'Eglise que je gouverne depuis quarante-trois ans.

Votre diocèse, Monseigneur, a d'autres titres à mes sympathies. J'ai connu et aimé les évêques dont vous tenez la houlette. C'est devant l'autel de votre cathédrale que j'ai fait mon premier pas dans la cléricature et que j'ai reçu les ordres mineurs et les ordres sacrés, jusqu'à la prêtrise inclusivement. Hélas! combien en reste-t-il sur la terre de ceux qui faisaient avec moi le voyage de Lyon à Grenoble, pour participer aux ordinations, alors que le cardinal Fesch, retenu loin de son église, était obligé de confier à d'autres la mission d'imposer les mains à ses enfants ?

Ce n'est pas tout, Monnseigneur, devenu missionnaire, je prêchai une retraite à votre clergé et plusieurs autres retraites à diverses communautés de votre ville épiscopale. J'eus aussi l'honneur d'évangéliser quelques-unes de vos paroisses, et je dois dire que j'y trouvai des consolations dont le souvenir fait encore battre mon cœur.

Ne soyez donc pas surpris, Monseigneur, si, prenant une vive part à vos présentes sollicitudes, je vous prie de recevoir une modeste offrande de cinq cents francs en faveur de vos écoles. C'est un témoignage de sympathie que j'entends donner à Votre Grandeur, et une preuve de l'intérêt avec lequel je suis le développement de cette question de l'éducation qui préoccupe si douloureusement, aujourd'hui, l'épiscopat, et dont les ennemis de l'Eglise se font, avec tant de passion et d'iniquité, une arme contre nous.

Mgr Fava avait pris à sa charge les écoles libres ; l'en-

(1) L'archevêque de Bordeaux est le métropolitain des évêques coloniaux.

gagement a été fidèlement tenu, malgré les difficultés du temps. Chaque année, une lettre chaleureuse de l'évêque vient rappeler aux fidèles la nécessité de soutenir les écoles chrétiennes. Dans une de ces lettres, sur lesquelles nous avons quelque regret de passer si rapidement, le prélat parle de 76 écoles à sa charge. Ses appels ont, du reste, été toujours entendus ; on en a la preuve dans les listes de souscription publiées chaque année par la *Semaine Religieuse*. A ces souscriptions aussi nous avons regret de ne pas pouvoir nous arrêter.

On a pu voir combien Mgr Fava se préoccupait, à juste titre, de l'action des sociétés secrètes, de plus en plus évidente et néfaste ; il ne lui suffisait pas d'avoir signalé le mal, il cherchait un remède. Il pensa qu'au naturalisme maçonnique il fallait opposer l'affirmation du surnaturel. Or, où le surnaturel se montre-t-il plus que dans la passion de Notre Seigneur Jésus-Christ. De là l'érection de la confrérie du Crucifix « comme remède à l'indifférence et aux doctrines des sociétés secrètes ». Dans son instruction pastorale datée du 28 septembre 1879, et relative à cette érection, Mgr Fava dit notamment :

A nos yeux, le Crucifix résume le discours que la Sainte Vierge adressa aux jeunes bergers de la montagne, et, quand elle leur dit : *Faites-le passer à mon peuple; faites-le passer à mon peuple,* il nous semble que cette divine Mère parlait en même temps, et du discours, et du Crucifix. Le discours, en effet, a passé au monde entier: puisse le Crucifix passer à toutes les poitrines et à tous les cœurs ! *Sans moi,* a dit le Sauveur, *vous ne pouvez rien ; — Sine me nihil potestis facere:* éclairons-nous donc de sa lumière, aidons-nous de sa vertu ; prenons sa doctrine pour guide, ses lois pour règle de conduite, ses sacrements comme remèdes et comme liens sacrés de nos cœurs avec le sien ; alors, mais alors seulement, nous pourrons marcher tous, individus, familles et peuples, dans l'ordre chrétien, qui est le seul vrai, et dans la paix, qui en est la conséquence.

Après avoir montré dans la dévotion au Crucifix, c'est-à-dire à Jésus crucifié, l'antidote au naturalisme haineux des loges maçonniques, le prélat donne le règlement de la confrérie du Crucifix. « La seule condition obligatoire pour faire partie de cette confrérie est de porter sur soi, visible ou non, quelles que soient sa forme et sa matière, un Crucifix »; aussi « toutes les personnes qui ont le désir d'appartenir à Jésus-Christ et à l'Eglise catholique, peuvent-elles en être membres »; il n'est même pas nécessaire de se faire inscrire sur un registre, ni d'assister aux réunions. Quelques mois plus tard, Sa Sainteté Léon XIII daignait bénir la confrérie du Crucifix et l'enrichir d'indulgences, afin qu'elle « reçoive de jour en jour un plus grand accroissement ». Vers la même époque paraissait un *Manuel de la Confrérie du Crucifix*, revêtu de l'approbation de l'évêque de Grenoble (1).

Au mois de novembre, Mgr Fava était dans le Pas-de-Calais ; les catholiques des diocèses de Cambrai et d'Arras allaient tenir leur premier congrès ; l'évêque de Grenoble fut invité à présider la séance d'ouverture ; il accepta avec empressement. Ici, il nous sera bien permis de citer l'*Univers* :

La réunion avait été précédée d'un salut chanté dans la chapelle du Cercle. A huit heures, Mgr Fava fait son entrée aux applaudissements répétés de l'assistance, heureuse de faire ainsi sentir à l'évêque de Grenoble qu'il a pour lui la chaleureuse adhésion de toutes les œuvres catholiques dans sa lutte pour la défense des droits de Dieu. On raconte d'ailleurs que, dans la journée, une lettre ministérielle est venue, laquelle, en exécution de la dernière circulaire Lepère, aurait la prétention de demander à Mgr Fava pourquoi il a quitté son diocèse sans permission pour venir dans le Nord présider une assemblée de catholiques. Les gouvernants du jour ont de ces sollicitudes ; elle font sourire et elles font pitié.

(1) En 1882, la confrérie du Crucifix a été érigée en archiconfrérie par Sa Sainteté le Pape Léon XII. Mgr Fava l'annonçait à ses diocésains par une lettre pastorale où il développait ces trois paroles : « 1º Mépriser le crucifix, c'est mépriser l'Eglise et Jésus-Christ lui-même ; 2º les ennemis de Jésus-Christ et de l'Eglise nous ramènent au paganisme; 3º nous devons plus que jamais nous attacher à Jésus-Christ, à son Eglise et à sa Croix. »

A côté de Mgr Fava, et sur l'estrade d'honneur, on remarque Mgr Hautcœur, recteur de l'Université catholique ; Mgr Scott, doyen d'Aire ; M. le comte de Caulaincourt ; M. le comte de Nicolay ; M. l'abbé Didiot, doyen de la Faculté de théologie ; M. le sénateur Pajot ; M. Méresse, chanoine honoraire, secrétaire particulier de Mgr Fava ; M. Amédée de Margerie ; M. Henri Bernard ; M. Champeaux, l'aimable et actif secrétaire général du Congrès, etc. A l'imitation de ce qui s'est passé naguère au congrès italien de Modène, Mgr Fava récite une prière à laquelle s'associe toute l'assistance, après quoi Sa Grandeur déclare la séance ouverte, et la parole est donnée à M. le comte de Caulaincourt....

Je voudrais, pour finir, pouvoir reproduire en son entier l'allocution par laquelle Mgr l'Evêque de Grenoble a clos cette première séance. Après avoir délicatement remercié le Congrès de l'avoir choisi pour président, Mgr Fava s'est attaché à montrer combien nous avions raison de vouloir avant tout servir l'Eglise, puisque l'Eglise a été, est, et sera toujours la grande institutrice du genre humain. Les développements que Sa Grandeur consacrait à cette thèse l'ont amenée à parler du libéralisme, qui prétend remplacer par ses fausses doctrines les divins enseignements de l'Eglise, et c'est avec une indignation toute épiscopale qu'il a flétri cette astucieuse et audacieuse tentative. A l'entendre, lui qui donne en ce moment même l'exemple de la résistance aux empiètements du libéralisme révolutionnaire sur les droits de Dieu, qui ne se sentirait plus animé encore à aimer et à servir l'Eglise ? C'est le devoir que Mgr Fava nous recommande surtout d'accomplir, en ces temps où l'Eglise a plus que jamais besoin du concours de tous ses enfants, et ces exhortations ne resteront pas sans fruits, on pouvait le deviner à l'attitude des catholiques qui échangeaient en sortant leurs impressions sur cette première et importante manifestation.

Nous n'avons pas besoin de rappeler que ces congrès des catholiques du Nord et du Pas-de-Calais, si brillamment inaugurés, n'ont pas cessé une seule année de se réunir ; si M. le comte de Caulaincourt et M. Champeaux ont disparu, enlevés par la mort, d'autres, non moins zélés, les ont remplacés. Cette année c'est de Lille qu'est partie l'initiative du congrès des catholiques français qui s'est tenu à Reims à l'occasion du quatorzième centenaire du baptême de la France.

L'année 1880 est l'année des décrets, l'année de l'expulsion des religieux. Battu au Sénat pour son fameux article 7, grâce en grande partie à M. Jules Simon (1), M. Jules Ferry se vengeait en faisant appliquer par décret aux congrégations religieuses de prétendues lois, si bien tombées en désuétude que le Gouvernement n'a jamais permis à la justice de les examiner. Par des arrêtés de conflit, il a dessaisi la vraie magistrature, qui n'avait pas encore été épurée, pour saisir des magistrats administratifs épurés et forcément complaisants. C'est le grand fait de l'année 1880, et il montre que la persécution avait marché.

A Grenoble, comme dans le reste de la France, le 30 juin, les jésuites sont expulsés de leur résidence contre tout droit. L'évêque qui, l'année précédente, avait fait si hautement l'apologie des congrégations religieuses, ne pouvait les abandonner à l'heure du danger. Le 29 juin, veille de l'expulsion, dans la propre chapelle des jésuites, il prononçait un discours dont voici la conclusion :

A l'heure où je vous parle, il y a dans toute l'étendue de la France des milliers de vierges qui sont à la veille d'être arrachées à leur couvent, à ces tabernacles sacrés qu'elles aiment plus que la maison de leur père et de leur mère, à ces joies de la solitude qu'elles préfèrent mille fois aux plaisirs du foyer et du monde, à ces entretiens du cœur dont l'oraison du cloître leur a fait goûter les charmes infinis, à cette vie si douce de la communauté qui donne une famille choisie, surtout à celles qui n'en ont plus. Non, le cœur du Christ n'est pas insensible aux douleurs, aux angoisses de ces vierges, ses épouses bien-aimées.

Pour le savoir, nous n'aurions qu'à écouter sa voix lançant contre les violateurs des clôtures monastiques des vierges les plus terribles excommunications, sur eux, leur vie, leur mort, et tout ce qui les intéresse, non seulement des menaces, mais des malédictions que nous n'avons jamais entendues qu'en tremblant ; et lorsque, à la fin de la cérémonie qui consacre les vierges au Christ, nous les avons lues nousmême, ces paroles lancées aux profanateurs par l'amour d'un époux jaloux, et d'un époux tout-puissant, nous l'avouons, nous tremblions en les redisant. Oui, malheur et malédiction à ceux qui violent la clôture sacrée des vierges ! Tel est le terrible langage de Jésus-Christ et

(1) On peut croire que cette attitude de M. Jules Simon dans la discussion de l'article 7 et d'autres mesures oppressives pour les catholiques, a contribué à lui valoir la grâce d'une mort chrétienne.

de son Eglise. Il ne nous appartient pas de le passer sous silence : les profanateurs en seraient-ils moins excommuniés par l'Eglise et moins maudits par le divin époux des Vierges !

Vous, mes Pères, vous êtes des hommes, et vous appartenez à un Institut qui n'a jamais cessé de combattre, surtout d'être combattu. Vous combattez pour le bien, pour Jésus et son Eglise ; c'est pourquoi vous souffrez persécution. Croyez-le : nous partageons vos douleurs. Nous savons les liens que Dieu sait former entre le cœur sacerdotal et les âmes qui sont l'objet de sa sollicitude ; nous avons éprouvé nous-même ces déchirements plus d'une fois. Vos peines sont les nôtres ; elles sont celles de tout cet auditoire et d'une foule d'âmes qui vous expriment, en ce moment par ma bouche, leur reconnaissance, leur affection, leurs regrets pleins d'amertume et de larmes.

Ego sum pastor bonus. Laissez-moi vous l'assurer, mes bien-aimés Pères ; Dieu m'a fait cette grâce, de savoir reconnaître, partout où la divine Providence a conduit mes pas, la science, la vertu et le zèle de la Compagnie de Jésus, ainsi que les grandes choses qu'elle opère, pour la joie de beaucoup, le bien de tous, mais au grand déplaisir des autres. La Compagnie ressemble à ce héros dont parle Fénelon : ses grands mérites lui suscitent toujours des envieux et des ennemis.

Daigne le Seigneur, nos très chers Frères, écouter nos prières ! Daigne le Cœur de Jésus accueillir nos larmes et nos angoisses et y trouver quelques mérites ! Ces mérites, nous les offrons pour obtenir que nos frères se convertissent et qu'ils vivent. Nous les offrons pour la paix de l'Eglise et le bonheur de notre patrie.

O Jésus ! souvenez-vous de ce que fait la France pour consoler votre cœur paternel, de ce qu'elle fait pour soutenir votre vicaire sur la terre, de ce qu'elle entreprend pour honorer Marie, votre mère tant aimée, et puis ayez pitié de nous !

En même temps, la *Semaine Religieuse*, avec l'assentiment, sinon sur l'ordre de l'évêque, rappelait les condamnations sévères portées contre les violateurs des droits et des privilèges des religieux et des religieuses. Aussi, Mgr Fava était-il chez les jésuites lorsqu'on vint les expulser. Un récit de l'époque, que nous avons sous les yeux, après avoir raconté l'expulsion des jésuites, continue ainsi :

(1) Au moment où Mgr Fava prononçait ce discours, on croyait partout qu'après les diverses congrégations d'hommes qui suivaient et ont suivi de près les jésuites, viendrait le tour des congrégations de femmes. M. Jules Ferry les voulait peut-être, mais il a pu reculer devant l'indignation qu'aurait partout soulevée cette iniquité.

On expulse aussi Mgr Fava qui est venu, dit-il au commissaire, pour recueillir les religieux, mis forcément par l'administration en état de vagabondage, dans son palais épiscopal jusqu'à ce qu'ils aient trouvé un domicile. Sa Grandeur sort avec le Révérend Père supérieur. Tous les autres Pères ont été chassés déjà de leur demeure. Quelques-uns ont gagné isolément l'Evêché, accompagnés de deux ou trois personnes.

Les autres attendent sur la place des Tilleuls. Quand Monseigneur paraît avec le R. P. Joyard, on se rassemble et on se met en marche. Nous sommes là une soixantaine à faire cortège aux victimes de l'oppression.

Il est environ cinq heures et quart. Il a fallu près d'une heure pour que l'œuvre d'expulsion fût complète.

On traverse la place Notre-Dame entre deux rangs de spectateurs. Pas un cri, pas une manifestation hostile : au contraire, nombre de chapeaux se lèvent pour saluer au passage les religieux persécutés.

A l'évêché, Monseigneur nous invite à monter dans son salon et, là, en quelques paroles touchantes, il souhaite la bienvenue aux fils de Loyola, jetés froidement à la rue ; il remercie l'assistance du témoignage de respect, de reconnaissance et de dévouement qu'elle vient de donner aux bons Pères. Le Père Joyard remercie à son tour simplement et cordialement ceux qui l'entourent et demande sa bénédiction à Monseigneur qui nous la donne à tous.

On sentait, dans ce cortège silencieux qui traversait la place Notre-Dame au milieu d'une foule non moins silencieuse, la majesté du droit violé, mais passant néanmoins la tête haute, dédaigneux du présent tyrannique, sûr de l'avenir réparateur, confiant en Dieu dont il émane, plein de pitié pour ses oppresseurs parce qu'il les sait voués aux gémonies de l'histoire et aux revendications de la justice éternelle.

On nous permettra d'ouvrir ici une espèce de parenthèse pour rappeler un souvenir personnel. Ce n'est pas un hors-d'œuvre, comme on le verra. Il a été souvent répété que, si en 1880, dès le début de la persécution, nos tristes gouvernants s'étaient heurtés à la même énergie unanime dans la résistance que le prince de Bismarck, ils se seraient arrêtés, si, comme le chancelier de fer, ils n'étaient pas allés à Canossa. On partait de là pour regretter que quelques évêques français ne se soient pas laissé ou fait emprisonner comme Mgr Ledochowski, l'archevêque de Posen, Mgr Melchers, l'archevêque de Cologne, Mgr Martin, l'évêque de Paderborn, Mgr Brinkmann, l'évêque de Munster. Des emprisonnements, même peu nombreux, auraient fait l'unanimité dans la résistance et arrêté la persécution ; nos pauvres hommes d'Etat auraient reculé devant un Centre français comme Bismarck devant le Centre allemand. Sans examiner, ce qui nous entraînerait bien loin, si la situation des catholiques en France a jamais été analogue à celle des catholiques en Allemagne, où ils se trouvent tout naturellement unis contre une majorité protestante, nous ferons d'abord observer que n'est pas emprisonné qui veut ; dès le début, les persécuteurs avaient pris pour devise ce mot d'un des leurs : aller lentement pour aller sûrement et longtemps. Nous ajouterons, et ici vient notre souvenir personnel, que plusieurs évêques étaient tout décidés à se faire arrêter pour la défense des droits de l'Eglise, au premier rang desquels figurait, nous le savons pertinemment, Mgr Fava. Mais défense fut faite par le nonce, alors Mgr Czacki, mort depuis cardinal, de rien compromettre ; le nonce s'effrayait des conséquences d'une résistance trop accentuée, et il l'interdit absolument. On peut le regretter, et pour notre part nous serions assez disposé à le faire, mais on ne peut condamner les évêques qui ont obéi au représentant du Pape.

Mais revenons à l'année 1880. Dans son mandement de Carême, faisant écho aux enseignements du Souverain Pontife, Mgr Fava traite de « l'œuvre de réparation intellectuelle, morale et sociale demandée par Sa Sainteté » ; après avoir commenté les paroles de Léon XIII qui recommande avant tout le retour à la philosophie de saint Thomas, il conclut en ces termes :

Le Pontife Romain, le père de nos âmes, a parlé, nous demandant la grande œuvre de la *Réparation* intellectuelle, morale et sociale ; levons-nous donc et répondons généreusement à son appel.

Philosophes modernes, vous voici arrivés sur le bord du gouffre, voulez-vous y entraîner les autres en vous y jetant vous-mêmes ? Soyez de vrais sages, avouez que vous avez fait fausse route, et revenez à l'autorité de l'Eglise.

Membres des sociétés secrètes, cessez de persécuter le Christ et son Eglise, ses ministres, ses congrégations, ses adorateurs et les âmes, surtout la jeunesse croyante. Vous savez bien que Jésus-Christ survit à tous. *Quis ut Deus !* — *Qui est comme Dieu !* Dites plutôt comme Paul, sur le chemin de Damas : « *Seigneur, que voulez-vous que nous fassions ?* » — *Domine, quid me vis facere ?* Et l'Eglise, qui est une mère, vous le dira.

Vous qui êtes les amis de la vérité, et qui cultivez la philosophie avec ardeur, continuez à unir dans votre cœur la raison et la foi, la liberté et le respect du magistère de l'Eglise. Vous suivrez la voie lumineuse que nous ont tracée nos pères, surtout si vous prenez pour guide l'incomparable docteur, saint Thomas d'Aquin. Soyez comme lui la lumière de vos frères.

Vous, professeurs et maîtres de la jeunesse, vous avez entendu la voix de notre savant Pontife, vous indiquant les sources vives qui peuvent donner la vie aux intelligences, allez y puiser la doctrine qui jaillit jusqu'à la vie éternelle.

Et nous, bien chers Coopérateurs, nous qui sommes les ministres du Dieu de vérité, étudions sans cesse aussi le docteur angélique ; que ses pages nous soient connues, qu'elles fassent l'objet de nos méditations ; nous y trouverons Celui qui est, en même temps, l'auteur de la raison et de la foi, puisqu'un jour Thomas, priant devant un crucifix, entendit cette parole : « *Tu as bien écrit de moi, Thomas ; quelle récompense veux-tu ? — Vous-même,* » répondit ce grand saint, qui avait le cœur aussi aimant que l'intelligence sublime.

De nos jours, vous le savez, Jésus-Christ est plus que jamais outragé par ses ennemis, hélas ! quelquefois par ceux qui devraient le consoler davantage ; nous, qui gémissons sur les profanations sacrilèges dont il est l'objet, sachons au moins le consoler par notre amour, sachons l'étudier avec ardeur, afin de pouvoir le faire connaître, aimer et servir par les autres.

Unissez-vous à nous, âmes consacrées à Dieu dans la contemplation, dans l'enseignement, dans le service des pauvres, des malades, des orphelins et des vieillards ; vous toutes, épouses du Christ, agissez et priez pour que l'Œuvre de la *Réparation* commence, continue et s'achève parmi nous en multipliant de toutes parts les fruits de grâce et de salut.

Adressons enfin au Seigneur, dirons-nous avec Léon XIII, en terminant, d'humbles et unanimes prières, afin qu'il répande sur les fils de son Eglise l'esprit de science et d'intelligence, et qu'il ouvre leur raison à la lumière de la sagesse. Et pour obtenir en plus grande abondance les fruits de la divine bonté, faisons intervenir auprès de Dieu le très puissant secours de la bienheureuse vierge Marie, qui est appelée le *siège de la sagesse* ; recourons en même temps à l'intercession de saint Joseph, le très pur époux de la Vierge, ainsi qu'à celle des grands apôtres, Pierre et Paul, qui renouvelèrent par la vérité la terre infectée de la contagion de l'erreur, et la remplirent de la splendeur de la céleste sagesse.

Un mois plus tard, en mars, l'évêque de Grenoble se trouvait à Rome ; il y était allé pour renouveler au Saint-Père l'assurance de son dévouement sans limite ; il portait le complément du denier de Saint-Pierre. Le Pape « accueillit avec une touchante bienveillance et un empressement particulier un vaillant évêque auquel son courage à défendre les droits de l'Eglise avait valu récemment une si glorieuse condamnation ». En même temps, Mgr Fava était appelé à parler de la doctrine de saint Thomas d'Aquin dans une assemblée romaine ; il fut heureux de commenter à Rome même cette grande parole de Léon XIII : « Revenons à saint Thomas ». ; il concluait par ce chaleureux appel :

Revenons donc à cette sublime philosophie qui n'est autre que la philosophie chrétienne ou scolastique, toujours guidée par l'esprit de vérité jusque dans son vol le plus hardi ; toujours aidée par la révélation divine qui ouvre à son regard borné des horizons infinis.

Oui, Messieurs, revenons à ce génie chrétien, à ce vrai philosophe qui, parlant lui-même de la sagesse, disait : Le sage est celui qui juge de toutes choses avec les principes les plus élevés, et qui les voit en quelque sorte des yeux de Dieu même. C'est lui qui peut dire avec l'apôtre saint Paul : *Ut sapiens architectus fundamentum posui.*

Ce fondement, Messieurs, ne peut être pour nous que le Christ, la pierre angulaire, l'auteur de la raison et de la foi.

Permettez-moi d'ajouter qu'il ne suffit pas d'étudier saint Thomas pour soi ; afin de goûter dans cette étude les joies délicieuses que donne la vérité aux âmes avides de la posséder, nous devons partager ce trésor avec nos frères, et verser dans leurs âmes les infinies richesses que nous a conservées l'Eglise.

En un mot, notre devoir à tous est de travailler chaque jour, et par tous les moyens possibles, à rendre populaire la doctrine de l'angélique docteur, à vulgariser ses principes ; ne sont-ce pas les principes qui forment la science et le vrai savant ?

Soyons persuadés que les œuvres de saint Thomas seront toujours un trésor inutile pour la plus grande partie des hommes, si nous ne savons pas les rendre populaires, et c'est là un travail capable de tenter les âmes aimant la vérité d'un profond amour.

Si nous savons l'entreprendre et y persévérer, nous aurons bien mérité du Sauveur Jésus, puisque nous aurons fait connaître la parole de saint Thomas qui a bien écrit de lui, et de notre auguste Pontife qui retrouve, pour louer le grand docteur et populariser ses écrits, l'ardeur de sa jeunesse ; nous aurons bien mérité de nos frères, parce que nous aurons placé sur la route des phares qui leur feront éviter les écueils.

Alors, Messieurs, il sera beau de se trouver dans l'assemblée des hommes, parce que là, comme ici, on y parlera le langage de la théologie et celui de la philosophie.

Dévorée du zèle des économies lorsqu'il s'agissait du budget des cultes, la Chambre des députés avait réduit de 5,000 francs le traitement ou plutôt l'indemnité des archevêques et évêques, et le Sénat avait cédé. Nous disons indemnité plutôt que traitement ; c'est que le clergé ne touche pas un traitement ; il n'est pas un « salarié » de l'Etat, il reçoit une indemnité, faible représentation des biens qui ont été enlevés à l'Eglise à la fin du siècle dernier, et le Concordat serait dénoncé, que l'indemnité du clergé resterait pour la France une dette sacrée. Ne touchant pas un « salaire », le prêtre n'est à aucun titre un « fonctionnaire », pas plus que le rentier qui touche les intérêts de l'argent qu'il a prêté à la France. Le budget du culte catholique est une dette, pas autre chose. Déjà insuffisant, lorsqu'on le compare aux biens volés, il ne devrait donc pas être réduit ; mais de semblables considérations ne sont pas pour arrêter des députés qui, pour la plupart, appartiennent aux Loges maçonniques. Donc, on avait diminué de 5,000 francs l'indemnité de l'évêque de Grenoble, comme des autres prélats, sans se préoccuper des lourdes charges qui leur incombaient. Cela fournit au clergé du diocèse l'occasion de témoigner de son attachement à son évêque ; une souscription ouverte parmi les prêtres réunit rapidement les 5,000 francs qui furent offerts à Mgr Fava ; celui-ci fut touché de cette marque d'affection, mais il ne voulut pas accepter, s'en remettant à la Providence du soin de combler le déficit apporté dans ses recettes par le vote haineux des députés. Nous nous reprocherions de ne pas reproduire ici les lettres échangées à cette occasion entre les délégués du clergé et Mgr Fava :

Grenoble, le 19 mars 1880

Monseigneur,

Nous venons remplir près de Votre Grandeur une douce et honorable mission. Obéissant à une pensée plusieurs fois exprimée, le Chapitre de votre Cathédrale, de concert avec MM. les Archiprêtres de Grenoble, a pris l'initiative d'une souscription, destinée à vous offrir une compensation pour la part de traitement retranchée aux évêques de France, mais encore et surtout un témoignage non équivoque de sympathie respectueuse et de filial dévouement. Notre appel a été entendu de tout votre Clergé, et il nous a fait parvenir son adhésion par l'entremise de MM. les Archiprêtres. Nous sommes heureux, Monseigneur, de pouvoir nous présenter en son nom, et vous affirmer de sa part que tous vos prêtres sont unis étroitement à leur Evêque, qu'ils sont heureux des œuvres de zèle que Dieu lui inspire, et que leur désir est de vous voir longtemps à la tête de ce diocèse pour son édification et le bien des âmes.

Nous avons l'honneur d'être avec un profond respect,

Monseigneur,

de votre Grandeur,

les très humbles et très dévoués serviteurs.

DEBUT, *doyen du Chapitre.*

PELLET, *curé de Notre-Dame.*

ÉVÊCHÉ DE GRENOBLE. Grenoble, le 21 mars 1880.

A MESSIEURS DEBUT, *doyen du Chapitre.*

PELLET, *curé de la Cathédrale.*

Messieurs,

Vous m'avez informé que MM. les Chanoines, Archiprêtres et Prêtres de mon diocèse se sont unis pour m'offrir la part de traitement qui est refusée, cette année, aux évêques de France : c'est là, Messieurs, une démarche qui me touche autant qu'elle vous honore. Au retour de Rome, où Léon XIII m'a fait un accueil des plus encourageants, rien ne pouvait m'être plus précieux que la sympathie de mes prêtres.

Les cinq mille francs que vous m'offrez, Messieurs, je puis vous avouer qu'ils représentent à peu près ce que je dépense chaque année à visiter mon diocèse. Malgré cela, vous me permettrez de ne garder de votre offrande que le sentiment qui l'a provoquée. La somme qui me reste, mes frais de voyage payés, peut-être sera bénie comme l'huile de la pauvre femme dont Elisée exauça la prière.

Recevez, Messieurs, l'expression de mon affection et de mes sincères remerciements.

† AMAND-JOSEPH,
Evêque de Grenoble.

Le mandement de Carême de l'année 1881 traite de « la gloire due à Dieu ». Mgr Fava rappelle à ses diocésains que « la gloire est due à Dieu comme Créateur, à Jésus-Christ comme Sauveur et au Saint-Esprit comme l'Envoyé du ciel pour glorifier le Verbe Incarné. » C'est une page doctrinale d'une haute portée. Ce n'est pas, du reste, la seule page doctrinale de l'évêque dans cette année : le 20 février, parlant à l'église Saint-Augustin à Paris, sur la demande du bureau central de l'Union des œuvres ouvrières, il montre dans Jésus-Christ le « modèle des patrons et des ouvriers ». C'est en somme toute la question sociale qui reste la grande préoccupation de l'heure présente et à laquelle il faut trouver une solution, vainement cherchée jusqu'ici dehors de l'Eglise. Dans la première partie de son discours, Mgr Fava montre aux patrons comment ils doivent se modeler sur Jésus-Christ ; il leur expose leurs devoirs, devoirs de justice comme de charité ; il leur fait un devoir de donner à leurs ouvriers le bon exemple, en même temps qu'ils leur apporteront la « bonne parole »; ce devoir ne se limite pas à eux ; ils sont, dans une certaine mesure au moins, responsables de ceux à qui ils délèguent une part de direction, de leurs contremaîtres, de ceux que M. Léon Harmel appelle les « autorités secondaires de l'usine » ; ils doivent les choisir en conséquence et les surveiller. Or, que de « maîtres ne veillent pas à être bien remplacés par des aides dignes d'eux, dignes de la mission qu'ils leur confient.

Il ne suffit pas à un patron d'être bon pour lui-même, il faut qu'il soit bon aussi pour ses ouvriers, et il cesse de l'être pour lui-même et pour les autres s'il se fait représenter par un contremaître scandaleux ». Il y a là un devoir à la fois de justice et de charité. Un autre devoir, devoir de charité, c'est d'assurer à ses ouvriers les soins de la petite sœur de l'ouvrier, cette admirable création qui répond si bien aux besoins de l'heure présente et qui témoigne de l'inépuisable fécondité de l'Eglise. Ici nous citerons, brièvement du reste :

N'est-ce pas encore une *chose sacrée* que le choix des contre-maîtres, par lesquels un maître se fait remplacer, ou qu'il prend pour collaborateurs ?

Laissez-moi vous le dire en toute franchise, mes Frères : j'ai vu beaucoup de pays, beaucoup d'usines, en Europe et dans les autres parties du monde, eh bien, je crois que tous les maîtres ne veillent pas à être bien remplacés par des aides dignes d'eux-mêmes, dignes de la mission qu'ils leur confient. Il ne suffit pas à un patron d'être bon par lui-même, il faut qu'il soit bon aussi pour ses ouvriers : il cesse de l'être pour lui-même et pour les autres s'il se fait représenter par un contre-maître scandaleux. Or, mes Frères, vous savez ce qu'il faut entendre par ce mot : *scandaleux*. C'est une personne qui porte le prochain au mal. Chrétiens, n'entendez-vous pas que *patron, patronage* sonnent comme *pater, paternitas,* père et *paternité* ? Ne comprenez-vous pas qu'un maître, un contre-maître, un patron doivent être pour l'ouvrier, pour l'ouvrière, tels que des pères pleins de dévouement et de respect ? Dans l'ordre moral, un père qui oublie ce respect envers sa fille est un être monstrueux : criminel et monstrueux est le patron ou son représentant qui se rend coupable de la même faute envers une pauvre ouvrière. Je le dis hardiment, en face de cet auditoire qui flétrit comme moi une pareille conduite ; en face de Jésus-Christ, le modèle des maîtres et le père des âmes, de Jésus-Christ à qui, malgré sa douceur infinie, les scandaleux arrachaient des cris déchirants et de terribles menaces : *Malheur ! Malheur aux scandaleux*, disait-il, avec l'accent d'un père à qui l'on ravit ses enfants pour les égorger ; *mieux vaudrait à ces hommes qu'on leur attachât une meule de moulin au cou et qu'on les jetât au fond de la mer !* Ne vous étonnez pas, mes Frères, de ces cris et de ces douleurs ; mais plutôt souvenez-vous de la noblesse des âmes, rachetées au prix du sang du Calvaire ; souvenez-vous de leur beauté, quand elles sont revêtues d'innocence et de pureté ; souvenez-vous de leurs destinées immortelles.

Vous, Messieurs, qui vous occupez des associations ouvrières, je vous en supplie, travaillez à former de bons contre-maîtres : vous ne sauriez rendre un service plus signalé aux ouvriers, aux ateliers, aux maîtres eux-mêmes. Une armée est bonne quand les sous-officiers sont bien formés : il en est de même des ateliers et des usines. Donnez-nous les contre-maîtres que nous demandons, et, bien vite, la classe ouvrière sera régénérée par eux. Daigne le Seigneur, Messieurs, écouter ma voix et vous inspirer de plus en plus l'amour d'un si salutaire apostolat ! Qu'il bénisse, nous l'en prions, les patronages, afin qu'ils deviennent une pépinière de bons contre maîtres.

Enfin, mes Frères, n'est-ce pas encore une *chose sacrée*, due par le maître à son usine, s'il le peut, que *la Petite-Sœur de l'Ouvrier* ?

Dans le diocèse de Grenoble, qui m'est confié, je suis heureux de pouvoir rencontrer assez souvent la Religieuse au milieu de nos ouvrières. Notre pittoresque contrée, riche en cours d'eau, permet aux entrepreneurs de jeter entre deux collines de vastes filatures de soie, où viennent de loin, pour y travailler toute la semaine, de nombreuses jeunes filles. Qui veillera sur elles ? Leurs mères sont demeurées à leur foyer pour soigner la famille ; elles sont donc seules.

Mais si Mgr Fava dit la vérité aux patrons, leur demandant de se préparer à leur haute mission par une longue « formation » et par la « méditation de leurs devoirs d'état », il sait aussi dire la vérité aux ouvriers. Comme les patrons, ceux-ci ont leur modèle dans Jésus-Christ. « Qui osera se plaindre de n'être qu'un ouvrier à la vue du Fils de Dieu fait homme, devenu volontairement ouvrier ? Qui se plaindra de gagner son pain à la sueur de son front, en voyant courbé sur l'instrument du travail Celui par qui tout a été fait dans ces mondes qui nous entourent, sur cette terre où nous cheminons, *per quem omnia facta sunt ?* » Et l'orateur part de là pour montrer ce que l'Eglise, fidèle aux enseignements de son divin fondateur, le charpentier de Nazareth, a fait pour l'ouvrier. Nous ne résistons pas au désir de citer au moins une page d'une actualité saisissante :

Il me souvient qu'un jour, voyageant sur mer, je fis rencontre d'un illustre personnage anglais, qui se plaisait à me parler de divers peuples qu'il avait vus, et il me disait qu'à son avis, aucun d'eux ne possédait une classe populaire aussi bien formée que la nôtre. Comme il en cherchait la raison, je lui fis remarquer que nous étions demeurés catholiques, en France, pendant que l'Angleterre se faisait protestante, et que comme catholiques, nous étions appelés à recevoir, dans toute leur plénitude, les trésors que Jésus-Christ a préparés aux nations, aux familles, et à chaque âme en particulier. C'est ainsi, lui disais-je, que nous, enfants du peuple, après avoir été élevés par des parents chrétiens, fidèles gardiens des traditions de nos pères, nous passons du toit paternel à l'école, respectueuse aussi de l'enseignement catholique, puis de l'école aux mains de l'Eglise, qui nous prend, dès l'âge de sept ans, nous travaille avec soin, nous instruit, développe en nous le sens religieux, nous apprend à discerner entre le bien et le mal, à fuir le vice, à pratiquer la vertu, et fixe son enseignement dans l'âme du jeune enfant par la confession. La confession, en effet, est comme une sanction mise à la loi de Dieu. Elle exige un examen sérieux, la contrition de ses fautes, une résolution ferme de ne plus les commettre ; elle inflige au coupable une pénitence, souvent légère, mais de nature cependant à le corriger.

Jusqu'à l'âge de douze ans, disais-je à mon compagnon de voyage, l'enfant du peuple est maintenu, parmi nous, tant à l'école qu'à l'église et dans sa famille, par la pensée de sa première communion, qu'il ne fera pas si par sa conduite il en est indigne. Quand il l'a faite et qu'il a reçu cette grâce insigne de s'unir à son Dieu, il continue pendant quelques années encore à fréquenter les catéchismes de persévérance, de sorte qu'arrivé à l'âge de quatorze et quinze ans, il est formé. Qu'on prenne alors ce petit paysan, cette petite villageoise, ainsi préparés à la vie active, on en fera ce que l'on voudra. L'instruction qu'on leur donnera, trouvera une base solide dans l'éducation chrétienne qui aura développé en eux la noblesse du sentiment, l'élévation de la pensée, une certaine force de caractère acquise par la lutte avec les tentations et le travail intime, puis un désir réel de remplir les devoirs qui leur sont imposés. De ce jeune homme de quinze ans, vous ferez un prêtre, un militaire, un magistrat, un instituteur, un religieux, un homme qui occupera, un jour, les rangs les plus élevés de la société peut-être, si les circonstances l'y poussent. Que de prêtres, d'évêques, que d'officiers, de généraux, que de magistrats, que de personnages illustres, par la science, par la vertu, par des mérites réels, doivent d'avoir été ou d'être ce qu'ils sont, au curé de leur paroisse, à un jeune vicaire, à quelque personne pieuse qui les ont distingués, dans leur enfance, et les ont acheminés vers leur carrière. Ils sont nombreux, en France, les hommes qui ont passé par nos séminaires avant d'occuper la haute position où ils sont parvenus ; d'où je conclus que, parmi nous, l'enfant du peuple a pour grande bienfaitrice l'Eglise, et la nation française trouve dans le catholicisme la vraie base de sa grandeur. Ce que nous disions à cet étranger, mes Frères, n'est-ce pas le moment de le redire à notre patrie elle-même, à notre patrie aveugle et ingrate, qui veut chasser le Christ du foyer, de l'école, de partout, et qui semble vouloir désapprendre le chemin de l'église ?

N'est-ce pas une œuvre de haute doctrine en même temps que d'utilité pratique que le *Manuel de croisade des Francs catholiques* publié cette année-là même par Mgr Fava ? Dans ce livre, où il a mis tout son cœur, il exhorte les fidèles à se « croiser » et à combattre la Franc-Maçonnerie par deux armes : « le crucifix, le livre béni où tous nous apprendrons à connaître la bonté de Jésus, et la parole, qui, adressée à Dieu, se nomme la prière, et adressée au prochain, l'apostolat ».

Mais la persécution continuait à marcher, et le maire de Grenoble, à l'exemple, hélas ! de nombre d'autres maires, et par une interprétation pharisaïque des Articles organiques, articles sans valeur, puisque, dès le début, le pape Pie VII a protesté contre cette addition subreptice au Concordat, avait interdit les processions. L'évêque était absent au moment où parut l'arrêté municipal ; il protesta immédiatement, écrivant au maire :

D'abord, je crois que votre arrêté blessera la population grenobloise, parce qu'elle est catholique, croyante, pratiquante, en général, raisonnable, bien élevée, et très amie des coutumes de ses ancêtres. Votre mesure oublie tout cela, Monsieur le Maire. Elle supprime des fêtes aimées des parents et des enfants, auxquelles prenaient intérêt les indifférents eux-mêmes, et dont bénéficiait le petit commerce.

Seuls, les Francs-maçons vous approuveront. Vous savez qu'ils veulent remplacer nos processions par des représentations et des mascarades de leur façon, et c'est précisément ce qui vous a été demandé, en séance du Conseil municipal, en même temps que la suppression de nos processions.

L'approbation des Frères et amis ne devrait pas vous suffire, Monsieur le Maire ; car si vous appartenez à la Maçonnerie, comme membre distingué, ainsi que le constatent des pièces signées de votre main, que j'ai en ma possession, comme maire, vous appartenez à la ville et vous auriez dû, en cette qualité, respecter ses croyances et ne pas compter si peu avec ses aspirations.

Puis, vous blessez aussi le digne clergé de la ville. Sa vertu et son dévouement ne font doute pour personne, et voici que, non seulement vous ne prenez pas son avis dans une question qui le concerne si particulièrement, vous ne le prévenez même pas, de manière à lui adoucir le coup, mais vous m'écrivez que vous lui enverrez le commissaire central de police. Chef hiérarchique de mon clergé, je l'aurais informé moi-même de votre arrêté, Monsieur le Maire, car je ne sache pas que MM. les Curés aient à obéir directement à la police dans l'accomplissement de leur charge pastorale. Nous n'en sommes pas encore à la constitution civile du clergé.

Toutefois, il y a quelqu'un de plus élevé que nous tous qui est blessé, Monsieur le Maire, par votre arrêté.

Nous, catholiques, nous croyons que Jésus-Christ est personnellement présent dans l'Eucharistie : c'est donc jusqu'à lui que remonte la mesure que vous avez prise. Vous lui intimez l'ordre de ne pas sortir, comme il l'a fait à Grenoble depuis que les processions ont été instituées dans nos régions ; vous l'empêchez d'aller bénir sa famille catholique, et cette ville toujours si heureuse de le fêter sur son passage. C'est là surtout, Monsieur le Maire, ce qui nous émeut, nous afflige, jusqu'à nous arracher des larmes. Sans doute, vous n'avez pas soupçonné que votre acte antilibéral allait jusque-là, mais vous auriez pu l'apprendre, sinon dans votre conseil, du moins auprès du clergé et même à côté de vous.

Vu ces choses ; vu aussi l'article 1er du Concordat de 1801, je proteste contre l'arrêté précité qui interdit les processions à Grenoble. Cet article est ainsi conçu : « La religion catholique, apostolique et romaine sera librement exercée en France ; son culte sera public, en se conformant aux réglements de police que le gouvernement jugera nécessaires pour la tranquillité publique. »

Si la tranquillité publique pouvait être troublée à Grenoble, Monsieur le Maire, à l'occasion des processions, ce serait, à mon avis, par leur suppression, et non autrement. J'en appelle à la population elle-même pour juger entre vous et nous.

Les processions restèrent interdites, mais la protestation épiscopale soulageait la conscience des fidèles.

Nous venons de parler des Articles organiques ; des ministres qui protestaient contre la liberté y avaient trouvé que les évêques ne devaient pas sortir de leur diocèse sans l'autorisation du Gouvernement. Oppressive au commencement de ce siècle, alors que les voyages étaient rares, cette prescription devenait ridicule en l'année 1880. Cependant

Mgr Fava fut dénoncé par certains journaux comme y ayant contrevenu en se rendant à Rome. Non contents de cela, ces journaux ajoutèrent bientôt que l'évêque de Grenoble était de nouveau poursuivi et allait être condamné comme d'abus ; c'était un « récidiviste ». Il fallait couper les ailes à ce canard, Mgr Fava le fit par une lettre du 16 décembre 1884, adressée à l'*Univers*.

Le 1ᵉʳ de ce mois, avant de partir pour Rome, j'ai voulu, comme mes vénérables collègues, en informer M. le Ministre des Cultes.

Les journaux qui disent le contraire donnent *une fausse nouvelle*, et j'ai des raisons, monsieur le rédacteur en chef, pour vous demander de l'affirmer dans votre journal.

Hier, j'ai reçu de M. le Ministre une réponse à la dite information. Son Excellence, en termes dont je ne me plains pas, me fait observer que je devais attendre, pour partir, l'autorisation du chef de l'Etat. Puisque je n'ai pas eu l'honneur de répondre à M. le Ministre, les journaux qui parlent de ma réponse sont pris en flagrant délit de *fausse nouvelle*.

Il n'est pas inutile de dire ici que, depuis quelques années, des journaux trop attentifs à mon endroit m'ont dénoncé publiquement comme ayant quitté mon diocèse sans autorisation. Celui-ci m'avait vu dans la Drôme, celui-là à Lyon. Monsieur le Ministre d'alors s'en plaignit à Mgr le Nonce Apostolique qui m'en écrivit, ne sachant que penser de ces choses.

Je répondis à Mgr le Nonce, qu'il m'était impossible de me rendre, soit à Vienne, soit à Villeurbanne, qui dépendent du diocèse de Grenoble, sans passer d'un côté par Lyon, et de l'autre, par la Drôme. Faudra t-il vraiment faire intervenir le chef de l'Etat en semblable affaire ? Non, je ne crois pas.

Je fais au gouvernement de la République française l'honneur de croire qu'il a des idées moins singulières et un amour de la liberté moins dérisoire que les feuilles accusatrices dont j'ai parlé.

Pour la loi elle-même et sa défense, je laisse à qui de droit d'en traiter.

Le gouvernement eut l'esprit de ne pas poursuivre et il finit par renoncer à une exigence ridicule.

Quelques jours après, le 31 décembre, Mgr Fava adressait à l'*Univers* une nouvelle lettre au sujet du sacrilège de Gières ». Nous lui laisserons la parole :

M. Poncin, maire de Gières, commune voisine de Grenoble, sortant certain dimanche d'un cabaret, se dirigea avec un de ses amis, de propos délibéré et par bravade, vers une école communale, y décrocha un crucifix appendu à la muraille, et ces messieurs allèrent ensemble, devant le peuple, le jeter *dans les latrines publiques.*

Ce fait odieux était si notoire que M. le Préfet de l'Isère se crut obligé de le punir en suspendant de ses fonctions pour deux mois le maire en question.

Le diocèse de Grenoble, très attaché à sa foi, fut aussi attristé que révolté de ce sacrilège. Je gardai le silence. Mais ayant à recommander nos écoles libres à la générosité de mes fidèles diocésains, je compris que l'heure était venue de rompre le silence, et voici comment je m'exprimai :

« Nous le savons bien, hélas ! On veut déchristianiser la France. De toutes parts, des clameurs retentissent comme autrefois à Jérusalem. Ce ne sont plus seulement les Juifs qui crient : *Tolle ! Tolle ! Enlevez-le ! Enleve-le !* Ce sont des chrétiens apostats qui ajoutent le sacrilège à la parole. Ici, nos très chers Frères, la parole expire sur nos lèvres, pour dire certaines profanations publiques dans notre diocèse. Nous n'avons que des larmes à répandre sur l'image sacrée de notre adorable Sauveur. Nous sentons qu'il faut à une telle injure plus que des larmes : elle réclame du sang. Ce sang, Dieu le demande et il l'aura. Que ce soit plutot le nôtre, nos très chers Frères, que le vôtre et celui de vos enfants ! Mais les crimes de lèse-majesté divine créent au peuple qui les commet une dette effroyable qu'on ne paie qu'avec du sang ; *Sine sanguinis effusione non fit remissio.* »

Reprenons ces paroles si fort incriminées par les journaux.

D'abord, je fais observer que MM. les journalistes ne parlent pas du *crucifix jeté dans les latrines* par ledit maire, et ainsi, le sachant ou ne le sachant pas, ils cachent à leurs lecteurs le *corps du délit,* présentent la question sous un faux jour et la dénaturent complètement.

« La parole, avons-nous dit, expire sur nos lèvres en face de cette profanation. » Comment en serait-il autrement, à la pensée du crucifix jeté en une fosse d'aisances, dans les circonstances que nous avons dites ? Ce crucifix, n'est-ce pas l'image du Verbe Incarné, mort sur la croix pour le salut du genre humain ? De Jésus-Christ que nous aimons plus que nous-même, que nous adorons, qui est notre Dieu, à qui nous avons donné notre amour et notre vie ? Le crucifix ! Nous l'avons porté à cent plages diverses, qu'on nous permette de le dire, pendant vingt-cinq ans durant, et notre plus grand souci, à l'heure présente, est de le mettre en honneur ! Et l'on veut que nous demeurions insensible à la pensée des outrages sans nom dont cette divine image est l'objet !

Ajoutons qu'une noble et courageuse dame est allée prier et supplier le maire de lui permettre de faire vider, elle-même, à ses frais, les latrines où a été jeté le crucifix : le maire a refusé. L'image du Fils de Dieu fait homme est donc encore dans ces immondices.

Que l'Administration sache une bonne fois ce que nous souffrons, au fond de nos âmes catholiques, dans nos cœurs blessés, dans tout notre être, et qu'elle ait enfin pitié de nous. Qu'elle maintienne, si elle le veut, son maire, mais qu'elle ordonne du moins qu'on nous rende le crucifix profané afin que nous lui fassions un triomphe.

Vous, messieurs les journalistes, riez de notre foi et de nos douleurs, si cela vous plaît, mais surtout ne parlez plus de liberté, et gardez-vous d'affirmer jamais votre respect pour la religion.

Vos pères de 1791 n'en étaient pas encore arrivés à votre degré de mépris pour les choses saintes. Lisez plutôt cette loi du 22 juillet 1791 :

« Loi. — Police correctionnelle (Art. 11). Ceux qui auraient outragé les objets d'un culte quelconque, soit dans un lieu public, soit dans les lieux destinés à l'exercice, ou ses ministres, etc., etc., seront condamnés à une amende qui ne pourra excéder 500 fr., et à un emprisonnement qui ne pourra excéder un an. »

Vous m'incriminez parce que j'ai dit que cette profanation réclame du sang.

Etes-vous donc tellement étrangers, messieurs, à ce qui a suivi, depuis le Calvaire jusqu'à nos jours, la profanation des croix, pour en douter ?

Jérusalem détruite de fond en comble, après un siège épouvantable où les Juifs périrent par centaines de milliers, où des mères furent réduites à manger leurs propres enfants; Jérusalem et son peuple errant depuis lors sans patrie, à travers le monde, n'est-ce pas une preuve que le déicide se paie avec du sang ? Ne dites pas qu'il n'y a pas de relation entre la mort de Jésus-Christ et ces malheurs, puisque le Sauveur avait annoncé toutes ces calamités en pleurant sur la ville de Jérusalem et sur sa patrie. Je pourrais, si vous le vouliez, citer des volumes entiers pour vous prouver que les profanations de la croix ont toujours été punies par l'effusion du sang.

Je le sais, *jeter un crucifix dans les latrines*, ce n'est pas un déicide; mais avouez qu'après le déicide, on trouverait difficilement une offense plus grave contre Notre Seigneur que celle-là.

Le sang vous répugne, messieurs, à nous aussi. Cependant la France a bombardé Alger en 1830 pour un coup d'évantail donné à un ambassadeur français ; qui a donc blâmé ce châtiment ?

Que dis-je ? Quand on vous insulte, vous demandez du sang, vous qui n'êtes que des hommes et qui n'en avez pas le droit ; et lorsque, m'appuyant sur l'immolation elle-même du Calvaire, pour affirmer avec la sainte Écriture tout entière et saint Paul en particulier, *que les péchés ne s'expient que par l'effusion du sang,* vous vous récriez. Ne voyez-vous pas que les souillures du paganisme ont demandé, pour être effacées, le sang de l'Agneau divin, le sang de millions de martyrs ?

9

C'est ainsi que des horizons plus purs se sont levés sur le monde nouveau.

Sachez-le, messieurs, le sang humain coule à flots chez les nations demeurées sauvages, et même chez celles plus civilisées où l'on ne dit pas la messe. Que l'on renverse les autels d'un peuple catholique, qu'on aille jusqu'à profaner l'image du Calvaire, et bien vite, le sang du Christ cessant d'y couler, c'est le sang de l'homme qui y est répandu.

Vous dites, messieurs, que j'appelle de mes vœux la guerre pour avoir du sang : non, je n'appelle pas la guerre ; mais je la redoute. Cela est certes bien permis à un homme qui aime son pays, et qui a plus d'une fois exposé sa vie pour le faire respecter ; qui est prêt à verser son sang pour son bonheur et celui de ses frères.

D'ailleurs, est-ce que la France ne souffre pas, à l'heure présente ? N'y a-t-il pas quelque part des champs de bataille où coule le sang français ? Est-ce que l'Algérie n'est pas dévastée par des inondations sans exemple ? Est-ce que toutes nos colonies ne sont pas décimées par des fièvres malignes ? Est-ce que le sol de la France elle-même ne devient pas infécond ? Est-ce que d'affreux accidents ne jettent pas à chaque instant la stupéfaction dans nos âmes ?

En vérité, si j'avais soif de sang, ainsi que vous le prétendez, je trouverais dans le présent de quoi me rassasier. Mais non. Je souffre des malheurs de mon pays, et mon désir le plus ardent est de le voir heureux et en possession de sa vieille gloire traditionnelle.

Constatons que non seulement Mgr Fava, dont la presse révolutionnaire dénonçait les « violences » avec un ensemble plus ou moins spontané, ne fut pas poursuivi, mais que le crucifix lui fut rendu brisé : on peut le voir dans la chapelle de l'Evêché où il est pieusement conservé ; il est incomplet, des morceaux n'ayant pas été retrouvés (1).

Le Règne de Notre Seigneur Jésus-Christ, tel est le sujet du mandement de Carême de 1887. On le voit, c'est toujours un haut enseignement doctrinal que donne l'évêque. Il mon.

(1) Obligé de nous hâter, nous nous bornerons à signaler deux discours de l'année 1881, l'un où Mgr Fava fait l'oraison funèbre du T. R. P. Schwindenhammer, Supérieur général du Saint-Esprit et du Très Saint Cœur de Marie, l'autre prononcé au sacre de Mgr Coldefy successeur de Mgr Delannoy, comme évêque de la Réunion. Dans le premier il dit que le T.R.P. Schwindenhammer « l'encouragea et le soutint, lorsque, jeune prêtre, Dieu le poussait vers la côte d'Afrique » ; dans le second, il rend hommage à cette île de Bourbon, où il avait travaillé pendant vingt ans.

tre cette fois que « Notre Seigneur Jésus-Christ a voulu régner par sa miséricorde, qu'il a régné par sa miséricorde et que ce règne n'aura pas de fin ». Il termine par ce défi aux persécuteurs de l'Eglise :

L'Eglise est une société humano-divine. Les autres sociétés n'étant composées que d'hommes, sont sujettes à la faillite et à la mort, tandis que l'Eglise, outre les hommes qui la forment, porte dans son sein l'Esprit-Saint qui est Dieu comme le Père et le Fils. C'est par l'aide qu'elle reçoit toujours de cet Esprit de vérité et de vie qu'elle est infaillible et immortelle.

Vous donc qui persécutez l'Eglise, sachez-le, vous pourrez perdre et tuer des âmes, mais vous ne tuerez pas le Saint-Esprit, vous ne tuerez pas l'Eglise. Vous pourrez faire des lâches, d'une part, des martyrs, de l'autre : mais vous ne détruirez jamais le règne de Jésus-Christ ; vous pourrez dire, à l'heure de votre mort, que vous avez fait du mal, beaucoup de mal peut-être à l'Eglise du Christ, mais l'heure de votre mort sonnera, et, après avoir voulu vous soustraire au règne de la miséricorde de notre adorable Maître, vous tomberez sous le règne de son éternelle justice.

Au mois de novembre de la même année, Mgr Fava était invité par l'archevêque de Lyon, alors le cardinal Caverot, à porter la parole le jour de la rentrée des Facultés catholiques ; dans un discours sur lequel nous nous arrêterions volontiers à cause de l'importance et de l'actualité du sujet, il étudiait le mal dont nous souffrons et cherchait le remède. Ce mal, c'est le rationalisme, et le remède est dans l'autorité de l'Eglise qui seule a les paroles de vie. On parle de « morale indépendante », on demande « s'il n'y avait pas chez les peuples anciens, et s'il n'y a pas chez les nations modernes, des sages, des philosophes, des intelligences supérieures, capables d'éclairer les foules et de les empêcher de s'abandonner à ces erreurs et à ces crimes que l'histoire a enregistrés. « Oui, il y avait chez les peuples anciens, et il y a chez les peuples modernes, des philosophes, mais ces philosophes, si savants soient-ils, ont été incapables et le sont encore, de composer un symbole de foi et un mode de morale qu'on puisse accepter. » Ces philosophes eux-mêmes, pour peu qu'ils soient de bonne foi, sont les premiers à confesser, avec Rousseau, leur impuissance. D'ailleurs, ils arriveraient, par impossible, à composer un code de morale, qu'ils ne sauraient décider les peuples à l'accepter ; il y faut l'autorité du Fils de Dieu fait homme.

Les républicains au pouvoir préparaient et annonçaient de nouvelles mesures contre l'Eglise ; on ne parlait de rien moins que de vingt (le chiffre doit être rappelé) projets de loi plus ou moins menaçants. Dans cette situation, les cardinaux français, délégués naturels des évêques, adressèrent des *Observations* aux sénateurs et députés. Mgr Fava se faisant un devoir d'adhérer à ces Observations, écrivit au cardinal de Bonnechose :

De retour à Grenoble, après la visite pastorale, je me fais un devoir de rendre grâces à Votre Eminence de l'honneur qu'elle m'a fait en m'adressant les *Observations* présentées à MM. les Sénateurs et Députés en son nom, ainsi qu'au nom du vénérable cardinal archevêque de Paris et de plusieurs autres vénérés prélats.

Vos paroles, Eminence, expriment mes sentiments, auxquels elles ajoutent l'autorité et la force qui s'attachent à votre personne et à votre expérience.

Elles exposent nettement le sujet, en signalant « les vingt projets de loi déposés sur le bureau de la Chambre des députés, dont les uns veulent tout abolir, et les autres tout refondre dans l'Eglise ».

Elles montrent, avec non moins de clarté, le but visé, en affirmant que « l'ensemble de ces mesures législatives tend à faire de la France une nation athée ».

Enfin, elles mettent à découvert la source d'où ces projets émanent, quand elles constatent que : « il y a près d'un siècle, une école de philosophie, plus confiante dans ses théories abstraites que dans l'enseignement de l'expérience, a pris en main le gouvernement de la nation... Un des articles du nouveau programme était l'abolition du christianisme... Aujourd'hui on veut recommencer cette expérience. »

Ces vérités, Eminence, vous les avez revêtues d'une forme où la dignité, la haute urbanité et l'amour maternel de l'Eglise s'unissent, en faveur des droits de la vérité et de la justice, et aussi pour l'honneur de l'Eglise de France, qui ne pouvait garder le silence plus longtemps.

Comme aujourd'hui la parole s'émousse contre le parti pris, il ne nous reste qu'à nous adresser à Dieu.

Hélas ! combien de ces projets de loi ont été depuis votés !

Dans la lettre que nous venons de citer, Mgr Fava parle de « la source d'où ces projets émanaient ». Pour lui, comme pour bien d'autres qui ont suivi de près la politique contemporaine, cette source, c'est la Franc-Maçonnerie. Dans les loges, dans les convents annuels, se sont élaborées trop souvent les lois dont l'Eglise a tant à se plaindre. Nous avons déjà signalé dans les écrits de l'évêque, à la Martinique comme à Grenoble, des allusions au rôle des sociétés secrètes, mais ce n'étaient là que les préparatifs et les prolégomènes d'un grand travail sur la Franc-Maçonnerie. Ce travail parut en 1882 sous ce titre : *Le Secret de la Franc-Maçonnerie*. Nous nous garderons d'essayer d'analyser un livre qui a été tiré à plusieurs éditions et qui a eu d'innombrables lecteurs ; nous nous bornerons à rappeler que, dans ce livre qui a fait sensation et qui reste l'une des plus solides études consacrées à la Franc-Maçonnerie, l'auteur en établit l'origine socinienne. Nous ajouterons que, tout en appelant l'attention des fidèles sur les dangereuses visées de la Franc-Maçonnerie et sur sa puissance, il n'admet pas qu'elle puisse triompher de l'Eglise. Dieu ne le permettra pas ; mais le devoir des chrétiens est de lutter par tous les moyens possibles contre cette ennemie acharnée de l'Eglise de Dieu et de la France, fille aînée de l'Eglise, à laquelle elle veut enlever la foi (1).

Une des armes favorites des adversaires de l'Eglise, c'est la calomnie, calomnie contre les personnes ou contre les doctrines. Au mois d'août 1882, un journal radical du Dau-

______

(1) Lorsqu'on parcourt la liste des ouvrages de Mgr Fava, lorsqu'on voit ses lettres pastorales et ses mandements qui sont souvent des traités doctrinaux sur les plus graves questions, on se demande comment l'évêque d'un vaste diocèse a pu, tout en remplissant en conscience ses devoirs épiscopaux, mener à bonne fin tant de travaux. L'explication est dans ce fait que Mgr Fava, levé de grand matin, travaille jusqu'à huit heures, moment où il dit sa messe. C'est en se réservant

phiné porta contre une religieuse, la sœur Saint-Charles, une odieuse accusation dont il connaissait parfaitement la fausseté. Voltaire recommandait de « mentir hardiment » ; ses disciples suivent ses conseils. Mgr Fava prit hautement la défense de la religieuse attaquée et de sa congrégation : *les Petites Sœurs de l'Ouvrier*, car, et le prélat ne s'y trompait pas, c'était la congrégation qu'on visait dans la sœur Saint-Charles ; on voulait atteindre ces religieuses qui sont « de secondes mères pour les jeunes ouvrières et les jeunes filles », mais dont la bienfaisante action gêne la propagande maçonnique. On sait que le journal calomniateur et ceux qui, obéissant peut-être à un mot d'ordre, lui avaient fait écho, furent condamnés ; il fallait que la calomnie fût bien évidente (1).

ces heures de la matinée si propres à l'étude — tous les écrivains le savent— qu'il a pu donner une si grande somme de travail. On connaît cette anecdote si souvent racontée pour le chancelier d'Agnesseau. Tous les jours sa femme se faisait attendre pour les repas ; il se fit dresser un pupitre dans sa salle à manger où il pouvait écrire. Au bout d'un certain temps, dans ces quelques minutes perdues chaque jour, il avait composé un ouvrage.

(1) Dans l'année 1881, Mgr Fava avait prononcé l'oraison funèbre du T. R. P. Schwindenhammer, Supérieur général de la Congrégation du Saint-Esprit et du très Saint Cœur de Marie ; quelques mois après, le 19 janvier 1882, il prononçait celle de son successeur, le T. R. P. Frédéric Le Vavasseur, un créole de l'île Bourbon. C'était pour lui un « ami », qui avait « été son aîné » dans ses travaux apostoliques à l'île Bourbon, où il avait tracé un sillon si profond et si lumineux ; » souvent il lui avait « servi de conseiller et de père spirituel ». Le R. P. Frédéric Le Vavasseur avait été, tout jeune encore, le fondateur avec Mesdemoiselles Marie-Anne et Aimée Pignolet de Fresne, plus tard Mère Marie-Thérèse de Jésus et Mère Marie-Magdeleine de la Croix, les premiers fondements de la Congrégation créole des Filles de Marie.

« Certainement, Frédéric Le Vavasseur ne se doutait pas que sa causerie, si pieuse fût-elle, dût devenir le germe d'une congrégation religieuse de femmes, accueillant dans son sein des personnes de toute classe et de toute couleur, sur le pied de la plus complète égalité, ce qui est le relèvement de la classe noire jusqu'à la plus haute noblesse; il ne voyait pas surtout que cette congrégation, non seulement édifierait la colonie et prendrait soin des esclaves et des pauvres, mais aussi qu'elle irait réchauffer de l'ardeur de sa charité l'île Maurice et la côte orientale d'Afrique, où déjà elle exerce un vaste apostolat, soit à Zanzibar, ville capitale de ces immenses régions, soit à Bagamoyo.

L'année 1883 est une année de calme relatif sur laquelle nous passerons rapidement. Dans son mandement de Carême, Mgr Fava s'occupe de « l'hérésie socinienne et maçonnique »; après avoir établi dans une première partie les caractères de l'hérésie, il montre que tous ces caractères se retrouvent au plus haut degré dans l'erreur socinienne, « qui règne encore parmi nous, qui est marquée du signe de la nouveauté et qui a pour source l'orgueil et la cupidité, pour mobile la haine ». Les preuves sont surabondantes.

Dans une lettre circulaire qu'il publie à l'occasion du mois de septembre, consacré à Notre-Dame de la Salette, Mgr Fava demande au Clergé « de prier et faire prier aux intentions qu'il indique ». Parmi ces intentions, il en est deux que nous croyons devoir rappeler en reproduisant les propres paroles du prélat ; elles perdraient trop à être résumées :

Nous sommes citoyens de deux patries : celle du temps et celle de l'éternité ; fils de la France et de l'Eglise, aimant nos deux mères d'un tendre et profond amour. Or, pourrions-nous rester indifférents et insensibles, quand leurs fils les plus illustres leur sont ravis et que les plus obscurs d'entre eux reçoivent aussi un rayon de vraie gloire en mourant pour la défense de ce que nous voulons toujours respecter et aimer ?

I. Pour en citer quelques exemples, nos chers Coopérateurs, serions-

poste important du littoral, en attendant qu'elle pénètre jusqu'au cœur de l'Afrique.

« Il y a vingt ans passés, Messieurs, que j'abordais à Zanzibar avec ces chères filles du P. Levavasseur, et que pour la première fois, la nuit de Noël, j'offrais à Dieu le sang réparateur de son fils Jésus ; il y a vingt ans passés que ces admirables vierges apprennent aux peuples mahométans et aux nègres de ces contrées idolâtres à connaître leur Sauveur, et déjà la vérité et la liberté se sont levées sur ces rivages comme une douce aurore ; les chaînes ont été brisées par le zèle apostolique pour des milliers d'esclaves devenus chrétiens, pères et mères de famille, bons ouvriers, la lumière de cette société encore sauvage et esclave, puisque le croissant veut qu'il y ait des esclaves. Voyez-vous, Messieurs, comment Dieu conduit ses œuvres avec force et suavité, avec des moyens dédaignés des hommes, avec la faiblesse: *Infirma mundi elegit Deus.* Un lévite et deux humbles filles de Marie, voilà les instruments de miséricorde divine pour tout un monde. »

nous chrétiens et français, si nous n'éprouvions une douloureuse émotion en face du noble prince qui vient de nous être enlevé ?

Henri de France est une des plus imposantes figures de notre siècle. Il a forcé ses ennemis politiques eux-mêmes à l'admirer : ils ont loué son caractère chevaleresque, sa loyauté sans ombre, sa vertu sans tache.

Nous n'entendrons plus cet homme au cœur et à la bouche d'or. Nous ne lirons plus ses lettres où sa belle âme se révélait avec sa claire vue des choses, sa vive affection pour ses amis, sa bienveillance pour tous et son amour pour la France.

Qui d'entre nous ne s'est plu à s'abandonner au charme singulier que revêtait chez lui la langue française ? Ses lettres sont des modèles. Ceux qui les liront pourront voir ce qu'il y avait de foi, de grandeur, de politesse exquise et de dévouement généreux dans la vieille France catholique.

Il était roi dans son exil du trône. Il pratiquait les vertus de la royauté sous le regard de Dieu, dont l'amour remplissait sa vie. Lui et sa sainte compagne ont donné au monde un exemple de résignation chrétienne digne d'être écrit en lettres d'or, et cette page apparaîtra, au sein de nos décadences, comme l'arc-en-ciel qui présage des temps meilleurs.

Prions pour le repos de son âme, et demandons à Dieu qui l'a rappelé à lui, de ne pas nous refuser des hommes d'Etat chrétiens.

II. Prions aussi pour nos marins morts à Madagascar et au Tonkin : leurs âmes réclament notre souvenir et nos prières.

Il nous a été donné, chers coopérateurs, de vivre longtemps avec les officiers, le matelots, les soldats de la marine française. Nous les avons vus dans la paix et dans la guerre, au milieu des nations civilisées et sauvages, dans leur vie et à la mer où ils luttent sans cesse avec le danger et la mort ; et nous pouvons affirmer que le courage héroïque leur est familier.

Le missionnaire est un frère pour eux. Ils se font un devoir de l'honorer, de le protéger, de l'aider. Par reconnaissance, nous voulons vous recommander ces hommes de cœur, qui vont au feu comme à une fête, et qui meurent en se souvenant de Dieu, de la France et de leur famille qu'ils aiment toujours ardemment.

Ils ont succombé en défendant les droits de la France, sa gloire, ses intérêts, la civilisation chrétienne elle-même. En Orient surtout, malheur à la nation qui apparaît faible ! En attendant que le sentiment chrétien ait pénétré dans l'âme de ces peuples, à demi sauvages encore, la force seule y est respectée. Prions donc pour nos frères tombés sur ces plages lointaines. Ils méritent notre suffrage à l'autel.

Nous avons montré, un peu plus haut, l'évêque prenant la défense de la sœur Saint-Charles et flétrissant ses calomniateurs ; le voici maintenant rendant hommage au frère Namasius, injustement accusé et acquitté à l'unanimité par le jury devant lequel on l'avait traduit. Ici encore, c'est la congrégation qu'on visait autant et plus que le frère ; personne ne s'y trompa un seul instant ; voici, du reste, la lettre toute paternelle que Mgr Fava adressa au frère, dès qu'il apprît son acquittement et qui fut, en même temps qu'une consolation pour lui, un soulagement, pour la conscience publique :

Viriville (en cours de visite pastorale) le 2 juin 1883.

Cher et vénéré Frère Namasius,

Je savais votre innocence ; le tribunal vient de la proclamer solennellement et de soulager la conscience publique de Grenoble, comme d'un poids accablant et déshonorant.

Ils avaient entassé à plaisir accusations sur accusations, où la haine et le ridicule se donnaient libre carrière : l'échafaudage s'est écroulé, et ce n'est pas vous, mon cher Frère, qui en êtes écrasé.

Vous étiez depuis deux mois sous les verrous, arrêté, je ne sais comment, sans mandat d'amener, et malgré tout, durement gardé.

Que de fois, mon Frère, mon âme, seule libre de pénétrer jusqu'à vous, est allée vous visiter durant les longues et terribles nuits de votre séjour en prison ! Je me souvenais alors des stations que j'ai faites à Jérusalem dans la maison où fut placé Notre Seigneur Jésus-Christ, au pied du Calvaire, pendant que l'on préparait ce qu'il fallait pour son supplice et celui de son compagnon, et je me disais que notre divin Modèle a voulu, pour notre encouragement, goûter ce qu'il y a de plus amer dans la vie. C'est pour lui, mon cher Frère, que vous avez travaillé, combattu ; c'est pour son nom que vous avez souffert ; c'est lui aussi qui vous a soutenu.

Devant les tribunaux, Jésus a paru plein d'une majesté divine : on m'écrit que ce bon Sauveur a voulu que quelque chose de sa figure se reflétât sur la vôtre, durant les débats qui viennent à l'instant de prendre fin. Je l'en bénis et je l'embrasse en vous, puisqu'il a dit : *Le prisonnier, c'est moi.* Oui, je vous embrasse de cœur, avec le vif regret de ne pouvoir vous faire fête à Grenoble, où je ne rentre que dans quinze jours.

Remettez-vous, mon cher Frère, de vos cruels ennuis. Nos écoles libres, qui proclament votre intelligent dévouement, réclament plus que jamais votre concours. Vous ne pouvez manquer de leur être utile, puisque c'est pour elles que vous avez souffert : vous êtes leur martyr.

N'oubliez pas, mon Frère, que la lutte de l'erreur contre la vérité devient de plus en plus ardente. La Franc-Maçonnerie, *aujourd'hui pratiquement panthéiste* parmi nous, a juré de remplacer le catholicisme par le panthéisme que professent les loges et qu'elles font enseigner partout où elles peuvent pénétrer par quelqu'un de leurs adeptes ; à l'œuvre donc, mon Frère, combattez vaillamment le serpent qui a essayé de vous mordre. Ne craignez pas ce qui tue le corps, mais ce qui tue l'âme des enfants. Apprenez bien, à ces chers enfants, que l'homme n'est ni un singe, ni un Dieu ; faites-leur faire la prière à genoux. Rappelez-leur que, si la Maçonnerie a biffé de ses statuts l'existence de Dieu et l'immortalité de l'âme, déclarant ainsi la prière sans objet et le serment sans base, les lois sans sanction autre que celle du gendarme, et la vie absolument bornée à notre rapide passage du berceau à la tombe, malgré les francs-maçons Dieu existe et l'âme est immortelle. Gardons la foi chrétienne ; enseignons-le pour le salut des âmes, le bonheur de la famille et la gloire de notre patrie, que leurs imprudences conduiraient à sa ruine. Mais le Christ aime les Francs. Gloire à lui !

C'est par un nouveau voyage *ad limina apostolorum* que Mgr Fava ouvrit l'année 1884. De ce voyage, il a donné le récit dans la première partie d'une lettre circulaire dont la dernière partie a été consacrée à l'Encyclique de Sa Sainteté le Pape Léon XIII aux évêques de France. Laissant de côté la deuxième partie, quel qu'en soit l'intérêt, nous reproduirons seulement la première qui nous dit comment l'évêque de Grenoble fut accueilli par le Souverain Pontife.

Nous sommes donc allé voir Pierre et lui rendre compte de notre administration. Vous nous avez accompagné, chers Coopérateurs, d'esprit et de cœur auprès du Vicaire de Jésus-Christ. De tout ce que nous avions à confier à Sa Sainteté, en lui parlant de notre diocèse, n'êtes-vous pas, en effet, la part la plus grande, et votre action n'est-elle point partout unie à la nôtre ? Seul, un évêque serait réduit à l'impuissance, mais il peut beaucoup avec ses vicaires généraux, son vénérable Chapitre, son clergé régulier et séculier, tous ses coopérateurs, pour le salut des âmes, le bonheur des familles et les intérêts de la chose publique dans la grande famille diocésaine. C'est par le clergé que nous encourageons les congrégations religieuses d'hommes et de femmes, les associations pieuses, les confréries, les bonnes œuvres, et tout ce qui peut promouvoir le règne de Jésus-Christ, au milieu des populations confiées à notre garde.

Il nous a donc été doux et consolant à la fois, chers Coopérateurs, de dire au Très Saint Père le bien opéré par vos soins au sein de nos villes et de nos campagnes, dans les séminaires, les paroisses, les collèges, les communautés, les chapelles et aumôneries, dans tous les établissements auxquels vous prodiguez vos soins dévoués.

Nous avons parlé au Très Saint Père du zèle avec lequel vous remplissez les devoirs de votre saint ministère et assuré à Sa Sainteté que, si les canaux de la grâce sont parfois fermés aux âmes, ce n'est point par votre faute.

Dans un rapport écrit, nous avons placé sous les yeux de Sa Sainteté ce qui concerne le personnel de notre diocèse, ses œuvres, l'esprit dont il est animé ; nos congrégations diverses et multiplies et ce qui fait l'objet de leurs travaux et de leurs sacrifices, soit pour la bonne éducation de l'enfance, soit pour le soin des malades, le soulagement des pauvres et des malheureux. Nous avons dit le zèle des pieux laïcs, hommes et femmes pour le bien des âmes ; le grand nombre et la persévérance de nos confréries et associations.

Le Souverain Pontife nous a écouté pendant deux longues audiences avec une grande bonté paternelle. Nous retrouvions en lui l'image vivante du Bon Pasteur et nous nous disions : Tel devait être Notre Seigneur Jésus-Christ, lorsque ses disciples venaient lui parler des missions accomplies par ses ordres.

Sa Sainteté, chers Coopérateurs, nous a chargé de bénédictions pour vous et pour les fidèles de notre chèr diocèse, en retour de votre attachement au Siège apostolique, ainsi que des offrandes que recueille chaque année votre piété filiale pour l'entretien du Pape, dépouillé de ses Etats, et la vaste administration de la chrétienté tout entière, dont Rome est le centre et Léon XIII le chef auguste et plus que jamais respecté par ses fidèles enfants.

Nous n'avons pas dissimulé toutefois au Souverain Pontife nos tristesses, nos épreuves, ni les obstacles sérieux que vous et nous, chers Coopérateurs, rencontrons dans l'accomplissement des devoirs de notre charge pastorale, surtout en ce qui touche à la question si importante, pour l'avenir, de l'instruction et de l'éducation de la jeunesse. Nous n'avons point non plus passé sous silence les efforts tentés par les ennemis de la religion, en vue de détruire la foi dans toutes les classes de la société. Nous avons prononcé le nom de cette association, dont l'action devient de plus en plus puissante et menaçante : la Franc-Maçonnerie, la grande ennemie du Christ et de son Eglise.

Le Saint Père la connaît bien. Il y a longtemps qu'il a plongé son regard au fond des loges où se trament les complots contre toute autorité religieuse et civile. Le successeur de Pierre est le premier à ressentir les secousses imprimées par l'erreur à la barque de l'Eglise, et plus que personne il en est affecté. Mais la douleur des Papes n'est pas de celles qui renversent le courage, pas plus que les tempêtes de la mer n'abattent les vaillants capitaines. Au sein du danger, les Pontifes romains savent jeter autour d'eux un regard plus attentif et donner des ordres plus précis, avec une âme plus calme.

Telles furent les paroles par lesquelles Léon XIII, Notre Pontife bien-aimé, daigna nous encourager dans nos labeurs et nos luttes.

Dans son mandement de Carême, Mgr Fava, dont nous avons déjà signalé les préoccupations au sujet de la franc-maçonnerie, en montrait de nouveau les « dangers ». Il commençait par rappeler les paroles adressées à ce sujet, le 7 janvier 1875 (1), par Pie IX, d'immortelle mémoire, à une Association réparatrice :

Depuis longtemps, disait Sa Sainteté, et dès l'époque où la secte s'est nommée *Maçonnerie*, l'Eglise, qui en avait complètement compris la malice, l'avait frappée de ses excommunications, souvent renouvelées, et avait prédit tout le mal qu'elle devait causer à la religion et à la société civile. En effet, cette digne fille de Satan, faisant de l'homme un Dieu, et le rendant juge suprême de sa propre conduite, rejette, par le fait même, toute autorité divine et humaine, et détruit, par là, les bases de toute société.

(1) C'est en cette même année 1875, que Mgr Fava, évêque de la Martinique, dans le mandement où il racontait à ses diocésains son pèlerinage à Lourdes, à Rome et à Jérusalem, dans les mois de novembre et de décembre 1874, appelait leur attention sur les sociétés secrètes ; il leur disait notamment, après avoir parlé de l'apparition de la Sainte Vierge à Lourdes :

« Etait-il nécessaire, dira-t-on, que la Sainte Vierge vînt prêcher la charité aux hommes, et notre société se trouve-t-elle donc en des circonstances capables de motiver une telle intervention?

« Pour en juger vous-mêmes, N. T. C. F., rappelez-vous qu'il existe de nos jours une association vaste comme l'univers, dont les membres, nombreux à l'infini, occupent tous les rangs de la société, depuis le dernier jusqu'au premier ; une association dont la tête se cache, comme celle du serpent, tandis que ses longs anneaux se déroulent au loin à tous les yeux ; une association chez qui l'unité d'action implique l'unité de commandement ; qui se dépouille chaque jour davantage de sa peau de brebis ; qui se révèle par ses actes aux yeux les moins clairvoyants; eh bien, cette association (qu'on l'appelle *Sociétés secrètes, Révolution, Radicalisme*, de tel nom qu'on voudra), son caractère, au fond, *c'est la haine.*

« Par ses tendances, par les résultats qu'elle obtient en Orient comme en Occident, par l'espèce d'unité qu'elle conquiert de jour en

Les avertissements de l'Eglise ont été inutiles et ceux qui devaient lutter contre ce monstre n'ayant pas cessé de le favoriser, il n'y a plus à présent aucune force humaine qui soit capable de lutter contre lui.

Il est donc nécessaire, si l'on veut détruire les racines empoisonnées de cet arbre malfaisant, de recourir au Dieu Tout-Puissant. Seul, il a pu chasser du ciel Satan, le vrai père de cette secte, seul aussi il peu la faire disparaître de la terre.

Le mandement est un long et éloquent commentaire de ces paroles du pape.

Peut-être jusqu'alors, en dépit des révélations apportées par Mgr Fava dans ses lettres pastorales, comme dans son *Secret de la Franc-Maçonnerie*, des optimistes étaient-ils disposés à croire que l'évêque de Grenoble exagérait le mal. Peut-être se disaient-ils qu'il voyait les francs-maçons partout. Ils durent alors changer de langage lorsque la voix du Vicaire de Jésus-Christ, du Pape Léon XIII, se fit entendre dans l'Encyclique *Humanum genus*. Comme l'évêque, qui n'avait fait que prévenir ses solennelles condamnations, le

jour, par la conscience du mal qu'elle fait et qu'elle veut faire encore et toujours, cette association est visiblement marquée du signe de la haine. Elle a certes bien mérité, et au-delà, les condamnations sans cesse renouvelées des Pontifes romains, gardiens vigilants des intérêts sacrés de la société religieuse, intérêts toujours intimement unis à ceux de la société civile. Ceux-là seulement qui ne voyagent pas, qui ne lisent pas, ou qui ferment obstinément les yeux pour ne pas voir, ne comprendront pas nos paroles.

« Pour nous, hélas ! nous venons de nous convaincre, mieux encore que par le passé, du danger sérieux qui s'attache à l'action universelle de cette association, et pour le salut des âmes et pour la paix sociale Nous venons de visiter les diverses plages de la Méditerranée. Partout où nous avons abordé, en Egypte, en Syrie, en Turquie, dans les îles de Grèce, nous avons demandé des nouvelles de la fameuse *société*. La réponse a été la même partout. L'Orient est d'accord avec l'Occident. « Elle existe parmi nous, disait-on. En apparence, et pour certains elle est inoffensive ; même elle fait quelque bien ; mais au fond elle est ennemie du catholicisme, qu'elle persécute, tantôt sourdement, tantôt à ciel ouvert. — Elle cherche à faire le vide dans les âmes, à façonner des hommes sans Dieu. — Elle détourne de la pratique des sacrements. — Elle sape par sa base l'influence de la religion au sein des sociétés, ainsi que le prestige de la France, comme nation catholique. — Elle fait de la philanthropie pour amoindrir l'action de la charité chrétienne et ses heureux résultats en faveur de la vérité. »

Pape montrait dans les sociétés secrètes la grande plaie et le grand danger de l'heure présente, il invitait les fidèles, non seulement à s'écarter de ces sociétés, mais aussi à les démasquer. Plus elles seraient connues, moins elles seraient dangereuses, parce que, faisant horreur, elles ne pourraient plus faire de dupes. Quelle justification, venue de haut, de la campagne de Mgr Fava.

« Démasquer la franc-maçonnerie », c'était, on peut le dire, l'idée fixe de l'évêque. Pour mieux y parvenir, il avait songé à une revue qui n'aurait d'autre but que de faire la pleine lumière sur les agissements et les doctrines de la franc-maçonnerie ; mais cette revue, il ne pouvait, évêque, la faire complètement lui-même ; il fut aidé par divers écrivains catholiques au nombre desquels nous nous honorons d'avoir été, et le 19 mars 1884, pour la fête de saint Joseph. paraissait le premier numéro de la *Franc-Maçonnerie démasquée*, revue mensuelle des doctrines et faits maçonniques. La revue de la *Franc-Maçonnerie démasquée*, commencée, bénie et encouragée par Mgr Fava, a paru, pendant neuf ans, à Grenoble, de 1884 à 1893, sous les yeux et souvent presque tout entière sous la plume de Mgr Fava. Les neuf volumes de cette période montrent qu'elle a bien rempli son but : « démasquer les doctrines et les faits maçonniques ». Elle est maintenant continuée par le comité anti-maçonnique de Paris, avec l'appui des RR. PP. de l'Assomption. Que de paroles on pourrait citer de personnages ou de journaux, pourtant sérieux, qui alors reprochaient à l'évêque de Grenoble de voir des Francs-Maçons partout « jusque dans les glands de son chapeau » et qui aujourd'hui gémissent à leur tour sur la trop réelle et trop visible funeste influence de la Maçonnerie.

Le numéro tout entier de la *Semaine religieuse* du 14 août 1884, est consacré à deux œuvres dont le but essentiel était de combattre la franc-maçonnerie, la *Société des Porte-Christ*, et la *Croisade des Francs Catholiques*, œuvres dont il avait pris l'initiative. Voici en quels termes la *Semaine* annonçait les deux œuvres :

Rome a parlé, il faut obéir, avec son génie et sa foi, Augustin disait : *Roma locuta est, causa finita est* : Rome a parlé, la cause est finie ; et nous à son exemple, nous disons . *Rome a parlé ; il faut obéir*.

Le Pape, Vicaire du Christ sur la terre, a condamné, excommunié la secte maçonnique : qu'elle soit donc, pour nous tous catholiques, une société que Dieu repousse et que nous devons fuir avec horreur.

Qui ne veut pas se soumettre à la parole du Pontife romain, celui-là proteste, il est protestant dans la mesure de sa révolte et de son libéralisme.

Que dit donc la parole de Léon XIII ?

« A notre époque, dit l'Encyclique *Humanum genus*, les fauteurs du mal paraissent s'être coalisés dans un immense effort, sous l'impulsion et avec l'aide d'une société répandue en un grand nombre de lieux et fortement organisée, la société des *Francs-Maçons*. Ceux-ci, en effet, ne prennent plus la peine de dissimuler leurs intentions et ils rivalisent d'audace entre eux contre l'auguste majesté de Dieu. C'est publiquement, à ciel ouvert, qu'ils entreprennent de ruiner la sainte Eglise, afin d'arriver, si c'était possible, à dépouiller complétement les nations chrétiennes des bienfaits dont elles sont redevables au Sauveur Jésus-Christ. »

« Aussi, ajoute plus loin l'Encyclique, tous les décrets portés par les Pontifes romains, nos prédécesseurs, en vue de paralyser les efforts et les tentatives de la secte maçonnique ; toutes les sentences prononcées par eux pour détourner les hommes de s'affilier à cette secte, Nous entendons les ratifier de nouveau, tant en général qu'en particulier. Plein de confiance à cet égard dans la bonne volonté des chrétiens, Nous les supplions au nom de leur salut éternel, et Nous leur demandons de se faire une obligation sacrée de conscience de ne jamais s'écarter, même d'une seule ligne, des prescriptions promulguées à ce sujet par le Siège apostolique. »

Après avoir ainsi parlé, le Souverain Pontife s'adresse aux Evêques, aux Prêtres, aux Laïcs, et il les invite tous à s'unir pour combattre la Franc-Maçonnerie.

C'est pourquoi nous devons : 1° *croire* que la secte maçonnique est vraiment dangereuse pour l'Eglise et pour l'Etat, puisqu'elle veut renverser toute autorité ; 2° *fuir* cette société condamnée et excommuniée par les Pontifes romains ; 3° la *combattre* avec les armes et par les moyens que l'Eglise nous indique.

Donc tous les chrétiens, dignes de ce nom, aujourd'hui, doivent être soldats. Ils sont sur un champ de bataille, dont le théâtre est le monde entier, puisque la Maçonnerie est universelle C'est une obligation sacrée pour chacun d'eux de militer pour Jésus-Christ et son

Eglise. Rester neutre en face de l'ennemi, c'est trahir; s'enfuir est une lâcheté.

Nous osons parler ainsi parce que, de nos jours, on fait de la neutralité un système à la mode, tandis qu'elle est criminelle chez l'enfant envers ses parents, chez le soldat envers sa patrie, chez l'homme envers Dieu, notre Créateur et Père. Or, Jésus-Christ est notre Dieu, son Eglise est notre Mère. C'est bien d'elle que l'on doit dire: *C'est ma mère, je la défends*.

Léon XIII a donné le signal du combat à tous les chrétiens: tous les chrétiens doivent obéir.

La *Semaine Religieuse* alors enregistrait les « deux actions sérieuses » qui venaient de se produire dans le diocèse; nous résumons ses récits en citant le plus possible, ne pouvant pas tout reproduire.

La première des actions sérieuses, celle de la *Société des Porte-Christ*, s'était passée sur la montagne de la Salette. « Il avait là une belle et vaillante armée d'environ quinze mille chrétiens, attaquant la secte maçonnique par un hommage solennel rendu à la Croix, sa capitale ennemie. Ils étaient sur cette cime, hommes, femmes, enfants, riches et pauvres, grands et petits, fronts découverts et pieds nus, le cœur brûlant d'amour pour le Christ, des larmes dans les yeux, tous remplis d'un saint enthousiasme, et ils portaient une grande Croix revenue de Jérusalem avec les derniers pèlerins de Terre-Sainte; ils portaient aussi, dans leur âme attristée, l'apostasie d'un grand nombre de leurs frères, passés à l'ennemi, sous la bannière maçonnique; ils portaient encore dans leurs cœurs le poids des chaînes dont on charge leur Mère bien aimée, l'Eglise, ainsi que le saint Pontife du Vatican, leur père. » Les pèlerins priaient et chantaient, « et leurs accents, répétés par l'écho des montagnes, montaient jusqu'au cœur du Dieu des armées, qui donne la victoire à ceux qui savent l'implorer, souffrir et mourir pour son Règne et sa Justice.

« Toute cette journée du 6 juillet, fête du Précieux Sang de Jésus-Christ, ne fut qu'une supplication ardente. La veille à onze heures, dans la nuit, commençait le chemin de la Croix au lieu de l'Apparition ; puis fut offert l'auguste sacrifice de l'autel, et les messes continuèrent durant toute la matinée ; c'était la prière toujours exaucée du Verbe incarné qui montait vers son Père et le nôtre. Il faut avoir passé cette grande et sainte journée sur la montagne pour en connaître toutes les saintes émotions, toutes les célestes beautés, toutes les joies ravissantes.

« Avant de quitter la montagne, les pèlerins de la Salette, sous les yeux de l'Evêque diocésain, qui applaudissait à leur zèle, s'engagèrent à continuer, partout où ils iraient, le combat pour le règne du Christ et de sa Mère, que la Franc-Maçonnerie veut détruire. »

Mais, « dans ce but, il fallait s'unir, car l'union fait la force ; puis donner un nom à cette Société, choisir son chef et jurer de lui obéir. L'union était déjà faite, car tous les cœurs battaient à l'unisson pour Jésus-Christ. Le nom de la Société était indiqué par la cérémonie elle-même où l'on avait porté la Croix en triomphe : on l'appela la Société des *Porte-Christ*. Le général était sur place : *Notre-Dame de la Salette* n'est-elle pas venue la première sur cette montagne, en 1846, portant sur sa poitrine un crucifix qu'elle arrosait de ses larmes ? » Et « les pèlerins *Porte-Christ* jurèrent obéissance à leur auguste chef, en signant de leur main les engagements suivants, plan de compagne de la nouvelle armée : »

Je soussigné, m'engage :

1º A porter un Crucifix pour que Dieu bénisse ma personne et mes actions, et que Notre-Dame du Crucifix me protège ;

2º A me soumettre d'esprit et de cœur à l'autorité divine de l'Eglise et à l'enseignement infaillible du Pontife Romain ;

3º A communier et à sanctifier les dimanches et fêtes, comme l'Eglise le veut ;

4º A ne jamais faire partie d'une société secrète ;

5º A m'unir à mes frères les Porte-Christ et à les aider quand je pourrai ;

6º A entrer dans la Croisade des Francs-Catholiques si elle s'organisait dans mon diocèse, avec l'approbation de mon Evêque ;

7° A réciter les prières suivantes :

Cœur sacré de Jésus, ayez pitié de nous et régnez sur nous!

Cœur Immaculé de Marie, priez pour nous et obtenez que Jésus règne sur nous!

Saint Joseph, protecteur de l'Eglise universelle, priez pour nous et obtenez que Jésus règne sur nous !

Anges de Dieu, Saints et Saintes du Ciel, priez pour nous et obtenez que Jésus règne sur nous !

La « seconde action s'est passée dans la plaine, au cœur même de Grenoble, le dimanche 27 juillet ». C'est la *Croisade des Francs-Catholiques*, une création, dont « les conséquences peuvent influer sur l'issue définitive de la lutte, si divers corps d'armée se forment et s'unissent. » Et la *Semaine Religieuse* continue en ces termes :

Il s'agissait de préparer une phalange de braves pour retarder la marche accélérée des *Commis-voyageurs*, au risque de se faire écraser par eux.

Un groupe de Négociants-Voyageurs, sous la présidence de Mgr l'Evêque de Grenoble, a osé commencer la formation de cette phalange. Ils ont dit : Nous voulons être chrétiens, enfants de l'Eglise, franchement et bannière déployée. Il plaît à nos compagnons d'être francs-maçons: il nous plaît à nous d'être catholiques. Nous verrons si, en France, la liberté est un vain mot qu'on écrit partout sur les murailles, ou si c'est une réalité.

Ces braves d'ailleurs ont déjà combattu à travers la France et l'Europe, et au delà; ils ont montré leurs blessures, raconté leurs luttes, énuméré leurs pertes ; toutefois ils n'entendent pas reculer. Les soldats de Gédéon, disaient-ils, n'étaient que trois cents, et ils ont défait les Madianites : nous espérons être un jour trois cents aussi ; Dieu sera avec nous.

Le Gédéon de cette petite cohorte est un ancien officier de cavalerie, M. le baron Paul d'Allemagne, aussi dévoué à l'Eglise qu'à sa patrie, notre chère France. Il estime que guerroyer pour le Christ, à la voix de Léon XIII, dont il n'est pas inconnu, c'est chose éminemment digne des Nobles d'aujourd'hui, autant que des Croisés d'autrefois. D'ailleurs, il a, en M. le comte Albert de Mun et en d'autres, un admirable exemple.

Cette phalange a donc placé son centre d'opérations à Grenoble. Elle se composera des Négociants-Voyageurs et des Voyageurs de commerce qui, des diverses parties de nos contrées et d'ailleurs, voudront lui appartenir. Pour que nos lecteurs comprennent ce qu'il leur importe de savoir, nous sommes autorisés à placer sous leurs yeux : 1° la demande d'admission de ces messieurs; 2° leur carte de réception et leurs engagements; 3° le règlement de la *Croisade des Francs-Catholiques*, auquel fait allusion la demande d'admission précitée.

Tels sont, dirons-nous dès maintenant, les engagements des Négociants-Voyageurs. Il est beau de voir à l'heure présente, des hommes de cœur, comme eux, se lever et dire hardiment: *Je m'attache à Jésus-Christ pour toujours.* — Ni sur terre, ni sur mer, aujourd'hui *les Cléricaux* ne font facilement fortune. Ceux-là donc qui s'exposent à la ruine en confessant leur foi, sont des chrétiens dignes d'estime, dignes aussi des encouragements de tous les catholiques leurs frères; ils se montrent serviteurs de Dieu, jusqu'au mépris de leurs propres intérêts qu'ils exposent. Il nous appartient, à nous, de reconnaître leur dévouement chrétien en leur donnant notre confiance, surtout en imitant leur exemple.

La puissance des Commis-Voyageurs pour le mal est incontestable: d'après leur journal, « souvent rempli d'insanités contre la religion », ils ne sont pas moins en France, de 70,000 qui, pour la plupart, se font « les apôtres de la secte maçonnique sur terre comme les capitaines au long cours sur mer ». Où ne vont-ils pas, portant leur propagande anticatholique et maçonnique? Le monde entier est le théâtre de leur activité. Qu'elle serait donc opportune et même nécessaire l'œuvre des Négociants-Voyageurs! Les catholiques lui feraient accueil, et cela retiendrait et même ramènerait « bien des patrons, bien des commis qui n'auraient jamais apostasié si l'intérêt ne les avait entraînés, et qui hurlent avec les loups ». Et la *Semaine Religieuse* termine en donnant le règlement de la Croisade des Francs-Catholiques, trop long pour que nous puissions le reproduire et difficile à analyser.

D'ailleurs, il nous faut le reconnaître, ces deux œuvres n'ont pas produit les résultats qu'on pouvait en attendre; elles ne se sont pas suffisamment développées pour faire aux Loges maçonniques un contrepoids sérieux. C'est regrettable, mais nous n'en devions pas moins signaler ces deux créations dues à l'inspiration de Mgr Fava.

Dans cette année 1884, s'il nous était permis de nous y attarder, nous aurions encore bien des faits à raconter; nous nous bornerons à les mentionner. Mgr Fava parle le dimanche 26 avril à Saint-Philippe-du-Roule, à Paris, « sur cette création si opportune à l'heure présente: la *Petite Sœur de l'Ouvrier* »; il parle à Beauvais, le 1er octobre, aux Clercs de Saint Joseph (1); il parle à Fréjus, le 4 décembre, au Chapitre, heureux de saluer et d'entendre « le successeur de saint Hugues, le valeureux champion de la liberté de l'Eglise, le défenseur infatigable de la société chrétienne et de la véritable France »; il parle, le 17 décembre, à l'église Saint Joseph à Marseille pour la *Société pour la défense des intérêts catholiques*, commentant cette parole du Sauveur plus vraie actuellement que jamais: *Qui non est mecum, contra me est*, parole terrible pour ceux qui prétendent former « le camp des neutres », comme si, à notre époque de lutte, la neutralité n'était pas la désertion de la vérité. Nous aurions encore d'autres discours à enregistrer, celui prononcé le 12 octobre, au sacre de Mgr Jourdan de la Passardière, qui fut pendant plusieurs années l'auxiliaire de l'évêque de Grenoble et qui, pour l'Avent de l'année 1884, donnait à la cathédrale une remarquable série d'instruction dans lesquelles il commentait l'Encyclique *Humanum genus* contre les sociétés secrètes; et un autre discours, de nature plus intime, mais d'inspiration non moins élevée, prononcé dans l'église d'Evin-Malmaison, le 21 septembre, pour l'ordination de l'abbé Louis Fava. L'évêque se disait heureux de « faire une ordination dans l'église où il a reçu le baptême, au milieu de sa famille, au milieu de ses parents, de ses amis », et « des larmes coulaient des yeux de beaucoup de per-

(1) Par une touchante coïncidence, le directeur des Clercs de Saint-Joseph était le R. P. Limbourg, de la Congrégation du Saint-Esprit et du Très Saint Cœur de Marie qui se « félicite d'avoir été l'heureux disciple et continuateur des missions et des œuvres de l'évêque, surtout à l'hôpital des lépreux de l'île Bourbon et près des pauvres noirs des montagnes ».

sonnes ». Enfin nous nous reprocherions de ne pas signaler l'établissement à Grenoble des religieuses de Notre-Dame de la Délivrande appelées de la Martinique par leur ancien évêque et établies dans le quartier de la Croix-Rouge, jusqu'alors déshérité de secours religieux, pour s'y dévouer à l'instruction des enfants pauvres et à la visite des malades, en même temps que leur chapelle serait un centre religieux pour ce populeux quartier .

A la suite de la condamnation comme d'abus de 1879, Mgr Fava avait eu, en dépit de la persécution religieuse qui s'accentuait, une période de tranquillité relative. Plusieurs fois des menaces lui avaient été faites par les journaux, que nous avons relevées, mais cela s'était immédiatement arrêté. Cette tolérance provenait-elle du Gouvernement, ou simplement des préfets qui comprenaient que l'évêque se bornait à remplir son devoir sans faire de politique (1)? Nous l'ignorons, mais nous avons dû constater le fait.

Mais cette tranquillité relative allait cesser. Les Loges voulurent-elles se venger du prélat qui ne cessait de dénoncer aux fidèles leurs agissements dangereux et qui, dans le *Secret de la Franc-Maçonnerie*, leur avait arraché leurs voiles ? Il n'y a rien là que de très vraisemblable. Toujours est-il que les tracasseries suivirent d'assez près la publication de l'ouvrage.

Les premières difficultés se produisirent à l'occasion du traitement de neuf prêtres. Le ministre des cultes, alors M. Goblet, si nos souvenirs ne nous trompent pas, exigeait de l'évêque qu'il déplaçât ces neuf prêtres, le prévenant qu'il suspendrait leurs traitements — ou, pour être plus vrai leur indemnité, — si le 15 décembre ils étaient encore à leurs anciens postes. Qu'avaient fait ces prêtres, pour mériter

---

(1) Un de ces préfets, M. Mahias, ancien journaliste parisien d'une certaine notoriété, témoigna toujours une réelle déférence au prélat qui l'asssista à son lit de mort.

cette mesure à la fois illégale et inique, véritable spoliation ?
On leur reprochait leur « attitude dans les élections ».
Outre que le prêtre est citoyen et a droit d'agir dans les
élections, l'accusation est bien vague; en réalité, ces prêtres
avaient déplu à certains candidats ou à certains tyranneaux
de village, agents électoraux influents. Du reste, ne suffisait-
il pas que le ministre indiquât sa volonté, *sit pro ratione
voluntas*? Signalons en passant ce qu'il y a à la fois de perfide et d'odieux dans ce procédé qui force un évêque à
frapper des prêtres méritants, sous peine de voir ceux-ci
privés de leur maigre indemnité. Le ministre essaye ainsi
de faire porter au prélat la responsabilité, soit du déplace-
ment, soit de la suppression de l'indemnité. Comme les
exigences du Gouvernement sont tenues secrètes, l'évêque,
s'il cède et déplace un prêtre pour ne pas le réduire à la
misère, semble frapper le prêtre, auquel l'opinion est facilement disposée à donner tort; on ne croit guère à une
disgrâce imméritée. De plus, s'il a cédé une fois, l'évêque
voit bientôt se multiplier les exigences.

Mgr Fava le comprenait ; il savait, comme il le leur
avait dit le jour de son intronisation, qu'il était le défenseur
de ses prêtres ; il n'entendait pas céder aux exigences ministérielles, et dans les premiers jours de décembre, il saisit
ses diocésains de la question par une lettre où il leur
disait :

Nous avons le regret de vous entretenir de choses pénibles pour vous
et pour nous : nous appelons de tous nos vœux l'union et la paix, et
nous voyons venir la division et la guerre.

En effet, vous avez appris par les journaux de la Capitale et de la
Province, comment M. le Ministre des cultes avait menacé d'une *peine
disciplinaire* neuf prêtres de notre diocèse, si nous ne les avons pas
déplacés le 15 de ce mois. Cette mesure ministérielle constitue en soi
un oubli public des droits des Evêques et du Clergé. Déjà nous l'avions
fait observer au département des Cultes qui ne nous a pas répondu.
Nous suivons aujourd'hui le précepte de l'Evangile : « *Dic Ecclesiæ :* »
nous le disons à l'Eglise.

Gardien des droits sacrés de l'Eglise dans notre diocèse, et voyant,

en ce qui arrive de nos jours, comme un acheminement à une constitution civile du clergé, nous croyons que c'est pour nous un devoir
impérieux d'élever la voix au milieu de vous et de porter à votre connaissance la lettre ci-après, que nous avons adressée respectueusement
à M. le Ministre des Cultes. Son Excellence ne saurait trouver mauvaise cette démarche : l'oubli de nos droits est public, notre plainte
peut et doit l'être aussi. Dussions-nous être flagellé comme les Apôtres, comme eux aussi nous dirons: *Non possumus... non loqui:* Nous
ne pouvons pas ne point parler.

La lettre du prélat au ministre des cultes suivait celle-ci ;
elle est longue mais intéressante :

J'ai l'honneur de vous accuser réception de la lettre que vous m'a-
vez adressée, en date du 2 de ce mois, dont l'objet concerne le *personnel du clergé de Grenoble, son attitude dans les élections,* et les *mesures
disciplinaires* qui en sont la conséquence.

Vous reconnaissez, Monsieur le Ministre, que ma conduite a été correcte, et je vous en rends grâce ; mais vous ajoutez: « Plusieurs membres du clergé de l'Isère, méconnaissant mes instructions et interpré-
tant mal sans doute celles que vous avez pris le soin de leur donner, soit dans une lettre pastorale, soit dans la *Semaine religieuse*
du diocèse de Grenoble, se sont gravement compromis pendant la
période électorale. »

« Ces prêtres, dit Votre Excellence, sont ceux dont les noms suivent », et vous les citez en articulant ce qui est reproché à chacun
d'eux.

Vous terminez votre lettre de cette manière : « J'ai décidé que ces
9 prêtres, dont vous désapprouverez certainement la conduite, seraient
privés des indemnités attachées à leurs titres, à dater du 15 décembre
courant, si à cette date ils n'étaient pas déplacés. »

Je me suis empressé, Monsieur le Ministre, de faire connaître aux
ecclésiastiques désignés les accusations dont ils sont l'objet et la peine
qui les menace, en les invitant à m'expliquer leur conduite pendant
les élections.

Plusieurs déjà m'ont répondu, entre autres un vénérable prêtre, âgé
de soixante-dix ans, qui m'écrit : « On ne me reproche rien à moi, mais
on accuse un prédicateur que j'avais appelé, — d'avoir répondu à mes
intentions et dirigé, du haut de la chaire, pendant une semaine, les
attaques les plus délictueuses contre les institutions républicaines. »

« Qu'a-t-il dit qui ait pu amener tout cela ? rien, dit ce vénérable
curé. Il n'a nullement engagé à voter dans un sens plutôt que dans un
autre. Il n'avait devant lui que des femmes et des filles... »

Un autre inculpé à qui l'on reproche « d'avoir organisé une bande composée d'une douzaine de personnes, qui se sont répandues dans la commune, distribuant dans toutes les maisons des bulletins de vote et des brochures hostiles au Gouvernement », celui-là est venu me voir, et m'a dit que ces accusations étaient absolument fausses, inventées pour le faire partir de la paroisse, par un maire qu'on mettait au défi d'obtenir ce triomphe. Ce malheureux maire a été, depuis lors, frappé d'une apoplexie foudroyante.

Vous me demandez, Monsieur le Ministre, de déplacer ces prêtres, ainsi que les autres, accusés comme eux par des délateurs inconnus, par des calomniateurs embusqués derrière MM. les sous-préfets ou autres, et dont on refuse de nous citer les noms : à ma place, Monsieur le Ministre, le feriez-vous ? Cependant l'indemnité leur sera ravie si je ne les déplace pas. Que faire ?

Jusqu'ici, en pareille occurrence, j'ai donné et mendié pour avoir un morceau de pain à offrir aux innocentes victimes de la délation criminelle et impie. Ces neuf que vous ajoutez aux autres, Monsieur le Ministre, finissent par m'accabler. Je serai obligé, pour le coup, de me dépouiller absolument, afin de nourrir mes prêtres à qui vous ôtez les moyens de vivre : je préfère être pauvre que d'être injuste.

Permettez-moi, Monsieur le Ministre, de dire à votre Excellence, qu'un tel état de choses me paraît accuser un désordre administratif, et quand je cherche ce qui le motive, je suis obligé de me dire qu'il provient de l'oubli des lois. Voici comment je raisonne à ce sujet, Votre Excellence voudra bien me dire si je suis dans le vrai ou dans le faux : J'ouvre un *Dictionnaire de l'administration française*, adopté, je crois, dans vos bureaux, celui de Block, et à l'article : *Culte catholique*, je lis : « Art. 52. Si un fonctionnaire public ou un particulier croit avoir à se plaindre de la conduite d'un prêtre catholique, il doit d'abord s'adresser à l'Evêque diocésain, juge le plus compétent des actes de son clergé, *qui a seul d'ailleurs le droit d'infliger des peines disciplinaires*. Il peut ensuite transmettre sa plainte au ministre des cultes. Après avoir demandé au Préfet ou recueilli de toute autre manière les renseignements nécessaires, le Ministre décide, si les faits ne sont point justifiés, qu'il ne sera pas donné suite à la plainte, et charge le préfet de notifier sa décision au réclamant. Si, au contraire, les faits paraissent exacts, le Ministre les signale à l'attention de l'évêque diocésain en lui communiquant la plainte et le résultat de ses informations pour le mettre à même de prendre les mesures que le prélat jugera convenables.

« Art. 53. Il y a plusieurs sortes de peines disciplinaires : les principales sont l'avertissement, le blâme, la censure, le changement de résidence, etc. » — Nulle part on ne fait mention de la suppression de *l'indemnité* perçue par le curé; elle lui est due et acquise tant qu'il exerce ses fonctions : c'est de principe administratif.

« Art. 55. Si une dénonciation calomnieuse était faite par écrit contre un ecclésiastique, soit aux officiers de justice ou de police administrative ou judiciaire, soit au Ministre des cultes, l'auteur de la plainte reconnue fausse par l'autorité compétente, serait puni d'un emprisonnement d'un mois à un an, et d'une amende de 100 à 3,000 fr. (C. P., art. 373, cass. 18 sept. 1830.) »

Par arrêt du 12 avril 1851, la Cour de cassation a statué que l'article 373 du Code pénal est applicable aux dénonciations calomnieuses faites aux évêques contre les prêtres de leurs diocèses, attendu que les évêques, étant investis par le Concordat d'un droit de discipline ecclésiastique, doivent être assimilés, quant à la partie civile et temporelle de leurs fonctions, aux officiers de police judiciaire ou administrative dans le sens de cet article.

Ai-je besoin de montrer, Monsieur le Ministre, que par les agissements de votre département, l'Evêque est dépouillé des droits que lui assure l'article 52 précité; en particulier de celui d'infliger par lui-même, et après mûr examen, une peine disciplinaire aux membres de son clergé? Votre Excellence se met à ma place: elle reçoit la plainte qui devrait m'être adressée; elle juge, elle condamne, sans entendre l'inculpé; sans même me consulter, moi, qui suis seul juge de mes prêtres, en matière disciplinaire; elle va plus loin: *elle crée une pénalité en dehors de toute loi*.

Je sais, Monsieur le Ministre, que vous vous appuyez sur une décision du Conseil d'Etat: est-ce que cette décision a vraiment, au point de vue législatif, la valeur qui lui serait nécessaire pour annuler ce qui a été prévu par les textes de loi que j'ai rappelés ci-dessus? Vous m'obligeriez en m'éclairant, car il est pénible d'avoir devant soi l'arbitraire, quand on est citoyen français.

Dans la supposition que la décision du Conseil d'Etat mette à néant, et les droits des évêques, et les droits des prêtres faussement et calomnieusement accusés, je me demande encore s'il entre dans l'intention de cette respectable Institution de permettre à votre département de frapper les prêtres incriminés sans les entendre, sans les confronter avec leurs accusateurs; en un mot, sans forme de procès. Cela me paraîtrait exhorbitant en temps ordinaire, et l'on ne comprendrait cette marche, à mon avis, qu'en temps de révolution ou de persécution religieuse. Je veux penser, pour l'honneur de mon pays et le vôtre, Monsieur le Ministre, que nous n'en sommes pas arrivés là.

Je dois vous dire maintenant, Monsieur le Ministre, qu'un des prêtres désignés par votre lettre, comme devant être déplacé, a eu l'honneur de voir M. le Préfet de l'Isère, hier, et qu'il lui a prouvé, sans réplique possible, sa parfaite innocence.

Dans l'impossibilité où il est d'échapper à la peine qui le menace, il est venu me voir, et il m'a déclaré qu'il en appelle au Conseil d'Etat *comme d'abus* de votre sentence prononcée sans contre-enquête et sans débats.

Un mois après, le ministre n'ayant pas répondu, l'évêque s'adressait au préfet; la lettre est également curieuse en ce qu'elle montre, d'une part, comment le prélat défendait ses prêtres; d'autre part, combien étaient arbitraires les procédés de l'Administration. La voici :

M. le Ministre ne m'a pas encore répondu au sujet de la lettre que j'ai eu l'honneur de lui adresser relativement à la suppression récente du traitement de neuf ecclésiastiques de mon diocèse, suppression conditionnelle, ainsi que vous le savez. Je devais les avoir appelés à d'autres postes, dès le 15 décembre dernier ; faute à moi de n'avoir pas obéi aux injonctions de M. le Ministre, la menace aurait son exécution.

Pendant que vous étiez à Paris, Monsieur le Préfet, vous avez bien voulu vous occuper de cette question dans les bureaux du ministère et me faire savoir par quelqu'un de la préfecture que la mesure supprimant lesdits traitements était suspendue.

C'est ainsi que la chose a été dite, comprise et annoncée aux intéressés.

S'agissait-il seulement du traitement de M. le Curé de Saint-Antoine, qui était résolu à en appeler au Conseil d'Etat ? Il semble qu'il en est ainsi d'après ce que vous m'avez dit hier ; il nous sera facile de le savoir, dès aujourd'hui, puisque le jour est venu pour les membres du clergé de toucher le quatrième trimestre de leur indemnité pour 1885.

Quoi qu'il en soit, Monsieur le Préfet, je me fais un devoir de vous informer que mes prêtres, dont le traitement a été supprimé et reste supprimé depuis plusieurs années, sont disposés à s'unir à leurs collègues frappés récemment de la même peine disciplinaire par M. le Ministre des cultes, afin d'en appeler au Conseil d'Etat pour excès de pouvoir commis à leur préjudice.

Puisque M. le Ministre ne me répond pas, je suis forcé moi-même de me joindre à mes prêtres et de demander au Conseil d'Etat si les lettres ministérielles que j'ai reçues en très grand nombre, depuis plusieurs années, pour m'enjoindre de changer de postes des curés innocents de ce qui leur était imputé, ne constituent pas aussi un excès de pouvoir à mon préjudice.

J'ai l'intention, Monsieur le Préfet, de composer un dossier de ces lettres à l'appui de ma cause ; si elles ne suffisent pas, je prierai mes vénérés collègues de l'épiscopat en France de vouloir bien me communiquer celles qu'ils ont reçues eux-mêmes.

Ces documents montreront au Conseil d'Etat de quelle façon le département des cultes respecte à notre endroit, depuis nombre d'années, le Concordat, sans parler des articles organiques, ni de la Déclaration des Droits de l'Homme.

Cette vaste correspondance ministérielle, par son fond et sa forme, sera la preuve la plus évidente que les contempteurs du Concordat, de 1801 sont ailleurs que dans les rangs du clergé français. Si nos contemporains ne sont pas éclairés par ces documents, l'histoire les enregistrera et l'avenir en jugera.

Alors même, Monsieur le Préfet, que nous ne devrions rien attendre du Conseil d'Etat mieux informé, mes prêtres et moi, nous sommes décidés à faire la démarche que je viens de dire par amour du droit et de la liberté, qu'il faut défendre aujourd'hui plus que jamais.

D'autres ont tenté la fortune dans des cas plus désespérés que le nôtre, et ils ont réussi ; qui sait le sort qui nous est réservé ?

Plusieurs de mes amis, magistrats éclairés, m'ont écrit, m'encourageant à recourir avec plus de confiance au Conseil d'Etat. L'un d'eux, après une consultation qui va être rendue publique, s'exprime en ces termes dans sa conclusion :

« La question n'est donc pas jugée et elle doit l'être ; c'est, à notre sens, un devoir, pour les victimes de ces mesures autoritaires, de se défendre devant les juges compétents.

« S'il est beau de souffrir en silence les abus de la force, il est mieux encore de tenter de les empêcher, et on ne comprendrait le silence et la résignation qu'après que tous les moyens loyaux d'empêcher une injustice auraient été employés.

« Pourquoi donc hésiter à recourir au Conseil d'Etat.

« Sans doute, c'est un corps administratif fraîchement remanié par le système des épurations républicaines, mais ses membres, quand ils statuent au contentieux sur les réclamations des victimes d'un excès de pouvoir, sont des juges.

« Les attributions et les devoirs élèvent les caractères, le droit paraît certain, et le ministre, qui attend un service, pourrait bien rencontrer un arrêt. »

L'affaire n'alla pas au Conseil d'Etat ; elle finit par s'arranger (1). Du reste, une affaire plus grave commençait, qui visait directement le prélat et devait amener contre lui une nouvelle condamnation comme d'abus, tout aussi peu justifiée que la première.

Dans sa déclaration ministérielle aux Chambres, M. de Freycinet, président du Conseil, avait dit notamment :

(1) Nous nous rappelons parfaitement avoir été, à cette époque, chargé de voir un avocat au Conseil d'Etat, auquel nous avons exposé l'affaire.

L'intervention du clergé dans nos luttes politiques et récemment encore dans les élections est pour tous les esprits sages un sujet de sérieuses préoccupations. Chacun a compris qu'une telle situation ne saurait se perpétuer et que le grave problème de la séparation de l'Eglise et de l'Etat ne tarderait pas à s'imposer irrésistiblement. C'est là, il faut bien le dire, une de ces questions que la politique seule est inhabile à trancher, car elle a ses racines jusque dans les profondeurs de la conscience du citoyen. Avant que le législateur prononce souverainement, il faut que la libre discussion, les débats solennels des Chambres, le rayonnement des idées aient préparé dans le pays les solutions conformes aux tendances de l'esprit moderne.

En attendant, le clergé doit, sous peine de provoquer une brusque rupture, se renfermer dans le rôle que lui tracent son mandat et la nature même des choses; le Gouvernement saura, de son côté, tenir fermement la main à ce que les droits de la société civile soient scrupuleusement respectés. Il désire l'apaisement, mais il n'hésitera pas à faire sentir le poids de son autorité à ceux qui seraient tentés de la méconnaître.

Renonçant à son ton habituellement doucereux, M. de Freycinet, sans doute pour mieux s'assurer les radicaux, s'était montré menaçant; que risquait-il? Il savait qu'il y avait à la Chambre des députés une majorité toujours prête dès qu'on évoquait devant elle le spectre du « cléricalisme ». Aussi ce prudent personnage ne craignait-il pas de condamner « l'intervention du clergé » dans les élections, qui pourrait amener la séparation de l'Eglise et de l'Etat; et il ajoutait que le Gouvernement saurait faire respecter les prétendus droits de la société civile, quel que fût son désir de faire l'apaisement. Des prêtres « s'inquiétaient de ces déclarations » comminatoires; ils demandaient à leur évêque ce qu'il fallait penser et faire; l'Evêque crut devoir leur répondre par une lettre qui parut dans la *Semaine Religieuse* du 21 janvier 1886.

Sur le premier point, « l'intervention du clergé dans les luttes électorales », Mgr Fava opposait à M. de Freycinet son collègue, M. Goblet; rappelant ses propres instructions pour les élections, il disait :

Vous pouvez continuer à suivre les instructions que nous vous avons données, puisqu'elles ont été approuvées par M. Goblet lui-même, ancien et nouveau ministre des cultes, qui a trouvé « notre attitude correcte » et déclaré que « nous ne saurions être responsables des fautes commises par quelques-uns de nos prêtres pendant la période électorale. »

Or, Messieurs, vous vous rappelez nos paroles : « L'électeur, disions-nous, qui nomme un député, fait un acte bon ou mauvais, suivant qu'il choisit un candidat qu'il sait disposé à voter lui-même bien ou mal à la Chambre. Ce représentant, que nous choisissons, est un autre nous-même. Il montera à la tribune et il parlera. Sa parole défendra ou attaquera Dieu, la Religion, les vrais intérêts du pays, l'ordre, la liberté : nous le savons d'avance. Dès lors, s'il est fidèle au mandat que nous lui avons donné, c'est nous qui parlons par sa bouche, et notre main est unie à la sienne quand il dépose son suffrage dans l'urne. Par lui, nous faisons le bien ou le mal que nous avons voulu et que nous voulons toujours. » Nous avons ensuite tracé à l'électeur lui-même ses devoirs, en lui disant qu'il est obligé de voter, et ces instructions ont été lues au prône de la messe paroissiale.

Evidemment, M. de Freycinet ne saurait réprouver ce que M. Goblet a approuvé.

Mais « le prêtre ne doit pas s'occuper de politique », il est « fonctionnaire ». Et pourquoi donc le prêtre n'aurait-il pas le droit de s'occuper de politique ? N'est-il pas citoyen, électeur, éligible ? « Les uns peuvent se demander s'il est possible à un Ministre de punir un citoyen qui, sans enfreindre la loi, a usé de son droit d'électeur ; si un Français, parce qu'il est prêtre, a perdu ses droits de citoyen, — s'il est tenu à l'indifférence en matière politique, — si un ecclésiastique qui, aux termes de la loi, est électeur, doit être privé du droit d'exprimer une opinion, de discuter une candidature comme tout autre électeur. Ce serait une monstruosité qu'un pareil interdit jeté arbitrairement sur toute une classe de citoyens ». Objectera-t-on la qualité de fonctionnaire du prêtre ? Le prêtre n'est pas fonctionnaire, cela résulte clairement des lois françaises, et la justice s'est souvent prononcée dans ce sens. Comment pourrait-il être fonctionnaire ? Il touche, non un traitement, mais une indemnité, et il ne tient pas ses pouvoirs de l'Etat :

Il y a d'ailleurs une considération qui jette sur la question un jour capable d'éclairer les aveugles, c'est que le prêtre catholique n'est considéré comme *fonctionnaire* dans aucun pays du monde. Aussi a-t-il été permis aux évêques de l'Empire d'Autriche et à ceux de la protestante Angleterre de donner à leurs diocèses, après s'être concertés, des instructions fermes et catégoriques à propos des élections, sans que les ministres de ces deux grandes nations aient songé à intervenir. Les Evêques de la Belgique ont agi de même, et le Roi s'est tu ; les ministres ont laissé faire ; c'était le droit des Evêques et de leurs prêtres. Pourquoi l'Eglise Gallicane serait-elle asservie, lorsque les autres Eglises jouissent de leur pleine liberté ? Sera-t-il permis de dire dans le monde que nulle part les prêtres catholiques ne sont fonctionnaires, et qu'en France le clergé catholique est enchaîné par la loi du *fonctionnarisme* comme les popes en Russie ? M. de Freycinet lui-même, au fond, ne le veut pas, et s'il le voulait, ce serait par un oubli de la loi, qu'il ne tarderait pas à reconnaître.

Qui ne sait, par ailleurs, qu'au sein de la France, comme à l'étranger, le prêtre français aime et sert loyalement son pays ? Ni vous, Messieurs, ni vos frères dans le sacerdoce, ni les missionnaires n'avez jamais, que nous sachions, attaqué le Gouvernement de la France, République ou Monarchie. Non, ce ne sont pas les *institutions républicaines* (1) qui nous froissent, mais les injustices commises sous leur couvert, et si nous nous permettons, quand il faut, d'attaquer quelqu'un, ce sont les hommes qui méprisent la loi, surtout quand il s'agit des citoyens honnêtes, que l'on peut frapper sans qu'ils se défendent ; si nous sommes tentés de faire entendre nos plaintes et d'en appeler, faute de tribunal, à la conscience publique, c'est à l'heure où le devoir et l'honneur condamneraient notre silence ; si nous plaignons certains hommes, dépositaires du pouvoir, c'est le jour où ils en arrivent à mettre les qualités de leur belle nature au service de la secte socinienne, avide de libéralisme pour elle mais ennemie-née de toute autorité, opposée par sa naissance au catholicisme, et, par entraînement logique, peu respectueuse de la propriété. Voilà les vrais ennemis de la République en France ; le clergé la sauverait si elle devait être sauvée, pourvu que ses droits y soient reconnus et sa mission placée sous l'égide des lois de l'Eglise et de l'Etat.

Mgr Fava montrait ensuite que la séparation de l'Eglise et de l'Etat est dans le programme maçonnique ; puis, il arrivait à l'apaisement « dont parlait M. de Freycinet ». Comme

(1) On remarquera cette déclaration sur les « Institutions républicaines » ; elles prouvent que le clergé ne combattait pas la République comme forme de gouvernement.

cette partie est certainement celle qui a valu à l'évêque une nouvelle condamnation comme d'abus, nous la citons en grande partie :

Pour réconcilier la République avec l'Eglise, il faut deux choses essentielles : d'une part, le respect des droits de la société civile par l'Eglise, et de l'autre, la reconnaissance loyale des droits de l'Eglise par l'Etat.

La question de savoir si le clergé voudrait obéir aux lois clairement exprimées par l'Etat, et régulièrement asceptées par l'Eglise, ne saurait faire doute pour personne. On sait bien que les ecclésiastiques, dans ces conditions, ne songeraient même pas à éluder la loi, s'estimant trop heureux déjà de jouir d'un honorable *modus vivendi* avec le Gouvernement.

A notre avis, ce que l'on ne peut attendre de notre Administration actuelle, c'est qu'elle respecte sérieusement le Concordat existant, ou toute autre convention qui interviendrait, par ce motif, que nos gouvernants, le voulant ou ne le voulant pas, subissent l'influence des sociétés condamnées par l'Encyclique *Humanum genus*, sociétés aujourd'hui régnantes dans le monde, surtout en France, où les Frères et amis sont au pouvoir.

Si nous exprimons ici toute notre pensée, que personne ne le trouve mauvais. Il y a des heures où un Evêque est en droit d'ouvrir son cœur à son peuple, autant pour éclairer ses ouailles que pour dégager la responsabilité de sa propre mission. Eh bien, nous croyons que la Franc-Maçonnerie, si Dieu permet que l'influence de cette société persiste, poursuivra la réalisation de son programme en France, programme dont le but n'est autre que la destruction totale du catholicisme parmi nous. « Le catholicisme et la maçonnerie sont deux puissances opposées, dont l'une doit détruire l'autre. » Voilà ce que dit la secte, et ce qu'elle s'efforce d'accomplir en France, surtout depuis l'arrivée de ses adeptes au pouvoir, à partir de Gambetta. Il faut être aveugle obstiné pour nier ce fait, qui, aujourd'hui, embrasse notre pays tout entier, sans parler des autres nations catholiques. Chez les peuples protestants, la Maçonnerie, fille de la Réforme, est absolument chez elle, et n'a pas à combattre l'Eglise, avec autant d'ardeur du moins. Il y a longtemps que les mesures hostiles au catholicisme ont été étudiées et arrêtées dans les loges maçonniques, lorsqu'elles sont votées dans les Chambres.

C'est pourquoi la réconciliation de notre Gouvernement avec le clergé ne se fera pas, si son administration demeure inféodée à la Maçonnerie. Celle-ci, depuis un siècle, nous a donné trois républiques faites à son image, et lorsque la fille n'obéit pas assez vite, elle est aussitôt rappelée à l'ordre ! *Soumettez-vous ou démettez-vous.*

Qui donc opèrera ce divorce nécessaire? Ce ne sera sûrement pas la Déclaration ministérielle précitée. M. de Freycinet parle d'apaisement sans demander à M. Goblet de cesser de frapper le clergé, sans nous proposer un honnête moyen de rapprochement, sans dire clairement ce dont il nous accuse; finalement, nous sommes placés dans l'alternative, ou d'accepter quelque chose qui ressemble à une *Constitution civile du clergé*, ou d'avoir l'air de fronder l'autorité civile. Dire alors que « le Gouvernement désire l'apaisement, mais qu'il n'hésitera pas à faire sentir le poids de son autorité à ceux qui seraient tentés de la méconnaître », comment cela peut-il et doit-il s'appeler?

Est-ce que le Ministère actuel voudrait jouer à la Terreur? On serait tenté de le croire et de se rappeler Robespierre disant, en discutant la Constitution de l'an I, qui ne survécut pas à la ruine des Girondins, ses auteurs: « Si le ressort du Gouvernement populaire dans la paix est la vertu, le ressort du Gouvernement populaire en révolution, c'est à la fois la vertu et la terreur: la vertu sans laquelle la terreur est funeste, la terreur sans laquelle la vertu est impuissante. La terreur n'est autre chose que la vertu prompte, sévère, inflexible... On a dit que la terreur était le ressort du Gouvernement despotique... que le despote gouverne donc par la terreur les ennemis de la liberté, et vous aurez raison comme fondateurs de la République. »

Cette lettre fut immédiatement dénoncée par les journaux révolutionnaires avec un ensemble qui pouvait faire croire à un mot d'ordre parti des Loges. Bientôt ces journaux annonçaient triomphalement que le Conseil des ministres allait prendre des mesures contre l'évêque de Grenoble, coupable de ne pas croire à un apaisement « que M. de Freycinet promettait sur un ton si comminatoire ». Alors Mgr Fava adressa la lettre suivante à M. Goblet, ministre des cultes :

Des journaux annoncent que le Conseil des ministres doit se réunir demain, pour prononcer contre moi je ne sais quelles peines.

Evidemment, ces journaux se trompent, car le Conseil des ministres ne saurait s'ériger lui-même en tribunal et créer des pénalités non prévues par la loi, oubliant ainsi que les Evêques comme les prêtres relèvent, en France, du Conseil d'Etat, dans la mesure de ses attributions.

Quoi qu'il en soit, si lesdits journaux n'annoncent pas de fausses nouvelles, et qu'il en advienne selon leurs dires, dès aujourd'hui j'en appelle au Conseil d'Etat de la sentence illégale du Conseil des ministres.

Si, maintenant, j'examine ce qui peut motiver des mesures répressives à mon endroit, j'avoue, Monsieur le Ministre, que j'ai besoin d'être éclairé, à ce sujet, par Votre Excellence.

Je conçois que ma lettre au clergé ait pu paraître à plusieurs sortir du ton ordinaire des lettres épiscopales. C'est vrai; en général, les Evêques n'ont pas à remplir pareille mission. Cependant je ne crois pas être sorti des bornes prescrites par le droit.

1. — En fait d'élections, Monsieur le Ministre, j'ai dit que vous aviez trouvé mon attitude correcte.

2. — J'ai cité, pour les droits politiques appartenant aux ecclésiastiques, l'avis d'un ancien magistrat affirmant « qu'interdire aux ecclésiastiques l'usage des droits politiques dont jouissent les autres citoyens, ce serait une monstruosité ».

3. — J'ai fait observer que les prêtres ne sont pas fonctionnaires. En effet, un fonctionnaire du Gouvernement est celui qui remplit des fonctions civiles, au nom du Gouvernement et pour le Gouvernement, tandis que le prêtre remplit des fonctions religieuses, au nom de l'Eglise et pour Dieu, dont il est le ministre.

4. — J'ai parlé de la franc-maçonnerie pour en appeler à son témoignage, et j'ai cité les paroles du frère Ch. F. ·. : n'en avais-je pas le droit ?

5. — J'ai émis mon avis au sujet de l'apaisement dont a parlé M. de Freycinet dans sa déclaration, et j'ai dit que malheureusement le Gouvernement, le voulant ou ne le voulant pas, subissait l'influence de la maçonnerie, que l'on sait hostile au catholicisme jusqu'à rêver sa ruine.

Ici, Monsieur le Ministre, je vous prie d'oublier un instant le terre-à-terre des choses et de vous élever avec moi jusqu'à la région des idées religieuses, pour considérer que la franc-maçonnerie est, au fond, une hérésie qui nie la divinité de Jésus-Christ, et qu'elle rejette par là-même le monde dans le *Naturalisme* païen.

Une autorité que les catholiques révèrent et dont la parole est pour eux une règle infaillible, nous a signalé l'erreur du naturalisme comme ayant pénétré dans les loges maçonniques et, par elles, inondant le monde de son poison mortel pour les âmes, les familles et les sociétés. Cette autorité a commandé aux évêques surtout, en parlant de la maçonnerie, « de la démasquer et de la montrer telle qu'elle est ».

J'ai obéi, Monsieur le Ministre, et j'ai dit que le Gouvernement subissait l'influence de l'erreur, le voulant ou ne le voulant pas. Il en est ainsi, nécessairement, quand une hérésie est, en quelque sorte, dans l'air ambiant, les plus forts en souffrent. Voilà pour le Gouvernement.

En ce qui concerne la franc-maçonnerie, croyez-le, Monsieur les Ministre, elle est d'origine socinienne, puisque ce qui la distingue c'est la négation de la divinité de Jésus-Christ. Elle s'attaque partout à Lui; elle ne peut souffrir ni sa doctrine, ni sa croix, ni rien de ce qui se rattache à Lui; elle efface de tous ses livres son nom adorable, et son rêve, caressé par elle depuis son origine, elle l'avoue elle-même, est de détruire, sur la terre, le règne social du Christ, d'arracher sa foi de tous les cœurs et d'éteindre son souvenir chez tous les peuples. Le Gouvernement de la République, Monsieur le Ministre, devrait combattre de tels projets, subversifs de l'ordre chrétien, de la vraie civilisation et du bonheur de la nation.

Je vis, Monsieur le Ministre, sur les bords de l'Isère, où a retenti ce cri de guerre : « *Le cléricalisme, voilà l'ennemi !* »

Il était bien du Gouvernement, cet homme qui nous attaquait ainsi, et aussi de la maçonnerie. Il a été porté en triomphe pendant sa vie, et glorifié après sa mort. A ses funérailles, les loges ont paru dans tout leur éclat. Ce n'est donc plus moi, c'est le Gouvernement lui-même, qui affirme qu'entre lui et la maçonnerie, il y a des rapports intimes, que ce fait et mille autres que je puis citer rendent évidents à tous les yeux.

Si, pour moi, c'est un tort de l'affirmer et de dire avec les Apôtres que « sous le soleil, il n'y a pas d'autre nom que le nom de Jésus, en qui soit le salut », veuillez, Monsieur le Ministre, en appeler au Pape, mon juge naturel. J'obéirai à sa voix, lors même qu'il m'enverrait au bout du monde, où je trouverai, sans doute, un peuple qui vante moins sa liberté, mais qui la pratique davantage.

Festus, parlant de saint Paul au roi Agrippa, lui disait : « Je répondis aux Juifs qui l'accusaient : Ce n'est point la coutume des Romains de condamner un homme, avant que l'accusé ait ses accusateurs présents, et qu'on lui ait donné de se défendre, pour se laver de l'accusation. »

J'espère, Monsieur le Ministre, qu'on usera des mêmes procédés envers moi, le cas échéant.

Les journaux, même officieux, s'étaient-ils trompés dans les projets qu'ils avaient prêtés au ministère? Le ministère recula-t-il devant la lettre du prélat qui eut, à l'époque, un grand retentissement? Le Conseil des ministres « ne s'érigea pas en tribunal », mais il déféra le prélat au Conseil d'Etat. Là, il était sûr de triompher. Le prélat fut condamné, mais lorsqu'il reçut communication de sa condamnation, la deuxième, il répondit par cette lettre qui, en faisant connaître les considérants du Conseil d'Etat, les réfute complètement :

J'ai eu l'honneur de vous accuser réception de la communication que m'a faite Votre Excellence pour m'informer que, dans ma lettre au clergé de mon diocèse, en date du 22 janvier dernier, il y avait *abus*.

Considérant que le décret présidentiel relatant cette décision a été publié dans les journaux, et que, par le vague de sa rédaction, il est préjudiciable à la vérité et à ma cause, je crois devoir user de mon droit de réponse, non pour maudire mes juges, mais pour éclairer la conscience publique.

1. Le décret commence, Monsieur le Ministre, par viser la lettre que vous m'avez adressée le 2 février 1886. En effet, je l'ai reçue, et comme vous m'offriez de prendre connaissance du mémoire à ma charge que vous aviez déposé au secrétariat du Conseil d'Etat, je priai un de mes amis de m'en envoyer copie. Vous y affirmiez que j'avais fait lire, *en chaire*, ma lettre au clergé. Cela prouvait que vous n'aviez pas fait d'enquête, ou bien que vous aviez été trompé, car il est faux que ma lettre ait été lue en chaire.

Elle a simplement été imprimée dans la *Semaine religieuse,* où le clergé a pu la lire.

La loyauté m'imposait l'obligation de vous éclairer. Je le fis et n'eus pas l'honneur d'une réponse. Quoi qu'il en soit de la suite donnée à ma lettre, ce n'était qu'une rectification, et pas une défense. Il me plaît qu'on ne l'ignore pas.

2. Chacun sait ce qu'il faut penser des *Articles organiques* visés ensuite par ledit décret. Si la séparation de l'Eglise et de l'Etat, demandée par les Loges maçonniques, est votée par les Chambres, elle aura du moins, pour l'Eglise de France, le précieux avantage de la délivrer à jamais de l'intrusion desdits organiques.

Sûrement, on ne parviendra plus à les attacher au flanc du futur Concordat.

3. « Considérant, continue le décret, qu'il est de maxime fondamentale dans le droit public français que l'Eglise et ses ministres n'ont reçu de puissance que sur les choses spirituelles, et non pas sur les choses temporelles et civiles... » Expliquons-nous.

Les choses temporelles et civiles, pouvant donner lieu à des cas de conscience, sont évidemment, quand cela se présente, du domaine de la théologie, et, sous ce rapport, elles deviennent spirituelles.

Or, les questions de cette nature regardent directement l'Eglise et ses ministres. Les évêques et les prêtres peuvent donc, alors, et doivent s'en occuper. Les élections, les lois scolaires et autres semblables, rentrent dans la catégorie des choses mixtes. Nous ne saurions nous en désintéresser,

D'ailleurs, le Concordat a pour but de permettre à l'Etat de s'occuper du spirituel, en certains cas ; et à l'Eglise, du temporel, dans d'autres cas ; c'est là sa raison d'être.

4. Le décret ajoute : « L'évêque de Grenoble discute les termes de la déclaration ministérielle et critique d'une façon injurieuse la politique suivie par le Gouvernement. »

Est-ce un crime de discuter les termes d'une déclaration ministérielle publique? Ou bien, ce qui est permis à tout citoyen est-il défendu, en France, aux évêques? On pourrait le prétendre si les évêques étaient des fonctionnaires de l'Etat; car, dans cette hypothèse, ils devraient subir les ordres du Gouvernement; mais les évêques remplissent des fonctions ecclésiastiques, et non des fonctions gouvernementales.

Par ailleurs, en quoi ai-je injurié le Gouvernement?

Ce que j'ai dit est vrai ou faux. Si c'est vrai, l'injure est donc de l'avoir dit. Mais alors, Monsieur le Ministre, veuillez remarquer que la mission des évêques est précisément de dire la vérité aux grands aussi bien qu'aux petits : en France, le Concordat nous assure la liberté de notre apostolat.

Lorsque l'évêque Ambroise arrêta au seuil de son église l'empereur Théodore pour un acte d'administration civile, il fit son devoir, et l'histoire l'en a glorifié. Le royal coupable eut le bon sens et la force de reconnaître sa faute et d'en faire pénitence, au lieu de prétendre qu'il y avait abus dans la conduite de l'archevêque de Milan.

Si ce que j'ai dit du Gouvernement est faux aux yeux des membres du Conseil d'Etat, pourquoi ne m'ont-ils pas demandé de prouver que le Gouvernement subit l'influence de la Maçonnerie? J'ai sous la main tous les Bulletins maçonniques publiés en France, et ils me fournissent cent preuves à l'appui de ma proposition. En voici une seulement, tirée du *Bulletin du Grand-Orient de France*.

Le F.·. Colfavru disait naguère en pleine assemblée maçonnique :

« C'est le moment de faire appel à tous nos frères qui sont membres du Parlement et qui doivent tant à la franc-maçonnerie dans leur élévation ; c'est le moment de leur rappeler qu'ils ont à montrer, par leur activité et leur dévouement, qu'ils étaient et sont dignes de la confiance de leurs frères, et à justifier cette confiance... Nous avons déjà vu hier notre éminent F.·. Faure faire précéder les paroles remarquables qu'il vous a apportées par la visite faite au ministre de l'intérieur, auquel il est allé porter les revendications de la Franc-Maçonnerie, venant dire au Gouvernement que, si nous ne demandions pas à être protégés, nous demandions du moins à être respectés! Eh bien, il faut le dire à leur honneur, les FF.·. Allain-Targé et de Girardin, auxquels il s'est adressé, se sont déclarés prêts à soutenir la Franc-Maçonnerie, à venir à son aide, à s'associer complètement de cœur et d'action à ses intérêts. » (*Bulletin du Grand-Orient*, novembre décembre 1885, p. 740.)

Veut-on que nous gardions le silence et que nous nous croisions les bras en face de cette société qui a juré de détruire l'Eglise? Veut-on, quand on nous condamne d'abus pour avoir donné l'alarme à nos frères, nous intimider et nous faire taire? On peut le penser; mais ce système ne réussira pas. Nous ne pouvons ne point parler : *Non possumus.*

Croyez, Monsieur le Ministre, que je n'excite pas mon clergé au mépris du Gouvernement de la République, nous avons autre chose à faire en ce monde. Nous servons Dieu, l'Eglise et la France. Nous voudrions nous unir au Gouvernement, à la magistrature et à l'armée pour défendre la *propriété*, si menacée en Europe et en Amérique. Hélas! on répudie notre concours, et c'est là que se trouve le véritable abus.

Ces poursuites n'empêchaient pas l'évêque de parler haut lorsqu'il le jugeait nécessaire. M. Goblet, toujours ministre des cultes, avait dit à la tribune que « les congréganistes ne sont pas des citoyens comme les autres, parce qu'ils ont deux maîtres: le chef civil et le supérieur ecclésistique »; il avait déclaré qu'il considérait comme des « superstitions Lourdes et la Salette ». Dans une note en date du 10 février 1886, publiée par la *Semaine Religieuse* du 11 février, l'évêque releva ces deux affirmations, également hasardées, également inconvenantes. En tant que religieux, les congréganistes n'ont qu'un maître qui est Dieu. Quant à la « superstition » de la Salette, outre que, dans le régime moderne de l'Etat sans Dieu, il n'appartenait pas à un ministre, même des cultes, de se prononcer, le prélat, après avoir montré « qu'à la Salette on offrait à la Mère de Dieu le même culte que dans le monde entier », rappelait une fois de plus avec quelle prudence avaient procédé ses prédécesseurs dans l'approbation donnée au fait de l'apparition. La leçon, donnée de haut, dut être sensible au présomptueux ministre.

Vers cette époque se placent les tristes événements de Châteauvillain. On remarqua alors, et nous ferons la même remarque, que le diocèse de Grenoble fut le seul où se fit une exécution semblable. Un sénateur de l'Aveyron, M. Mayran, mort depuis, dans une séance du Sénat où M. Goblet, non content de justifier l'odieuse conduite du sous-préfet et des gendarmes, annonçait qu'on ferait de même partout respecter la loi (1), dit au ministre qu'il avait une chapelle dans les mêmes conditions que M. Giraud et qu'il le défiait de la faire fermer. Le défi ne fut pas relevé. N'est-on pas en droit de conclure que les mesures prises seulement à Châteauvillain visaient l'évêque détesté des francs-maçons et qui avait déplu, et à M. de Freycinet et à M. Goblet, en relevant leurs erreurs?

Nous n'avons pas à raconter les faits, ils sont connus. Au lieu de dresser procès-verbal contre M. Fischer, directeur de l'usine, pour n'avoir pas fermé la chapelle, ouverte cependant dans des conditions qui ne violaient en rien la loi, M. le Sous-Préfet de la Tour-du-Pin Balland fit forcer, par les gendarmes, la porte de l'usine, ce qu'aucune loi n'autorisait dans la circonstance; non contents de cet acte de violence, les gendarmes firent feu sur la foule qui se composait, outre M. Fischer (2), de deux cents ouvrières de l'usine; une ouvrière, Henriette Bonnevie, fut tuée; une autre, une enfant de quinze ans, fut blessée ainsi que M. Fischer. Glorieux exploits pour des soldats français.

« L'attentat de Châteauvillain » causa en France une profonde émotion; même des journaux républicains protestèrent. M. Goblet, s'il n'avait pas commandé ces violences, comme nous en restons convaicu, pouvait et devait désavouer les gendarmes, le sous-préfet de La Tour-du-Pin, le préfet de l'Isère Le rageur personnage s'entêta : il fit

(1) Il est maintenant reconnu, même par des adversaires de l'Eglise, que la loi n'était pas violée. Si, d'ailleurs, il y avait eu violation de la loi, c'est à la justice qu'il appartenait de prononcer; et le rôle des autorités se bornait à dresser procès-verbal.

(2) M. Fischer, d'origine alsacienne, avait opté pour la nationalité française après avoir vaillamment servi pendant la guerre.

déclarer par les journaux à sa dévotion que « force était restée à la loi », une expression qui a couvert bien des actes odieux. A la Chambre des députés comme au Sénat, il prétendit justifier ce qui avait été fait; il savait qu'il pouvait compter sur la passion anticléricale de la majorité, surtout à la Chambre des députés, la seule influente. Il fit plus: M. Fischer, la victime, fut poursuivi et condamné à une peine légère par la magistrature épurée. Il avait donc triomphé, et il dut se féliciter de son habileté et de sa fermeté. Il triomphait trop tôt.

En fait, ce sont les victimes qui l'ont emporté, et le sang d'Henriette Bonnevie n'a pas coulé inutilement. Aucun ministre, pas même M. Goblet, n'a osé renouveler l'exécution de Châteauvillain. M. Goblet est tombé du pouvoir peu de temps après; il semblait désigné pour revenir au ministère, ayant, sur certains points, montré de la fermeté, et il n'a pu faire partie d'aucune combinaison ministérielle. Déçu dans son ambition, il est allé au radicalisme et même au socialisme, sans pouvoir rattraper un portefeuille; vains efforts, il est resté « l'assassin de Châteauvillain » (1). Aujourd'hui, absolument repoussé par les opportunistes et même par les radicaux de gouvernement, il n'arrrive pas à obtenir la confiance des socialistes qui lui préfèrent les Bourgeois, les Millerand, les Jaurès; il a beau multiplier les palinodies, allant jusqu'à accepter les possibilistes, il reste dédaigné et l'on peut lui appliquer, en la modifiant légèrement, la fameuse phrase de l'historien latin: *Omnia inutiliter pro dominatione* (2).

Vers cette même époque, le cardinal Guibert, archevêque de Paris, à la fois indigné des accusations dont le clergé

______

(1) On annonce que, dans le dernier mouvement préfectoral, M. Balland, le sous-préfet de Châteauvillain, a obtenu une sous-préfecture, celle de Roanne; nous ne félicitons pas de ce choix le ministère Méline.

(2) La phrase est: *Omnia serviliter pro dominatione.*

était l'objet et effrayé du redoublement de la persécution religieuse, adressait à M. Grévy, alors président de la République, une de ces admirables lettres où il rétablissait la vérité et avertissait le Gouvernement des dangers de la voie dans laquelle il s'engageait. La lettre du 30 mars 1886 est peut-être une des plus remarquables, aussi la citerons-nous au moins en partie. Ce n'est pas un hors-d'œuvre, puisque Mgr Fava fut un des premiers prélats à y adhérer :

L'Eglise de France traverse un temps de pénibles épreuves. Elle se plaint d'être l'objet des rigueurs de l'Etat ; l'Etat l'accuse d'avoir provoqué ces rigueurs par son opposition au régime politique que le pays s'est donné. Le conflit devenant tous les jours de plus en plus aigu, vous ne serez pas étonné que le plus ancien des Evêques de France, celui dans le diocèse duquel est établi le siège du Gouvernement, s'adresse à vous, comme au chef du pouvoir, et vous fasse entendre, avec ses respectueuses protestations, de justes doléances, qui répondent, je n'en doute pas, au sentiment général des membres de l'épiscopat.

Comment pourrions-nous laisser s'accréditer, par notre silence, des accusations qui dénaturent entièrement notre attitude et ne peuvent qu'égarer l'opinion ? Jusqu'ici, le clergé français a fait preuve d'une patience et d'une modération qu'on peut appeler plus qu'exemplaires. Désireux avant tout de maintenir la paix et d'obéir en cela aux directions si sages du Souverain Pontife, il a subi sans se plaindre bien des injustices. Il n'a élevé la voix que pour défendre les intérêts des âmes, l'enseignement religieux, les nécessités du culte, et il l'a fait avec calme et mesure, ne demandant aux pouvoirs publics que la justice et la bienveillance qui lui avaient été loyalement accordées sous les régimes précédents.

On lui a reproché de s'être montré favorable, dans les dernières luttes électorales, aux candidats opposés au Gouvernement. Si cette accusation est fondée, nous pouvons affirmer que la politique était tout à fait étrangère à la pensée des votants, et qu'ils n'ont eu en vue que les conséquences du scrutin par rapport aux intérêts religieux. Il y avait deux sortes de candidats : les uns qui voulaient conserver l'enseignement de la religion, protéger la liberté du culte et favoriser les œuvres chrétiennes, les autres, qui annonçaient ouvertement l'intention de supprimer tout de suite, ou dans un temps plus ou moins rapproché, la foi catholique parmi nous. Qui pourrait faire un crime au prêtre d'avoir donné ses préférences aux premiers ? C'était pour lui un devoir de conscience, et l'accomplissement de la mission qu'il a reçue de l'Eglise et, l'on pourrait dire en un sens, de l'Etat lui-même. Non, le clergé n'a jamais eu et n'a pas même aujourd'hui un parti pris d'hostilité contre les institutions actuelles. S'il montre de la froideur et des inquiétudes, ces dispositions dont on se plaint ne datent que du jour où les représentants de ce régime ont fait cause commune avec les ennemis de la religion. Si la République acceptait l'obligation imposée à tous les gouvernements de respecter les croyances et le culte de l'immense majorité de notre pays, il n'y a rien dans la doctrine de l'Eglise, ni dans ses traditions, qui pût motiver chez le prêtre un sentiment de méfiance ou d'opposition. Mais si ceux qui se sont donné la mission d'implanter cette forme politique en France ont en même temps pris à tâche de blesser toutes les consciences, si chaque année de leur domination a été marquée par de nouveaux coups portés contre quelqu'une des institutions catholiques, comment pourrait-on reprocher, je le répète, aux hommes d'Eglise de préférer ceux qui les protègent à ceux qui les dépouillent, ceux qui honorent leur ministère à ceux qui le décrient, ceux qui secondent l'influence de la religion sur les âmes à ceux qui font tout pour la détruire ?

Aux esprits prévenus qui s'étonneraient encore de la conduite du clergé, je dirais : Relisez l'histoire des cinq dernières années. En 1880, les ordres religieux sont dispersés par la violence, en vertu de lois contestées et sans pouvoir obtenir des juges. En même temps des lois fiscales, dont le poids s'aggrave à chaque budget, viennent accabler les communautés de femmes, sans égard pour les services immenses qu'elles rendent aux pauvres, aux malades, à la jeunesse. En 1882, une loi scolaire efface la religion du programme de l'enseignement public et inflige à la France chrétienne, sous le nom jusqu'ici inconnu de neutralité, la flétrissure d'un athéisme officiel. D'année en année, le budget des cultes est diminué. En cinq ans, on lui a ôté 7 millions. Les traitements des évêques sont réduits, ceux des chanoines menacés ; les bourses des séminaires sont rayées du budget, les cathédrales se voient retirer les allocations nécessaires à la dignité du culte et à l'entretien des édifices ; les vicariats sont supprimés par centaines.

Partout où les municipalités se font l'instrument des passions antireligieuses, le Gouvernement marche à leur suite et tolère et sanctionne les usurpations les plus illégales. C'est ainsi que les ministres de la religion sont exclus des hôpitaux et des établissements qui dépendent de l'Etat ou des communes ; les funérailles d'un écrivain célèbre, qui avait refusé les prières de l'Eglise, servent de prétexte à la profanation d'un temple chrétien dédié à la patronne de Paris ; les curés, enfin, ces humbles serviteurs du peuple dans nos villages, ne sont pas traités avec moins d'injustice. Le modeste traitement qui représente imparfaitement la dette sacrée de la nation envers l'Eglise, cesse d'être assuré au prêtre qui remplit fidèlement ses obscurs devoirs. Une dénonciation, le plus souvent inspirée par la haine ou par l'intérêt, suffit à l'en priver. On lui applique une pénalité exorbitante qu'aucune loi n'autorise, qu'aucun jugement ne précède.

Cinq années ont suffi pour accumuler toutes ces violences. L'année présente nous réservait des étonnements non moins douloureux. En attendant la loi qui doit porter le dernier coup au culte catholique par l'abrogation de la dispense du service militaire en faveur du clergé, nous assistons, dans le Parlement, à la discussion d'un projet de loi qui achève d'ôter à l'enseignement public tout caractère chrétien. Au cours de ces débats, nous avons entendu M. le Ministre des cultes attaquer, du haut de la tribune, les dogmes essentiels du christianisme. Il y a dix ans, l'on disait : *Le cléricalisme, voilà l'ennemi !* et l'on voilait à dessein sous l'ambiguïté du mot une intention qu'on eût craint d'avouer alors. Aujourd'hui, cette précaution est devenue inutile. Ce qu'on attaque directement, c'est la prière, c'est le culte de la Sainte Vierge, c'est le dogme de la chute originelle. Pour justifier l'interdiction qui doit fermer désormais aux instituteurs congréganistes l'accès des écoles publiques, on déclare que ces instituteurs, *parce qu'ils sont catholiques,* enseigneraient des choses que l'Etat ne peut laisser dire par les maîtres qu'il entretient.

Le cardinal Guibert se demandait alors si le « Concordat était abrogé ou encore en vigueur » ; il montrait qu'il était systématiquement violé, au moins dans son esprit, et il terminait par cette émouvante adjuration :

Permettez donc à un vieil Evêque, qui a vu dans sa vie changer sept fois le régime politique de son pays, permettez-lui de vous dire une dernière fois ce que lui suggère sa longue expérience.

En continuant dans la voie où elle s'est engagée, la République peut faire beaucoup de mal à la religion ; elle ne parviendra pas à la tuer. L'Eglise a connu d'autres périls, elle a traversé d'autres orages, et elle vit encore dans le cœur de la France. Elle assistera aux funérailles de ceux qui se flattent de l'anéantir.

La République n'a reçu ni de Dieu, ni de l'histoire, aucune promesse d'immortalité. Si votre influence pouvait la ramener au respect des consciences, à une application loyale du Concordat dans son esprit aussi bien que dans sa lettre, vous auriez fait beaucoup pour assurer la paix publique et pour ramener l'union dans les esprits. Si vous échouez dans cette entreprise, ou si vous ne croyez pas pouvoir la tenter, alors ce n'est pas l'Eglise qu'on pourra accuser de travailler à la ruine de l'établissement politique dont vous avez la garde ; vous savez que la révolte n'est pas une arme à notre usage. Le clergé continuera de souffrir patiemment, il priera pour ses ennemis ; il demandera à Dieu de les éclairer et de leur inspirer de plus justes sentiments ; mais ceux qui auront voulu cette guerre impie s'y détruiront eux-mêmes, et de grandes ruines auront été faites avant que notre bien-aimé pays revoie des jours prospères. Les passions subversives, dont plus d'un indice fait redouter le prochain réveil, créeront des périls autrement graves que les prétendus abus qu'on reproche au clergé. Et Dieu veuille que, dans cette affreuse tempête, où les appétits déchaînés ne trouveront plus devant eux aucune barrière morale, on ne voie pas sombrer la fortune et jusqu'à l'indépendance de notre patrie !

Parvenu à l'extrémité d'une longue carrière, j'ai voulu, avant d'aller rendre compte à Dieu de mon administration, dégager ma responsabilité à l'égard de pareils malheurs. Mais je ne me résous pas à clore cette lettre sans exprimer l'espoir que la France ne se laissera jamais dépouiller des saintes croyances qui ont fait sa force et sa gloire dans le passé et lui ont assuré le premier rang parmi les nations.

L'appel fut inutile ; M. Grévy, s'abritant sans doute derrière le texte de la Constitution qui le déclarait « irresponsable » (1), ne fit rien ; mais les fidèles tressaillirent au ferme langage du doyen de l'épiscopat français, et les évêques lui apportèrent leur chaleureuse adhésion. Voici la lettre que lui adressait, le 11 avril, Mgr Fava :

L'Evêque de Grenoble et son clergé font écho aux paroles que Votre Eminence vient d'adresser au chef de l'Etat pour dire que nous sommes, non les agresseurs du gouvernement, mais des victimes *plus qu'exemplaires.*

Nous souhaitons que la haute raison du Président de la République reconnaisse que le Concordat de 1801 donne légalement droit de cité en France à l'Eglise catholique, pour imprimer à nos lois, à notre conscience publique et à nos mœurs, le cachet chrétien.

Puisque Votre Eminence défend publiquement les droits de l'Eglise, il est certain que sa lettre trouvera des contradicteurs de la part des tenants du naturalisme ; elle aura du moins soulagé et encouragé les consciences catholiques.

Au milieu de ces luttes, l'évêque ne perdait pas un seul instant de vue son rôle de docteur, il continuait ses enseignements doctrinaux, en même temps qu'il prémunissait

(1) Son « irresponsabilité » ne devait pas le sauver peu d'années après.

ses diocésains contre les dangers de la propagande maçonnique. Dans ses mandements de Carême, il traitait de « l'Apostasie maçonnique » ; il parlait du zèle chrétien, plus nécessaire que jamais à notre époque ; il consacrait un véritable traité à la dévotion du Crucifix ; pour le mois de mars de 1887, il présentait aux fidèles le « Culte de Notre-Dame du Crucifix ».

En dehors de ses mandements, dans des lettres ou des notes, Mgr Fava abordait les plus graves questions, alors fort discutées : le Concordat, la séparation de l'Eglise et de l'Etat. Ecrivant au R. P. Desjardins, qui venait de publier un remarquable travail sous ce titre : *Le Concordat, étude théologique, historique et canonique*, il disait :

Faisons un vœu pour le bien de la France. C'est que les gouvernements séculiers, mieux éclairés sur les véritables intérêts du pays, en finissent avec l'odieuse et hypocrite persécution déclarée à l'Eglise, au nom même du Concordat, et qu'ils reviennent à la loyale exécution de cet important traité. Quelque incomplet qu'il soit, il reste la meilleure base des rapports entre les deux pouvoirs. Si, revenus de leurs dangereuses utopies, les hommes qui nous gouvernent se décident un jour à exécuter loyalement cette convention, la paix et la moralité renaîtront et ramèneront au sein de la France la sécurité et la prospérité d'autrefois. S'ils persévèrent, au contraire, dans la voie de la persécution, nul doute que nous n'aboutissions à cet effroyable cataclysme que tout le monde pressent pour un prochain avenir.

Dans des notes publiées par la *Semaine Religieuse* du 28 janvier 1886, il revenait sur cette question du Concordat qu'il examinait surtout à ce point de vue : fait-il du prêtre un « fonctionnaire » ? Comme la question est toujours à l'ordre du jour et qu'il ne se passe guère de semaine où les journaux radicaux et socialistes ne dénoncent les « fonctionnaires ecclésiastiques », nous reproduisons cette page dont la clarté ne laisse rien à désirer :

Pour s'entendre dans une discussion, il est nécessaire de définir et de diviser les choses.

Nous définissons le *fonctionnaire* : Une personne qui agit au nom du gouvernement et pour le gouvernement.

Or, le prêtre n'agit point au nom du gouvernement, ni pour le gouvernement. Il agit au nom de l'Eglise, dont il relève, comme prêtre, et pour Dieu, dont il est le ministre.

Comme citoyen, il doit obéir aux lois, et il est passible, en France, des tribunaux ordinaires, conformément aux lois.

Le salaire ne fait pas qu'un homme soit fonctionnaire. Les maires ne sont pas payés, et cependant ils sont fonctionnaires. Il y a encore en France des fonctions publiques non rétribuées remplies par des fonctionnaires.

Par ailleurs, une personne peut recevoir de l'argent d'un gouvernement, et n'être cependant pas son fonctionnaire.

Ainsi, par exemple, supposons que le Sultan de la Grande Comore, île fertile surtout en éruptions volcaniques, cède son pays à la France à la condition qu'on lui verse une pension annuelle de cinquante mille francs; dira-t-on qu'en acceptant cette indemnité ledit Sultan devient fonctionnaire du gouvernement français? Non, évidemment. Il peut prendre son argent et s'en aller le dépenser où il voudra. Il reçoit une *indemnité* en retour de ce qu'il a cédé, et c'est tout.

Il en est de même de tous les princes dépouillés de leurs états, à qui l'on accorde une pension, et de toutes les corporations auxquelles on prend leurs biens, moyennant *une indemnité*. Tel est le cas du clergé en France. A la grande Révolution, on l'a dépouillé de ses biens, et l'Etat lui paye une *indemnité* depuis cette époque, indemnité qu'il diminue de jour en jour, sans consulter l'Eglise, avec laquelle il a contracté, de puissance à puissance.

Il est donc évident qu'on fait erreur lorsque l'on prétend que le prêtre catholique est un fonctionnaire, parce qu'il reçoit une indemnité.

M. le Ministre lui-même s'est servi et se sert de ce mot : *Indemnité*.

Quand on fait la petite guerre à travers nos campagnes, l'Etat assure aux propriétaires une *indemnité* pour le tort qui leur est fait ; sont-ils pour cela fonctionnaires du gouvernement? Le prétendre serait ridicule. Il en est de même pour le clergé.

On parle de *Concordat* : où donc le Concordat dit-il que le prêtre catholique soit fonctionnaire ?

Le Concordat ne fait pas du prêtre un fonctionnaire de l'Etat, pas plus que la loi civile à laquelle le clergé est soumis. Le Concordat, au contraire, prouve que l'Eglise est une *Société indépendante de l'Etat*, puisque l'Etat consent à traiter avec elle de puissance à puissance. Or, l'Eglise et le clergé, c'est tout un.

A la séparation de l'Eglise et de l'Etat, qui est inséparable de la question du Concordat, Mgr Fava consacrait une lettre pastorale dans laquelle il commentait les haineuses déclarations de M. Dide, sénateur du Gard, ex-pasteur protestant en rupture de foi, devenu un des hauts adeptes de la France-Maçonnerie (1). Avec une franchise qui est presque du cynisme, celui-ci avait déclaré que les francs-maçons réclamaient la dénonciation du Concordat et la séparation de l'Eglise et de l'Etat, parce qu'ils espéraient bien que ce serait, à plus ou moins bref délai, la mort de l'Eglise catholique en France. S'armant de ces déclarations, le prélat disait :

L'Eglise pourrait encore vivre, agir et remplir sa mission en France malgré la séparation demandée par les loges maçonniques, s'il était permis au Souverain Pontife d'exercer parmi nous son autorité souveraine sur les choses religieuses ; si la liberté et les droits des évêques y étaient respectés ; si le Clergé et les Congrégations pouvaient y exercer leur ministère sacré et les diverses fonctions qu'ils sont appelés à remplir, par la prédication et l'enseignement principalement ; si les biens confisqués par la Révolution de 1793, ou un équivalent, lui étaient assurés ; si les catholiques, au lieu d'être mis hors la loi, étaient traités avec justice ; en un mot, si l'Eglise en France se trouvait dans une position analogue à celle où elle est en Amérique. Mais il n'en sera pas ainsi. Si l'Etat se sépare de l'Eglise, si le Concordat est déchiré, et qu'un *modus vivendi*, équivalent à un Concordat, ne soit pas établi sérieusement entre le gouvernement français et le Saint-Siège, bien vite viendra la division, avec toutes ses conséquences, telles qu'on les a vues dans le passé. Ce n'est pas la liberté que les loges demandent pour l'Eglise, mais son éloignement, sa disparition, parce qu'elle est une voisine désagréable aux francs-maçons.

Aussi le prélat, s'inspirant du reste des idées bien connues du Souverain Pontife, concluait-il contre une séparation qui ne rendrait nullement à l'Eglise sa liberté, et l'un des considérants du dispositif qui terminait la lettre pastorale était ainsi conçu :

(1) Nous croyons que l'ex-pasteur Dide, qui n'est plus sénateur, les électeurs lui ayant donné son congé, occupe maintenant un poste élevé au ministère de l'instruction publique, qui s'ouvre largement aux ex-pasteurs

Considérant que *la séparation de l'Eglise et de l'Etat*, en France, est une apostasie gouvernementale, vu que la Nation très chrétienne est toujours restée unie au Saint-Siège, depuis trois siècles et au delà, par un Concordat ;

Considérant que cette rupture est demandée par les ennemis déclarés de l'Eglise, dans un but qu'ils ne cachent pas, lequel est de faire triompher la Révolution, avec ses idées rationalistes, dans la France entière ;

Considérant que cette mesure est de nature à attirer sur notre pays des malheurs sans nombre, et, dans son sein, la discorde et ses suites cruelles ;

Considérant qu'il ne s'agit pas, dans cette question, de politique, mais de Religion, nous voulons que tous les prêtres et toutes les communautés religieuses de notre diocèse, en se livrant à une prière constante pour le Chef de l'Eglise et pour la France menacée dans sa foi, excitent, dans le même but, les âmes dont ils ont charge, à ne rien négliger pour conjurer le péril qui nous menace tous. A cette fin, ils recourront à la prière, à l'aumône, aux exercices du chemin de la Croix, à la pénitence, en s'abstenant de plaisirs permis, au jeûne et, en général, à la mortification chrétienne, en se souvenant de ces paroles de Notre-Seigneur Jésus-Christ : « *Il y a des démons qu'on ne peut chasser que par la prière et le jeûne.* »

Ne pouvant tout signaler, nous passons sur un nouvel et ardent appel en faveur des écoles libres, où le prélat dit qu'il en subventionne 93, sur un appel chaleureux en faveur des Facultés catholiques, sur l'oraison funèbre de Mgr Blanger, évêque de Limoges, son ancien vicaire général à la Martinique, sur la panégypique du bienheureux de la Salle où il rappelle de nouveau tout ce que l'Eglise a fait pour l'instruction des petits, nous nous arrêterons seulement sur une lettre adressée à M. de Belcastel au sujet des *Lettres sur la Monarchie chrétienne* qu'il venait de publier.

Mais, dira-t-on peut-être, la lettre à M. de Belcastel, royaliste notoire, est une œuvre de parti, une œuvre purement politique. Non, c'est une lettre d'évêque. En réalité, Mgr Fava s'arme des déclarations de M. de Belcastel, qui était avant tout un chrétien, pour affirmer la royauté de Jésus-Christ ; il s'attache moins à la monarchie, forme de gouvernement qu'on peut préférer spéculativement, même en

France, qu'au caractère chrétien qu'a la monarchie dans les pages de l'écrivain. Nous ne saurions mieux le prouver qu'en reproduisant ici intégralement cette lettre d'une si haute doctrine :

J'ai reçu votre ouvrage *La Monarchie chrétienne*, ainsi que votre lettre, toute remplie de votre foi ardente, de votre soumission à l'Eglise et de vos aspirations vers le retour aux vieilles traditions de la France chrétienne et monarchique. Je vous en rends grâce. Je ne saurais n'avoir pas vu ce qu'elle a de gracieux à mon endroit.

A peine, Monsieur, avais-je ouvert le livre qu'un parfum délicieux s'en exhala, où je ne tardai point à reconnaître la bonne odeur du Christ : *Bonus odor Christi*, dont parle saint Paul.

C'est de Jésus-Christ, en effet, qu'il s'agit dans les cinq lettres que vous adressez à vos contemporains. Elles résument avec force, largeur de vues et haute éloquence, cette parole du maître : « Sans moi vous ne pouvez rien faire : *Sine me nihil potestis facere.* »

Vous dites :

« 1° *Au découragé de la mort du comte de Chambord* : Rien n'est perdu…, il n'est qu'un libérateur, même dans l'ordre temporel, c'est Jésus-Christ, parce qu'il est Dieu.

« 2° *A l'optimiste* : Rien n'est sauvé tant qu'il n'y aura pas une monarchie chrétienne et un peuple chrétien qui sauront dire en face du ciel et de la terre : « Le Christ est roi. »

« 3° *Au libéral* : Vous donc qui aimez la liberté, reconnaissez pour roi le Christ qui vous l'a donnée ; il est vivant au cœur de l'Eglise pour révéler à l'homme ce qu'il lui est nécessaire de savoir. C'est donc à l'Eglise, pouvoir supérieur, pouvoir directement divin, qu'il appartient de dicter les principes fondamentaux des rapports de la société civile avec la société religieuse.

« 4° *Au républicain* : En Europe, en dépit des calomnies, des ingratitudes, des outrages, des apostasies et des proscriptions, c'est du cœur du Christ et de son inséparable épouse, l'Eglise catholique et romaine, aussi jeune et aussi féconde que dans les premiers jours, que coule sans relâche la source de l'amour opérant tout bien parmi les hommes. »

A l'impérialiste : La religion n'est pas, pour la véritable tradition impériale, une souveraine respectée, mais un instrument de règne au profit du pouvoir civil, c'est-à-dire le renversement de l'ordre éternel.

Vous concluez, Monsieur, en disant à M. le comte de Paris :

« Malgré le dédain des sceptiques et l'insouciance des ignorants, la « question religieuse est la question vitale du siècle. Elle est le nœud « de toutes les autres, car la nouveauté suprême et subversive qui a « surgi depuis cent ans dans les annales du monde, c'est la rupture

« de la société civile avec Dieu. Toutes les laïcisations successives
« dont, à tort, l'on s'étonne, et dont, à si bon droit, l'on s'indigne, ne
« sont que les applications lentes et sûres des principes posés. Si ce
« principe tend à se répandre dans le monde entier, la France est le
« foyer le plus intense de l'athéisme social. Tel est le grand mal qui
« la travaille. Ce mal, dans son fond, ne peut être guéri que par le
« retour national à la foi chrétienne. »

Pardonnez-moi, Monsieur, de vous avoir cité vos propres paroles
sorties du bon trésor de votre cœur. Elles sont une admirable synthèse des vérités pratiques que tout conservateur aujourd'hui devrait
savoir, méditer sans cesse pour en faire sa règle de conduite. On voit,
Monsieur, qu'elles sont tombées des lèvres de Jésus-Christ dans votre
âme, qu'elles captivent votre esprit et charment votre existence.
Apôtre, vous savez les redire partout, noblement et hardiment ! Puisse,
Monsieur, votre ouvrage être lu et goûté par vos contemporains, dont
la plupart, hélas ! demeurent trop étrangers à l'étude de la religion,
source de toute vertu et foyer de toute lumière.

Je ne prendrai pas congé de vous, Monsieur, sans vous dire que,
tandis que vous vous arrêtiez à 89 à propos de laïcisation, ma pensée
remontait plus haut, et allait jusqu'à Luther, qui a voulu, par son système de *libre examen*, laïciser l'Eglise ; jusqu'à Socin, qui a porté l'audace dudit *libre examen* jusqu'à vouloir laïciser Jésus-Christ en niant
sa divinité ; jusqu'à Spinosa, qui a laïcisé Dieu lui-même, en inventant
son *Dieu tout*, qui n'a conscience de lui que dans l'homme.

Seule la raison humaine restait debout sur tous ces débris de
l'Eglise, du Christ et du vrai Dieu. C'est pourquoi la maçonnerie française, devenue spinosiste, par son union avec l'illuminisme allemand
du spinosiste Weishaupt, n'hésita point à proclamer les *droits de l'homme*, de l'homme passé Dieu ; et la raison humaine, de la même manière, devenant la déesse raison, remplaça l'Eglise comme autorité,
et le Christ comme seule souveraine. Son règne avait été éphémère.
On essaie aujourd'hui de la ramener en triomphe. Les dieux de la
terre lui bâtissent à nos frais des écoles qui lui serviront de palais. Ils
proclament dans leurs discours le triomphe complet et à bref délai du
libre examen. Mais la France, dites-vous, Monsieur, victorieuse de son
implacable ennemie, retrouvera sa vigueur native et une floraison
nouvelle de jeunesse, là où jadis elle les puisa : dans sa fidélité à la
foi et à la loi du Christ. Il en sera ainsi, parce que nous, enfants de
l'Eglise, nous prierons et nous agirons.

Dans ces années mouvementées nous trouvons encore
deux faits à mentionner, deux visites épiscopales, l'une de
S. Ex. le cardinal Desprez, archevêque de Toulouse, l'autre de Mgr Cazet, vicaire apostolique de Madagascar. Dans

la visite du premier, nous relèverons les intéressants détails donnés par l'éminent prince de l'Eglise sur le Pape Léon XIII qu'il venait de voir à Rome :

Dans un fort intéressant entretien, il a parlé du Pape qu'il venait de voir et du Consistoire auquel il avait assisté. Léon XIII, a dit Son Eminence, jouit d'une excellente santé, il est plein de vigueur et supporte vaillamment le poids des années et de ses grands travaux. Il aime beaucoup la France, et, tout en gémissant sur ses erreurs et ses fautes, il la considère toujours comme la fille aînée de l'Eglise, son soutien, son espérance, car, ajoutait le Saint-Père, la France a une mission providentielle à remplir vis-à-vis de l'Eglise, et cette mission n'est pas encore achevée. Au Consistoire, Léon XIII, dans une énergique allocution, a vivement protesté contre une nouvelle profanation du gouvernement italien, élevant au Capitole, sur l'emplacement d'un antique sanctuaire jusque-là respecté, un monument à Victor-Emmanuel, le spoliateur des Etats pontificaux. Le Souverain Pontife a rappelé aussi, avec les accents d'une profonde tristesse, les votes des Chambres françaises s'attaquant à l'Eglise et au Concordat, en touchant au budget des cultes.

Mgr Cazet était et est toujours pour Mgr Fava un vieil ami, un compagnon d'apostolat. Il était alors exilé de Madagascar par l'intolérance des Hovas, ou plutôt par les intrigues des prédicants méthodistes, tout puissants à la cour de la reine Ranavalo, car ils avaient pour eux le premier ministre Rainilaiarivony. Tout naturellement, l'évêque missionnaire parla de sa mission ; il raconta « bien des faits édifiants sur la foi de ses chrétiens de Madagascar ».

Bien que privés de tout secours religieux depuis deux ans et demi, et n'ayant aucun prêtre au milieu d'eux depuis l'expulsion de 1883, ils sont restés fermes et fidèles. Des jeunes gens instruits et courageux se sont partagé les paroisses de l'île ; ils les visitent, surveillent les écoles et les œuvres catholiques, président aux cérémonies qu'ils peuvent faire sans prêtre dans les églises où, chaque dimanche, les chrétiens n'ont pas cessé de se réunir pour la prière et les chants sacrés.
Cette courageuse persévérance, disait Mgr Cazet, cette organisation chrétienne, en dehors des missionnaires, fait concevoir les plus belles espérances pour l'avenir. Bientôt, du reste, le Pasteur pourra revenir au milieu des siens, la paix ayant été signée avec le gouvernement de Madagascar.

·La religion catholique sera désormais reconnue et tolérée dans la grande île africaine dont la surface est d'un cinquième plus étendue que la France, et dont la population dépasse 4 millions d'habitants. La foi y prendra un nouvel et puissant essor, et les missionnaires persécutés, et l'Evêque expulsé, recevront les douces récompenses qui suivent toujours l'épreuve : ils moissonneront dans la joie ce qu'ils ont semé dans les larmes.

Dans un autre entretien, Mgr Cazet donnait d'autres détails que la *Semaine Religieuse* résumait ainsi :

A Madagascar, comme dans les autres régions lointaines, ceux qui font l'honneur de la France, ce sont les missionnaires ; c'est par l'influence chrétienne que s'établit l'influence de la patrie. Aussi, le gouvernement qui persécute en France le clergé et les ordres religieux, les soutient et les protège à l'étranger, parce qu'il sait qu'il est, à son tour, soutenu et protégé par nos missionnaires, dont l'appui lui est indispensable.

Après une persécution, il y a des ruines à réparer : il y en aura à Madagascar, quand l'Evêque y reviendra. Puisse-t-il, aidé de la charité chrétienne, pouvoir relever ses églises brûlées et pillées !

On sait qu'en effet les missionnaires sont rentrés à Madagascar, mais pour être de nouveau persécutés par le gouvernement hova, oublieux de tous ses engagements ; cette fois la mesure était comble ; la France ne pouvait permettre qu'on la brave ainsi en face. Une expédition a eu lieu à la suite de laquelle le drapeau français flotte sur Tananarive. A Madagascar, comme dans bien d'autres contrées lointaines, les missionnaires catholiques auront travaillé pour la France en même temps que pour l'Eglise.

En parlant des mandements de Carême de Mgr Fava pendant ces années troublées qui vont de 1885 à 1889, nous n'avons pas même mentionné celui de 1888. Ce silence, qui aura pu surprendre certains lecteurs, était voulu. Comme dans ce mandement, l'évêque raconte son voyage à Rome pour le jubilé sacerdotal du Pape, nous nous proposions de le citer longuement, et nous n'avons pas voulu interrompre notre récit. Nous réparerons maintenant cette omission en donnant la première partie de cette lettre qui raconte les fêtes inoubliables du Jubilé et où Mgr Fava donne libre cours à son amour de la Papauté :

Nous arrivons de Rome, avec les bénédictions que Notre Saint Père le Pape nous a confiées pour vous.

Agenouillé à ses pieds, nous avons offert au Vicaire de Jésus-Christ vos dons généreux, qui composent le *Denier de Saint Pierre*, avec les objets si précieux et si beaux que vous nous avez envoyés pour l'Exposition, faite au Vatican, en l'honneur du *Jubilé sacerdotal* de Notre Saint Père le Pape Léon XIII.

Nous lui avons dit le profond attachement que professent pour le Saint-Siège nos vénérables Chanoines, le Clergé, les Congrégations religieuses, les pieuses Associations et tous les fidèles de notre diocèse.

Sa Sainteté nous a écouté avec une paternelle attention, et vous a tous bénis.

Elle a daigné nous encourager dans nos travaux et nos luttes contre l'erreur, qui ne désarme jamais en face de la vérité.

Léon XIII n'a pas oublié que les fils de saint Bruno habitent dans la solitude de nos montagnes, et il a eu pour eux un souvenir particulier.

Il nous a été donné ensuite de suivre le Souverain Pontife, qui allait bénissant, à travers les galeries du Vatican, les nombreux pèlerins français agenouillés sur son passage. Nous lui signalions ceux d'entre eux que nous connaissions. Petits et grands, pauvres et riches, tous étaient, de sa part, l'objet d'une touchante attention. Il les bénissait, il posait sur leur tête sa main paternelle, que chaque pèlerin voulait baiser filialement et avec effusion de cœur. Devant cette bonté caressante, on pleurait, on riait d'attendrissement et de joie. Tout se mêlait, dans ces scènes indescriptibles : l'étonnement causé à ceux qui voyaient de si près le Pape, et un Pape si grand et si simple ; le bonheur pour les parents, qui le trouvaient si affable pour leurs enfants, le ravissement de l'avoir vu, si bon pour tous. On se souvenait des foules qui se pressaient autrefois auprès de Jésus, voulant le voir, le toucher et en être bénies. On songeait au ciel, où notre Père se donnera à chacun de ses enfants et les comblera tous des témoignages de son infinie tendresse.

Quelles paroles charmantes tombaient des lèvres de notre Pontife aimant, durant ces heures et ces matinées entières, données à nos pèlerins ! Aujourd'hui, chacun redit celles qu'il a entendues, pour soi, pour sa famille, pour la France.

Nous avons vu l'ambassadeur français près le Saint-Siège, venant présenter les hommages et une lettre du Président Carnot au Souverain Pontife. Accompagné de ses secrétaires, M. de Behaine suivit en tout le cérémonial prescrit. Il était beau, et nous étions fier, de le voir agenouillé, avec notre pays qu'il représentait, aux pieds du Vicaire de Jésus-Christ ; et puis, quand il se releva, d'entendre tenir un discours vraiment dicté par l'âme de la fille aînée de l'Eglise.

Sa Sainteté trouva, pour lui répondre, des paroles d'une sagesse que rien ne surpasse, sinon l'amour dont son cœur est rempli pour la France ; pour la France, disait-il, qui se souvient toujours de sa foi pour Jésus-Christ, et de son dévouement à son Vicaire.

Nous étions ravi de ce grand spectacle, et nous aurions voulu voir là toute notre nation. Certes, nul de nos compatriotes, en qui demeure quelque croyance au Dieu de Clovis, de Charlemagne et de saint Louis, n'aurait désavoué notre ambassadeur, nul ne serait demeuré insensible aux accents émus de Léon XIII.

Tandis que, dans ces réunions intimes, les âmes goûtaient des joies suaves, elles étaient ravies et comme hors d'elles-mêmes dans les grandes assemblées.

Là, l'éloquence, la poésie, la musique, s'unissaient pour dire que le *Jubilé sacerdotal* du Souverain Pontife était pour l'Eglise un triomphe sans pareil dans les fastes de l'histoire. C'était comme un écho de l'entrée triomphale du Sauveur à Jérusalem, et il nous semblait que Dieu avait voulu, dans cet événement providentiel, récompenser le Vicaire de son Fils, du soin qu'il prend de condamner hardiment l'erreur partout où il la rencontre. Il est de fait que les membres des sociétés secrètes sont étonnés et comme ahuris de voir tant de puissance et d'universelle grandeur dans la Papauté, qu'ils croyaient expirante.

Aujourd'hui, ils disent : Laissons passer ce flot, qui descend de la montagne comme un torrent, et qui sera bientôt tari... Non, ce flot ne passera pas, et sur un signe de Pierre, on le reverra de nouveau à Rome, pour arrêter dans ses attaques et ses oublis la secte ennemie de la Papauté.

Cependant nous suivions Léon XIII à travers les richesses éblouissantes de l'Exposition, à peine commencée. Déjà, des merveilles venues de toutes les contrées de la terre, envoyées même par des nations schismatiques et hérétiques, y étaient accumulées. L'art y brillait dans son éclat le plus pur, le plus chaste, chaque peuple s'y peignait avec son génie. La France, à peine représentée par quelques diocèses, y étalait à profusion la piété de ses dons, et sans nullement dédaigner l'art, elle montrait son amour maternel, qui ne saurait oublier ses fils et ses filles, missionnaires aux plages lointaines. C'est vers eux que le Pontife, devenu riche de ces choses sacrées, enverra ces trésors. Ils feront une fois encore bénir, jusque chez les sauvages, Rome et la France : l'amour vrai s'oublie et songe à autrui, l'autre, à soi-même.

Qui dira la grande assemblée du 1er janvier, sous les voûtes immenses de Saint-Pierre, à l'ombre de sa coupole, unique au monde ? Quand Léon XIII se montra, porté au milieu de ces foules innombra-

bles qu'il dominait, saisies soudain d'un élan mystérieux, elles éclatè-
rent en transports, en cris, en vivats puissants, qui ébranlèrent l'édifice. L'Esprit de Dieu, descendu comme au Cénacle, remplissait le
temple et embrasait les âmes. Son souffle divin passait et repassait à
travers ces cœurs chrétiens, et les soulevait jusqu'au ciel, pour comprendre, aimer et acclamer le Vicaire de Jésus-Christ, Père, Docteur
et Roi de l'univers. L'humain disparaissait ; Dieu était dans toutes
ces poitrines, et les bouches parlaient, criaient et chantaient au gré de
son Esprit, comme un clavier immense qu'aurait touché une main
divine.

Cette tempête d'amour filial s'apaisa, quand commença le sacrifice
de l'autel. Les âmes se recueillirent et, revenu à soi, chacun se disait :
Dieu a passé ici, et il a touché mon cœur... Non, ces choses ne sont
pas de la terre. Il y a au-dessus de nous un monde invisible, qui se
rend sensible à l'humanité, quand il le veut. Venu du ciel, il y trans-
porte un moment les âmes de bonne volonté, pour leur donner un
avant-goût de la patrie éternelle.

Il faudrait de longs discours pour dire ce qui s'est passé à Rome
depuis que les fêtes du *Jubilé sacerdotal* du Saint-Père y ont commencé. Des écrivains autorisés prendront soin de tout raconter en
détail, et ce récit sera merveilleux. Il prouvera que Dieu tient dans
ses mains le cœur des hommes, et qu'il y a des heures où les prodi-
gues eux-mêmes se souviennent de leur père. Des régions éloignées
de l'erreur, où ils habitent, ils tournent un regard ému vers la maison
paternelle. A ce mot : *Le Pape !* ils tressaillent. Une voix intime leur
dit : ce Père est aussi le tien... Et n'ayant pas encore la force de parvenir à Lui, ils lui envoient l'expression de leur amour, avec des présents. Est-ce que, en effet, ne sont pas venus de l'Orient et de l'Occident, du Nord et du Midi, des hommages et des dons au Pontife du Vatican ?

Qu'il plaise donc au Seigneur de compléter son œuvre, et de faire,
autant qu'il se peut ici-bas, qu'il n'y ait bientôt plus sur la terre qu'un
seul troupeau et un seul Pasteur !

Avec les années dans lesquelles nous entrons semble se
montrer un certain apaisement ; nous n'avons pas encore
« l'esprit nouveau » annoncé par M. Spuller et plus tôt promis que réalisé ; mais on semble comprendre dans les hautes régions officielles que la persécution, odieuse quand elle
est ouverte, lâche quand elle est sournoise, finit par lasser
l'opinion. Cette concentration républicaine sur le terrain
anticlérical, faite uniquement de haine, ne se maintient que

difficilement ; au premier incident tout se décollera, suivant l'élégante expression d'un des grands hommes de l'opportunisme. Peut-être cette sagesse encore relative, très relative, provient-elle de la peur faite aux opportunistes comme aux radicaux par le mouvement boulangiste. Le mouvement est fini ; le général est en exil et ne reviendra pas ; les élections de 1885, M. Constans aidant, ont donné une majorité républicaine, mais le souvenir reste. Les habiles ne peuvent oublier quel développement avait donné à l'action boulangiste le programme de Tours, promettant une vraie tolérance (1).

Le 12 septembre 1885, Mgr Fava recevait du sultan Kalifa-Ben-Saïd, la croix de grand officier de l'Etoile brillante du Zanzibar ; le consul de France, M. Lacan, disait, dans sa dépêche, que le sultan avait tenu à honorer Mgr Fava, évêque de Grenoble. Suivant la remarque de la *Semaine Religieuse*, c'était « la juste récompense des éminents services rendus par Sa Grandeur pendant vingt ans à l'Eglise et à la France sur la côte orientale d'Afrique. » Nous ajouterons qu'en récompensant par cette haute dignité le fondateur de la mission de Zanzibar, le sultan se rappelait sans doute qu'à l'opportune intervention du missionnaire français auprès de Napoléon III, il avait dû,

____

(1) Vers la fin de l'année 1888, nous avions été chargé d'une mission officieuse auprès du général Boulanger auquel nous liaient de vieilles relations de camaraderie militaire. Nous lui demandâmes notamment ce que les catholiques devaient attendre de lui au sujet du Concordat, alors fort attaqué. Il nous déclara que, pour lui, il préférait le régime américain de l'Eglise libre et l'Etat libre à celui des concordats. Mais ce régime était-il applicable immédiatement en France ? Etait-il surtout réclamé par l'opinion ? Il ne le croyait pas, et le Concordat était une de ces questions dont il réservait la solution au *referendum* populaire qui, certainement, se prononcerait contre la dénonciation. Si donc il arrivait au pouvoir, il maintiendrait le Concordat en l'exécutant loyalement. D'ailleurs, s'il voulait renverser les hommes au pouvoir, ce n'était pas pour faire comme eux, et puisqu'ils persécutaient soit ouvertement, soit sournoisement, il accorderait aux catholiques une large et vraie tolérance. Nous ajouterons qu'il nous a paru parler en toute sincérité.

comme nous l'avons dit, de conserver une certaine indépendance. Depuis bien des années, sans cette intervention, il aurait été le vassal de l'Angleterre.

On sait que chaque année, au mois de septembre, Mgr Fava va prendre dans son pays natal un repos bien gagné et parfois interrompu par les devoirs de sa charge. En septembre 1869, pendant ces vacances qui ne sont pas inactives, il présida deux cérémonies où il prit la parole : la bénédiction d'un Calvaire à Ostricourt, la bénédiction d'un monument funèbre élevé dans le cimetière d'Evin-Malmaison, son village, à trois jeunes soldats morts « en faisant leur devoir ». Dans la première de ces allocutions, il développait cette pensée toute surnaturelle : « Il faut aimer Dieu et souffrir pour l'amour de lui ; il faut aimer la vertu et souffrir pour l'acquérir et la garder ; il faut aimer le ciel et se faire violence afin d'y arriver. » Au monument funèbre d'Evin-Malmaison, le prélat trouva, pour célébrer les obscurs enfants de son village, morts « en faisant leur devoir », des accents à la fois émus et patriotiques :

Vous avez pensé qu'il convenait d'honorer la mémoire de ces trois braves, morts pour la patrie, et en eux les autres qui ont combattu pour elle, laissez-moi vous le dire : Vous avez bien fait. Car il est bon d'entretenir dans notre contrée, qui est un immense champ de bataille, depuis Clovis jusqu'à nos jours, l'amour des armes et le courage dans les combats ; il est juste de recueillir le nom des héros, pour apprendre aux jeunes générations leur devoir ; il est consolant pour les familles éprouvées de pouvoir rencontrer une tombe où elles lisent le nom de celui qu'elles pleurent, afin de pouvoir s'y agenouiller et y prier, en murmurant des lèvres et du cœur le nom de l'absent. Gloire donc à vous, Jean-Baptiste Delsaux, Jean-Baptiste Chuesne, Pierre-Antoine Dugardin ! Nous aussi nous redisons vos noms avec amour et fierté. Vous êtes les fils de nos amis, de nos contemporains. Nous vous avons vus enfants, nous vous saluons comme des braves, vous confondant avec les plus grands serviteurs de la patrie. Car l'enfant du village, qui sait s'élever à la hauteur des héros, mérite d'être glorifié comme eux.

Honneur donc à nos trois jeunes soldats, à leurs familles, à la commune d'Evin ! Honneur à tous ceux qui ont touché à leur âme pour la former aux nobles sentiments et aux vertus héroïques !

Puis l'Evêque, ajoutant : « ils ont fait leur devoir », montrait en ces termes ce qu'il y a de grandeur dans cette simple phrase :

Faire son devoir, c'est beau, c'est sublime, c'est divin.

Je me souviens qu'un jour, au milieu d'une affreuse tempête, un jeune mousse, un enfant, fut emporté à la mer par une vague qui balaya le pont du vaisseau. Le pauvre petit jetait des cris perçants, bercé sur la cime des flots. Soudain, sans calculer le danger, un jeune enseigne se jette à la mer, et après des efforts inouïs, saisit le naufragé ; d'un bras, il le porte, de l'autre il nage vers le vaisseau, où il remonte à l'aide d'un cordage qu'on lui a jeté. Arrivé sur le pont, son commandant lui dit, en son style énergique : Desprez, vous avez fait là une fière imprudence… N'importe, vous êtes un brave. Choisissez entre l'épaulette ou la croix d'honneur.

Desprez se contenta de répondre : Commandant, *je n'ai fait que mon devoir !* Cette réponse était belle et digne de ce jeune officier, dont la vie et la mort mériteraient d'être racontées. Ce récit ferait revivre un de nos plus vaillants marins, aussi chrétien partout que brave dans le danger.

Souvent aussi je me plaisais à interroger les matelots, à bord des navires, et je leur disais au sortir des orages et des cyclones : mes amis, vous devez être bien fatigués. Et ils me répondaient : M. l'abbé, c'est dur, en effet, ce métier-là, par le gros temps ; mais on pense, en travaillant, à la femme et aux enfants qui sont là-bas, au pays, et on se dit qu'en affrontant la tempête et la mort, on leur assure du pain… *On fait son devoir.*

N'avez-vous pas entendu parler, Messieurs, d'Eustache de Saint-Pierre, bourgeois de Calais, qui se dévoua pour le salut de sa ville, lorsque Edouard III, roi d'Angleterre, irrité contre cette brave cité qui s'était longtemps défendue, exigea, quand il l'eut prise, que six notables de la ville vinssent, pieds nus et la corde au cou, se mettre à sa discrétion ? Eustache de Saint-Pierre leur donna l'exemple, et tous les six consentirent à mourir pour leurs concitoyens.

Eux aussi, Messieurs, *ils firent leur devoir*, et le roi Edouard ne fit que le sien, en ne les mettant pas à mort, à la prière de Philippine de Hainaut, disent les historiens.

Mourir ou s'exposer à la mort pour un enfant, comme Desprez ; pour sa famille, comme font les marins ; pour toute une ville, ainsi qu'Eustache de Saint-Pierre et ses compagnons, c'est beau, oui, c'est beau ; mais avouez, Messieurs, que s'exposer au danger et mourir pour son pays, c'est plus grand encore. Or, c'est là ce qu'ont fait nos jeunes compatriotes Jean-Baptiste Delsaux, Jean-Baptiste Chuesne et Pierre-Antoine Dugardin. La patrie l'emporte sur la famille et sur la ville natale, surtout sur l'individu ; c'est pourquoi rien n'égale le sacrifice de soi pour le salut et l'honneur de sa nation.

C'est au Tonkin qu'avait été tué un des trois jeunes soldats; cela fournit au prélat l'occasion de dire sur cette colonie lointaine quelques mots que nous nous reprocherions de ne pas reproduire ici :

Nous le savons, parce que nous avons habité l'Orient pendant vingt ans, certaines nations, jalouses de la France, avaient travaillé à la discréditer dans l'Extrême-Orient, en disant que la guerre de 1870 l'avait presque anéantie ; qu'elle manquait d'hommes, de canons, de fusils et d'argent. Aussi notre drapeau semblait avoir perdu son éclat, sur ces rivages lointains. Or, l'expédition du Tonkin a eu ses Brière de l'Isle et ses Courbet, ses chefs et ses soldats intrépides ; en un mot, des braves, qui ont étonné par leur valeur et leur constance les peuples de l'Orient.

Or, Messieurs, vous saurez que tout ce qui relève la France, dans les pays orientaux, y relève aussi le catholicisme, comme tout ce qui relève l'Angleterre, y relève le protestantisme, et ce qui fait honneur à la Turquie, honore le mahométisme.

Dieu, dont la Providence fait tout servir à ses desseins, a donc permis cette expédition à cette double fin : le relèvement de la France et l'honneur du catholicisme, en Orient. Libre à ceux qui mesurent les événements aux profits qu'ils rapportent, de blâmer l'expédition du Tonkin, et de regretter les sacrifices que l'on a faits dans cette entreprise dont le grand tort a été d'être mal conduite ; pour nous, nous élevons plus haut nos regards, et lorsque nous voyons couler le sang français sur une plage lointaine, nous ne pouvons pas nous empêcher de dire : Un jour, la France et le catholicisme viendront prendre possession de cette terre, achetée au prix de leur sang.

Consolez-vous donc, chers compatriotes : Pierre-Antoine Dugardin est tombé pour une noble cause. D'ailleurs, le soldat doit obéir. Il n'a pas à discuter les ordres qu'il reçoit de ses chefs. Il combat, il tombe sur le champ de bataille ou il revient : *il a fait son devoir*, et quand un homme succombe en faisant son devoir, Dieu a pour lui des grâces de choix.

La question sociale se posait de plus en plus ; Mgr Fava s'en était déjà occupé ; il y consacra son mandement de Carême de 1890, où il traite de Jésus-Christ, modèle et législateur de l'ouvrier. Dans la première partie, il montrait

« Jésus-Christ, modèle de l'ouvrier dans ses travaux, dans ses fatigues, dans ses mécomptes, dans la pauvreté comme dans la richesse, dans les peines et les joies ». Dans la seconde partie, après avoir rappelé ces corporations, filles de l'Eglise, qui étaient « si utiles au peuple » et que le peuple, « mieux instruit de ses intérêts », veut revoir, il faisait ressortir l'action du « commandement nouveau » apporté par Notre Seigneur, celui « de s'aimer les uns les autres ». C'est ce « commandement nouveau qui a transformé le monde et l'a couvert d'établissements de bienfaisance, d'hôpitaux et d'asiles bâtis par les dons volontaires des fidèles ».

Dans ce mandement, Mgr Fava parlait surtout à l'ouvrier de ses devoirs, qui lui sont imposés par Dieu et desquels découlent ses droits. Il revenait sur cette grave question, en commentant la lettre encyclique du Pape *Sapientiæ christianæ* sur les principaux devoirs des chrétiens ; ce commentaire, véritable traité dogmatique, est trop étendu pour que nous puissions songer à le résumer, mais nous pouvons au moins reproduire, sur les droits et les devoirs, une partie d'une courte allocution adressée la même année par l'Evêque, aux élèves des Frères, félicitant ceux-ci « d'enseigner aux enfants leurs devoirs ».

Il faut remarquer que Dieu, législateur suprême et sagesse infinie a donné aux hommes des commandements, qui renferment avant tout leurs devoirs.

Dès l'origine, il leur a marqué, extérieurement, la voie qu'ils auraient à suivre ; puis il a mis en eux une règle de vie, que la conscience révèle à chacun. Partout il y a des lois, et les lois nous imposent des devoirs. Ainsi le Seigneur a écrit sur les Tables de la Loi : « Tes père et mère honoreras, afin que tu vives longuement. » Et en même temps, il met dans le cœur de l'enfant un amour naturel pour ses parents.

Qu'avait-il besoin, dès lors, d'apprendre aux parents leurs droits ? Leurs droits sont affirmés et inclus dans le commandement imposé aux enfants de respecter et d'honorer leurs père et mère. Le devoir intimé aux inférieurs implique les droits du supérieur.

Voilà la méthode suivie par le souverain Législateur, pendant les quatre mille ans qui ont précédé l'ère chrétienne.

Qu'a fait Jésus-Christ, Notre Seigneur ? A-t-il prêché au peuple ses droits ? Non ; il lui a enseigné ses devoirs. Aux grands, il a dit, par ses exemples et ses paroles, de se faire les serviteurs de leurs frères et d'être secourables aux petits, aux pauvres, aux malheureux : aux pauvres, il a recommandé la résignation et la patience. A tous, il a dit : Sachez aimer et prouver votre amour par la souffrance. Il a fait de l'amour céleste le grand moteur de notre vie, en même temps qu'une source de joies intimes : car rien ne coûte à celui qui sait aimer Dieu et le prochain. C'est ainsi que le Sauveur a pu dire : Heureux les pauvres ! Heureux ceux qui souffrent persécution pour la justice ! Heureux ceux qui ont le cœur pur ! Heureux les humbles !

Voilà la méthode divine, et on la suit ici. On ne prêche pas à l'enfant ses droits, pour qu'il aille dire à son père et à sa mère : Vous me devez la nourriture et le vêtement ; l'instruction, les soins, toute votre sollicitude... c'est là, Messieurs, la méthode des révolutionnaires, qui ont répondu au *Décalogue* par la table des *Droits de l'homme* ; aussi, à force de parler au peuple de ses droits, il oublie ses devoirs. Il réclame à main armée ce qu'il croit lui être dû. Il se fait juge souverain de ceux-là même qui sont placés à la tête de la société ; il les renverse à son gré, au risque de tout bouleverser dans le pays qu'il habite.

Cette méthode est déraisonnable. Cependant on la met en pratique là où Dieu perd ses droits, qu'on ne rappelle plus, ni aux petits, ni aux grands : il ne les perdrait pas si l'on enseignait à chacun ses devoirs. Ah ! si l'on faisait répéter aux enfants : « Un seul Dieu tu adoreras et aimeras parfaitement », et les autres commandements, ils se souviendraient des droits de Dieu, qui réclame de tous l'obéissance, récompense le juste et punit le pécheur.

Vous, chers Frères, vous avez reçu et vous gardez les méthodes qui viennent de Dieu. Aussi vos élèves sont pieux, croyants, respectueux de leurs parents, honnêtes envers tous. Et s'ils gardent fidèlement vos leçons, écho de la Loi du Seigneur, ils marcheront, à l'avenir aussi, dans la foi et la vertu. Plus attentifs à remplir leurs devoirs qu'à réclamer de prétendus droits qu'il est si facile de s'adjuger, ils seront bénis de Dieu, chers à leurs parents, estimés de leurs supérieurs, agréables à tous.

C'est vous, chers Frères, qui aurez puissamment contribué à les former ; vous aurez ainsi bien mérité de Dieu, des familles et de notre bien-aimée patrie.

Le 22 juin, Mgr Fava procédait à la bénédiction de la première pierre de la chapelle et de l'hôpital construit par les Chartreux à Saint-Laurent-du-Pont. C'était l'occasion de montrer ce qu'est la charité chrétienne, cette « fille du Christ », dont la « philanthropie, fille naturelle de la philosophie », ne sera jamais qu'une pâle contrefaçon ; l'Evêque n'y manqua pas :

Nos pères, Messieurs, appelaient les hôpitaux des *Hôtels-Dieu*. C'était leur foi qui avait inventé ce nom si catholique et si français, si vrai surtout, puisque là où sont les malades, les souffrants, Dieu y habite : n'est-il pas leur Père et le premier médecin qu'ils invoquent ? L'incrédulité peut éloigner de l'hôpital les Filles de la charité, elle ne saurait, heureusement ! en fermer l'accès à Dieu, attentif toujours au cri de ses enfants. C'est bien Lui qui sera le maître de céans et y descendra vraiment pour y faire pleuvoir, non pas une pluie d'or, comme les païens disaient de leur Jupiter, mais une pluie de grâces et de bénédictions. Oui, nos pères étaient bien inspirés en nommant ces asiles : *Hôtels-Dieu*.

Ce monument sera bien digne de cette appellation. Voyez avec quelle magnificence il s'offre à nos regards. Admirez ses grandes lignes, ses belles proportions, ses riches matériaux. Par la pensée, achevez ce grand œuvre, et encadrez-le dans ce site incomparable, et dites alors si cet Hôtel-Dieu ne sera pas digne de ce nom.

Les Chartreux, Messieurs, ont raison ici de *faire grand* : grand est le pauvre malade aux yeux de la foi, puisque Jésus-Christ a dit : *le pauvre, c'est moi ; le malade, c'est moi*. Une noble reine baisait avec ardeur les plaies sanglantes des malades, en pensant au Christ, objet de son suprême amour. Vous, Pères bien-aimés, vous jetez à leurs pieds, au pied du Christ, vos trésors et votre amour. Son regard et son sourire vous suffisent, et vous vous en estimez heureux, pleinement récompensés, dût le monde ne pas vous comprendre et la reconnaissance se flétrir, un jour, jusque sur ces rives (1).

(1) Mgr Fava disait encore : « Si nous avions la puissance de faire défiler devant vos regards les cathédrales et les églises bâties, restaurées ou aidées par la générosité de la Chartreuse, le défilé serait magique ; il serait long ; la lumière du soleil serait éteinte qu'elles défileraient encore. » A l'appui de ces paroles, nous citerons ce tableau éloquent dans sa sécheresse, qui est une dixième liste :

Saint-Pierre-de-Paladru	1.100 »
Saint-Sauveur	2.040 »
Saint-Clair-sur-Rhône	200 »
Meyzieu	3.000 »
Buvin	500 »
Ruy	300 »
Saint-Jean-de-Bournay. — Eglise, écoles libres. .	5.000 »
A reporter . . .	12.140 »

S'il y avait une certaine accalmie, nous n'en étions pas cependant au respect des droits de l'Eglise, — nous en sommes encore loin ; — une loi militaire avait été votée, grâce à la doucereuse et perfide persévérance de M. de Freycinet, qui soumettait les séminaristes et même les prêtres au service militaire, et on allait l'appliquer. S. Em. le cardinal Desprez, archevêque de Toulouse, devenu le plus ancien des cardinaux et archevêques français, par la mort du cardinal Guibert, adressa au président de la République, M. Carnot, une lettre dans laquelle il rappelait, avec autant de dignité que de ferme modération, les raisons supérieures et irréfutables qui devaient faire écarter le service militaire des clercs absolument inutile, au point de vue de la défense nationale. Mgr Fava s'empressa d'adhérer par la lettre suivante à la protestation du Cardinal :

Votre Eminence, en qualité de doyen des cardinaux de France, vient d'adresser à M. le Président de la République une lettre qui expose, avec tout le respect dû à l'autorité et toute la force que réclame la question, lès dommages que peut occasionner à l'Eglise et à la France la nouvelle loi militaire.

Report	12.140	»
Saint-Ismier	1.000	»
Le Chevalon	6.000	»
Besse. (C'est par erreur qu'une somme de 6,000 fr. a été inscrite sous ce nom). Besse n'a reçu que	1.200	»
Bernin. — Dons successifs pour les pauvres	600	»
Saint-Hilaire-du-Rozier	3.000	»
Mens. — Sacristie, école, etc.	1.200	»
La Ferrière-du-Guâ	600	»
Torchefelon	600	»
Charavines	7.000	»
Mont-Saint-Martin. — Eglise, bonnes œuvres.	3.000	»
Moulin-le-Vieux	450	»
Saint-Christophe-entre-deux-Guiers	80.000	»
Total.	116.790	»
Listes précédentes	6.187.560	»
	5.304.350	»
A déduire.	6.000	»
Total	6.298.350	»

10e liste : Six millions deux cent quatre-vingt-dix-huit mille trois cent cinquante francs.

Votre Eminence a dû se souvenir, en faisant cette démarche, dont tout le clergé la remercie, des premières années de son épiscopat, à l'île de la Réunion, dès 1851.

La République d'alors venait de donner la liberté aux esclaves de nos colonies et de fonder, de concert avec le Saint-Siège, les évêchés coloniaux. Premier évêque de Saint-Denis, vous aviez tout à organiser, et plus d'une fois vous fûtes obligé de présenter des observations à l'administration civile du pays, qui ne comptait pas assez avec le décret constitutif des évêchés coloniaux. Peu habitué à l'opposition même légitime et respectueuse, l'amiral gouverneur se croyait encore à bord d'un vaisseau où flottait son pavillon, et certain jour, il songeait à vous déporter à Madagascar. Les conseillers l'arrêtèrent. Le gouvernement métropolitain le rappela lui-même. Alors les choses changèrent d'allure, sous le gouvernement de M. Hubert Delisle. Je me souviens qu'ayant une fois soumis à son administration, de votre part, une observation à l'encontre d'une mesure prise par elle, M. Manès, alors directeur de l'intérieur, me répondit après examen : « Monseigneur a raison, nous rapporterons notre arrêté. » C'est que les législateurs de bon sens ne se croient pas infaillibles et supportent que les intéressés agissent en conséquence, pourvu qu'on y mette la forme voulue, et Votre Eminence, nous le savons tous, n'y a jamais manqué.

Elle a donc, de nos jours, fait pareille démarche auprès de M. le Président de la République. Sûrement, elle s'en serait abstenue, si elle n'y avait été déterminée par des motifs de droit évident, et aussi de dévouement à l'Église ainsi qu'à la France, ces deux mères que vous aimez ardemment, et dont l'honneur vous fut toujours cher, parce qu'il vous paraît, Eminence, que celui de la Fille aînée de l'Eglise se confond souvent avec le respect dû à cette auguste Mère.

M. le Président de la République ne peut manquer de répondre à votre lettre, et il est trop digne et trop raisonnable pour écouter ceux qui voudraient vous déporter à Madagascar ; mais obtiendra-t-il de qui de droit qu'on dise : Le Cardinal a raison, nous rapporterons notre décret ? Je l'ignore. Ce que je n'ignore pas, c'est que, si les Chambres se ravisaient, elles se mettraient d'accord avec le peuple. Car il faut le dire, et nous mettons à le redire une certaine fierté : nous, membres du clergé français, nous sommes presque tous des enfants du peuple. Eh bien, il est certain que la nouvelle loi militaire attriste, quand elle ne froisse pas, les honnêtes cultivateurs et les honorables artisans qui donnent leurs enfants à l'Eglise, c'est-à-dire à notre pays et au monde entier, qui en bénissent la France.

Il me semble que si nos législateurs, qui ne sont pas non plus étrangers au peuple pour la plupart, ne consultaient que les législations légitimes de la France, après un nouvel examen, ils diraient aussi : le Cardinal de Toulouse a raison, nous rapporterons notre décret. Un cri unanime partirait de tous les points du territoire français, cri de reconnaissance pour le Président de la République et les Chambres, cri de réconciliation entre les divers partis. Car enfin, si on veut que la République vive en France, elle ne peut vivre que par l'union : la division la tuera infailliblement. Le Maître l'a dit : « Tout royaume divisé en lui-même périra. »

On ne peut pas reprocher à l'Eglise de France de ne pas servir le pays : ses enfants travaillent pour Dieu et pour elle, dans l'univers entier. En 1870, à Versailles, on attribuait cette parole à M. de Bismark : « En France, nous avons vaincu l'armée, mais pas le clergé. » — Si les Chambres le veulent, dans les combats de l'avenir, on nous y verra tous comme aumôniers et brancardiers. Pour cela, pas besoin de loi : il nous suffit d'être prêtres et Français pour savoir faire notre devoir.

Hélas ! la loi n'a pas été rapportée.

Nous arrivons à un incident qui fit jadis beaucoup de bruit et où les Francs-Maçons, heureux de se venger de l'Evêque de Grenoble, jouèrent un triste rôle ; nous croyons nécessaire d'entrer dans d'assez longs détails ; nous n'aurons guère, du reste, qu'à laisser la parole a Mgr Fava qui a résumé l'affaire dans des notes publiées par la *Semaine Religieuse*.

I. — Le mardi 7 janvier, vers 2 h. 1/2 de l'après-midi, comme j'étais en conseil, je reçus de M. l'abbé Ginon, curé de Saint-Joseph, un mot par lequel il m'informait que M. le Préfet était dangereusement malade. Immédiatement, j'appelai mon secrétaire intime, et l'envoyai prendre des nouvelles de M. le Préfet, en lui recommandant d'ajouter que je désirais le voir.

Dans une circonstance semblable, j'avais pu préparer M. le Préfet Mahias à la mort, et il m'eût été bien doux de rendre le même service à M. Delatte. Nous, catholiques, nous savons qu'il n'est pas bon de paraître devant le tribunal de Dieu, sans recevoir les sacrements que Jésus-Christ a institués, et que l'Eglise offre de sa part aux chrétiens, pendant leur vie, et à l'heure de la mort. Les sectaires, qui nous reprochent notre empressement auprès des mourants, sont parfois plus ardents à la perte des âmes que nous à leur salut.

Mon secrétaire fit sa commission à la Préfecture et offrit le secours de mon ministère ainsi que celui de M. le Curé de Saint-Joseph.

II. — Le mercredi matin, 8 courant, vers sept heures, j'appris la mort de M. le Préfet : un facteur l'avait annoncée à mon secrétaire dans la rue. Vite, j'écrivis à M. le Curé de Saint-Joseph pour savoir s'il avait été appelé : il me répondit qu'il ignorait la mort de M. Delatte et bientôt il m'apprit qu'aucun prêtre n'avait été appelé.

III. — Le jeudi, 9 courant, je dis la messe pour le cher défunt, et j'écrivis à Madame Delatte une lettre pour lui exprimer mes sentiments de condoléance et mes regrets.

IV. — Le vendredi matin, 10 courant, mon secrétaire me mit sous les yeux un numéro du journal, le *Réveil du Dauphiné*, où je lus ce qui suit :

« Convocation maçonnique. — Les deux Loges maçonniques de notre ville, *les Arts Réunis* et *l'Alliance Ecossaise*, convient leurs membres à assister aux obsèques de M. Delatte. Voici le texte de l'invitation adressée par les deux vénérables aux membres de la Franc-Maçonnerie grenobloise :

« O∴ de Grenoble, *9 janvier 1890*.

« TT∴ CC∴ FF∴,

« La République vient de perdre, en la personne de M. Delatte, le sympathique préfet de l'Isère, un de ses plus fidèles défenseurs, et notre département, un fonctionnaire zélé et dévoué entre tous.

« La F∴-M∴ ne peut laisser fermer la tombe de cet homme de bien, de ce vaillant serviteur du gouvernement de la République, sans exprimer les sincères regrets que tous nous éprouvons dans cette douloureuse circonstance.

« Vous êtes donc invité, T∴ C∴ F∴, à donner à notre regretté préfet, et à sa famille si durement et si injustement éprouvée, un témoignage de douloureuse sympathie, en assistant aux obsèques de M. Delatte, qui seront célébrées le samedi 11 courant.

« NOTA. — Le convoi partira de l'Hôtel de la Préfecture, à onze heures et demie du matin. — Les FF∴ sont priés de se réunir devant l'Hôtel des Facultés, à onze heures, pour assister en corps aux funérailles. »

Vers onze heures, j'envoyai mon secrétaire général à la Préfecture pour voir si réellement les Francs-Maçons devaient paraître, en corps, aux funérailles de M. Delatte. M. le Secrétaire général répondit qu'en effet les Loges maçonniques s'étaient offertes pour prendre part au cortège et qu'elles étaient acceptées ; qu'elles paraîtraient *officiellement en corps*, mais sans insignes.

A deux heures de l'après-midi, je fis part à mon Conseil de cette réponse. Il était donc *notoire* dans toute la ville, par la publication de : *l'ordre du cortège*, paru dans *l'Avenir de l'Isère* et ailleurs, que les *Loges maçonniques* auraient leur place désignée dans ledit cortège, ainsi que l'*Evêque*, et la *Délégation du Clergé de Grenoble* et du *Conseil presbytéral...* Je fis remarquer à mes conseillers l'étrangeté de ces dispositions, puisque, dans un cortège funèbre, revêtant le caractère

13

religieux par la présence de l'Evêque ou du Curé de la paroisse, il appartient à l'Evêque ou bien au Curé, de présider le cortège, après avoir réglé ce qui concerne le personnel devant y assister, et l'itinéraire, soit avec la famille, soit avec les ordonnateurs des obsèques. Rien de tout cela n'avait été fait ; les droits du Clergé avaient été méconnus, volontairement ou non ; en tous cas, pas une personne de la famille, ni de la Préfecture, ne s'était présentée à l'Evêché, de sorte qu'au lieu d'être religieux, le cortège devenait absolument profane, et qu'on y verrait ensemble *protestants, Loges maçonniques, Evêque* et *Clergé catholique,* et les autres, marchant *en corps* et *officiellement,* plus ou moins conformément aux prévisions du décret de Messidor, sur les préséances.

Evidemment, la question était facile à résoudre, et les oublis plus que singuliers que je venais de signaler, nous dictaient la résolution à prendre.

« Grenoble, le 10 janvier 1890.

« Monsieur le Curé,

« J'apprends que, dans le cortège qui accompagne le corps de M. Delatte, de la Préfecture à l'église Saint-Joseph et de l'église à la gare les loges maçonniques auront leur place désignée et que cela sera publié dans les journaux. Je le regrette vivement.

« Le clergé, averti dès aujourd'hui de cette mesure contraire aux lois et prescriptions ecclésiastiques, ne peut, en cette circonstance, prêter son ministère sans manquer à son devoir. Je vous engage à voir qui de droit, afin d'arranger cette affaire.

« Si on vous accorde de ne pas faire paraître la Franc-Maçonnerie dans la liste des corporations du cortège, vous pourrez faire la levée du corps et le conduire à la gare.

« Sinon, vous attendrez le corps à la porte de votre église, où les francs-maçons ne pourront entrer comme corporation, et vous le conduirez de même, en sortant, jusqu'à la porte de votre église seulement.

« Je regrette que les loges maçonniques comprennent si peu que nous devons obéir au règlement que l'Eglise nous impose, et que, dans une circonstance comme celle-ci, elles nous suscitent, sans raison, pareil embarras.

« Recevez, Monsieur le Curé, l'expression de mon dévouement.

« Signe : † AMAND-JOSEPH,

« Evêque de Grenoble. »

Dans la soirée, un Conseiller général vint à l'Evêché, s'arrêta au secrétariat, mais ne demanda pas à me voir.

A onze heures, alors que j'étais couché, un chef de division de la Préfecture voulut me parler. Je me levai et, après avoir entendu sa requête, je lui fis observer combien graves avaient été les oublis de la

Préfecture à l'endroit de l'Evêque, qui, dans un cortège funèbre, a le droit de présider et le devoir de régler la question du personnel devant y assister, sous peine de manquer à son devoir, et d'assumer sur lui la responsabilité de choses condamnables, comme celles qu'on voulait m'imposer. Après avoir ensuite montré l'impossibilité, pour moi comme pour le clergé, dans de pareilles conditions, d'aller faire la levée du corps, je conclus ainsi : Choisissez entre les Loges maçonniques et le Clergé. Si elles doivent être appelées à leur tour par le maître des cérémonies, publiquement, et paraître officiellement comme corporation distincte, le clergé ne peut point s'y trouver avec elles. Il attendra le corps du défunt à la porte de l'église.

Obtenez, ajoutai-je, que les Francs-Maçons viennent à la cérémonie, *individuellement*, et le Clergé se rendra à la Préfecture et présidera le cortège.

V. — Le samedi matin, je voulus faire savoir à M. le Curé de Saint-Joseph le résultat de la visite que j'avais reçue la nuit, et je lui écrivis la lettre suivante :

« *Grenoble, le 11 janvier 1890*
(7 h. du matin).

« Monsieur le Curé,

« M. Perret, chef de division à la Préfecture, est venu à l'Evêché, la nuit dernière, pour me parler des funérailles de M. Delatte.

« J'ai fait comprendre à M. Perret qu'on a eu grand tort de faire figurer dans le cortège funèbre l'Evêque et le Clergé, sans même m'en avoir parlé ni écrit. J'ai protesté contre cet oubli de toutes les dispositions réglementaires et de toutes les convenances. Ces messieurs m'ont mis dans l'impossibilité de prendre part, comme je l'avais résolu, à la cérémonie.

« Pour vous, Monsieur le Curé, vous savez que, dans les cérémonies extérieures du culte, vous avez le droit d'exercer la police. Vous pouvez donc et vous devez user de ce droit dans la circonstance présente, si vous y paraissez. Vous pouvez y paraître, si M. Perret vous donne l'assurance que les francs-maçons ne marcheront pas dans le cortège *en corps, mais individuellement*.

« Ces messieurs peuvent se plaindre des règlements ecclésiastiques, s'ils le veulent ; mais ils ne peuvent en nier l'existence ni trouver mauvais que nous nous y conformions : les soldats du Christ ont aussi leur consigne.

« Tout vôtre, Monsieur le Curé,

« *Signé* : † AMAND-JOSEPH,
« *Evêque de Grenoble.* »

M. le Curé de Saint-Joseph obtint la promesse, dont parlait ma lettre précédente, et vint me demander un mot qui mît à couvert sa responsabilité. Je le lui donnai dans les termes suivants :

« *Grenoble, le 11 janvier 1890*
(10 h. du matin).

« Monsieur le Curé,

« Puisque les conditions dont parlait ma lettre de ce matin sont remplies, vous pourrez prêter votre ministère aux funérailles de M. Delatte.

« Signé : † AMAND-JOSEPH,
« *Evêque de Grenoble.* »

M. Ginon se préparait donc à se rendre à la Préfecture, pour faire la levée du corps, lorsqu'un Chef de division vint en toute hâte à la sacristie de Saint-Joseph pour l'arrêter. M. le Curé m'écrivit alors la lettre ci-après :

« Monseigneur,

« Au moment où le clergé de Saint-Joseph quittait la sacristie pour se rendre à la Préfecture, M. Perret est venu m'informer à la hâte que les organisateurs du convoi de M. le Préfet *ne ratifiaient pas l'acceptation* de la condition imposée par Monseigneur ; que par conséquent les francs-maçons seraient *appelés* pour prendre place dans le cortège, que, de plus, ils y paraîtraient avec leurs insignes. Devant cette déclaration, je n'avais qu'à me conformer aux premières instructions de Votre Grandeur et à m'abstenir. C'est ce que j'ai fait.

« Veuillez agréer, Monseigneur, l'hommage de mon profond respect.

« GINON, *curé de Saint-Joseph.* »

Après ces explications, chacun comprendra que *les loges maçonniques* ont empêché l'exécution des dernières volontés de notre Préfet mourant ; il voulait pour lui ce qui avait été fait pour M. Mahias, dont les funérailles furent chrétiennes.

Les loges maçonniques n'ont pas respecté la foi, ni la douleur de la famille de M. Delatte, famille chrétienne, qui n'avait pour consolation vraie, dans son épreuve, que les espérances de la religion.

Les loges maçonniques ont foulé aux pieds les droits sacrés de l'Eglise, de l'Evêque et du Clergé, droits affirmés par la loi française elle-même ; elles ont voulu paraître *en corps*, dans le cortège funèbre de M. Delatte, alors que nous avions le droit et le devoir d'exiger que les francs-maçons n'y parussent qu'*individuellement*, s'ils voulaient y être. Qui donc ignore que le clergé a, de par la loi, la police de l'Eglise et même des rues où il passe en procession, pourvu que cette procession soit autorisée ? Est-ce que le Concordat n'assure pas à l'Eglise le libre exercice de son culte, en France ? Chacun le sait bien, mais les sectaires se jouent de cette liberté sacrée, et oublient trop facilement qu'étant une société excommuniée par l'Eglise, ils devraient respecter ses lois et ne pas vouloir pénétrer, *en corps*, dans ses temples et ses assemblées, plus que nous, catholiques, nous ne devons pénétrer dans ses loges, malgré elles.

Que dirons-nous encore ? Nous dirons que *les loges maçonniques* font de la franc-maçonnerie un gouvernement dans le Gouvernement et que le jour vient où il faudra, en France, porter sur soi le tablier et la truelle, pour les produire au besoin, si l'on veut trouver encore un chemin ouvert et le respect de ses droits.

Mais Dieu veille sur son Eglise, et quand la mesure de ses souffrances sera comblé, il la délivrera de ses ennemis. Cette espérance invincible nous soutient dans nos combats, et fait que nous sommes heureux de souffrir persécution pour la vérité et la justice.

Grenoble, le 14 janvier 1890.

† AMAND-JOSEPH,
Evêque de Grenoble.

Si les Francs-Maçons avaient cru jouer un tour au prélat, ils se trompaient ; tout le monde approuva la conduite de Mgr Fava. L'*Univers*, que nous avons plus que personne le droit de citer, apprenait ainsi les faits :

Sa Grandeur Mgr Fava, évêque de Grenoble, vient de donner au département de l'Isère, à la France entière, un grand et nécessaire exemple de courage civil et de fierté chrétienne.

Nous ne faisions depuis trop longtemps que louvoyer dans les brumes, entre ces écueils perfides baptisés apaisement, conciliation, tolérance, — et qui s'appellent de leurs vrais noms duperie, capitulation, asservissement. Homme de coup d'œil et d'action, à l'heure où le devoir a parlé, l'évêque a mis la main à la barre, et sourd aux gémissements des passagers timides, dédaigneux des cris de colère des forbans qui guettaient leur proie du haut des écueils, il a viré ; et la barque frémissante a gagné la haute mer libre et lumineuse.

Cette manœuvre a navré les francs-maçons au fond de l'âme ; leurs prévisions sont toutes en défaut, leur plus cher espoir est trompé.

Persécuter les catholiques, leur interdire les rues, se servir de leur argent pour combattre leur foi, se faire entretenir à leurs frais dans les sinécures et les emplois publics, affamer leurs prêtres, c'était encore trop peu pour les sectaires aux mains desquels nous sommes tombés : ce qu'il leur fallait, c'était amener les catholiques à mentir à leur conscience, et livrer à la déconsidération, humiliés devant la foule, leurs prêtres et leur évêque.

Se pouvait-il trouver pour cela une plus belle occasion que les funérailles de M. le préfet Delatte ? Fort supérieur à l'état-major maçonnique de son département, il avait conquis, par l'agrément de ses manières et de sa parole, des sympathies nombreuses, même dans les rangs de ceux qu'en réalité il travaillait à détruire. Favorisant de toutes ses forces ce que j'appellerai par euphémisme la laïcisation sociale, il avait adroitement évité tout éclat sur le terrain religieux. Et, peu à peu s'était formé, dans l'Isère, au profit exclusif des loges, un courant d'opinion fait d'habileté d'une part, et de l'autre de découragement, de naïveté et d'illusions.

Contre ce courant, dont la mort si triste du jeune et brillant fonctionnaire triplait momentanément la puissance, on ne supposait pas que personne osât réagir, en mettant contre soi, outre la masse qui reçoit de l'Administration et des journaux officieux son opinion toute faite, ces conciliateurs importants et candides dont le dévouement entretenu par de grosses flatteries s'acharne à persuader aux moutons qu'il est de leur intérêt, de leur dignité, de leur patriotisme, de se laisser manger de bonne grâce, sans cris intolérants.

Se croyant sûr tout au moins de la résignation, on avait donc, dans un programme officiellement publié, marqué d'autorité et d'avance leur place à l'évêque et à ses prêtres, pour que, dans le cortège funèbre, ils fussent comme un motif de décoration ; et pour bien montrer qu'on appelait leur présence à ce seul titre, on avait réservé aux loges maçonniques une place également officielle.

C'était bien machiné. Le pauvre peuple, encore sottement attaché à la religion, et dont il faut pourtant tenir compte par besoin électoral, se fût dit : « C'est bien vrai, les francs-maçons sont de braves gens. On les a calomniés en les représentant comme des ennemis des curés : les voilà marchant avec eux en bons camarades. D'ailleurs, le Pape d'avant celui-là était franc-maçon (1) ; peut-être notre évêque l'est-il en secret ? — Ce sont de grands messieurs aussi, les francs-maçons ! » — Les gens un peu plus forts se seraient frotté les mains en murmurant : « Ce que c'est que d'avoir un bon gouvernement qui sait mater les cléricaux ! Ils sont furieux au fond, tous ces prêtres, de se trouver mêlés à leurs ennemis avérés : mais on les a pris par l'endroit sensible, par la bourse, et, pour garder leur traitement, ils filent doux. Ils n'ont pas plus de conscience que les autres. »

Les politiques, les aristocrates de la secte, auraient souri d'un air de supériorité : « Nous n'y tenions pas... ; la cérémonie eût été plus imposante sans la présence du clergé. Mais nous avons voulu donner cette consolation aux femmes de la famille. Si les prières ne font pas de bien au mort, elles amusent la douleur des faibles.... et, baste ! elles enrichissent des vivants souvent fort aimables. » — Et enfin, le troupeau de ces conservateurs modérés dont les journaux francs-maçons célèbrent, avec une gravité qui doit leur coûter des efforts, la dignité

---

(1) Notre correspondant met ici dans la bouche du peuple ignorant et trompé un propos que, en effet, l'on a fait courir sur Pie IX mais qui — ou le sait — n'a jamais eu le moindre fondement.

(N. de la R.)

et la haute raison, aurait reconnu dans la condescendance du prélat la justification inespérée de ses défaillances : l'enterrement de M. Delatte eût été l'enterrement du vieil honneur dauphinois.

Mais l'évêque, par sa simple obéissance aux ordres du Pape, a déjoué tous les calculs. Les plus ignorants ont vu de leurs yeux qu'il n'y avait pas d'accord possible entre le clergé et les loges ; les gens qui doutaient du sérieux et de la sincérité des convictions catholiques ont touché du doigt cette sincérité ; les politiques ont *ri jaune*, et les conservateurs en pantoufles se sont aperçus, en rougissant, qu'on pouvait être plus énergique et plus fidèle à sa foi qu'ils ne l'ont été jusqu'à ce jour.

Et maintenant, les révérendes loges sont bien en colère. Elles invoquent les rigueurs de lois imaginaires, elles qui ne subsistent que par le sommeil de lois incontestablement existantes ; elles ont lâché contre Mgr Fava leurs aboyeurs attitrés, et fait leur possible pour ameuter contre lui cette foule spéciale toujours prête au désordre. Si cette foule était partie en guerre, les loges et leurs valets auraient fait semblant de la contenir : c'est la tradition.

Mais, Dieu ! dans leur colère, qu'ils sont bêtes, ces solennels francs-maçons ! — On leur a refusé l'eau bénite, l'encens, les *Oremus*, — quelle cruauté ! — N'est-ce pas à mourir de rire ? — Des gens qui tous les jours racontent avec enthousiasme la pompe des enterrements civils, regrettent de ne pas les voir se multiplier, et engagent tous les bons républicains à se faire enfouir ou crémer sans plus de façon, voilà que les prêtres ne leur suffisent plus... il leur faut un évêque !

Tous les jours, ils tournent en dérision les cérémonies catholiques : ce sont, d'après eux, des mômeries méprisables ; — et lorsque, par sa faute ou celle de ses proches, un des leurs est privé de ces mômeries, ils crient qu'on leur enlève l'honneur et qu'ils ont reçu un soufflet ! — Quelle confiance avez-vous donc, triples farceurs, dans l'imbécillité publique ?

Ce que vous vouliez, avouez-le, c'était frôler de vos défroques la majesté de l'Eglise catholique, afin que cette majesté se trouvât ternie et que votre petitesse se trouvât rehaussée. Vous vouliez, pour embrouiller la conscience publique, mettre au même rang, sous prétexte de tolérance, le bien et le mal, la vérité et l'erreur.

Grâce à Mgr Fava, ce mélange adultère a été empêché, et vous restez aux yeux de tous, plus visiblement que jamais, si toutefois vous avez été baptisés, des excommuniés et des apostats. Riez-en, si le cœur vous en dit, — mais ne démentez pas : vous savez que c'est vrai.

Au reste, ne vous gênez pas : excommuniez-nous, bannissez-nous de vos cérémonies, même les moins secrètes ; ne figurez pas en corps à nos funérailles, n'y amenez ni vos vénérables, ni vos chevaliers Kadosh, ni vos princes du Royal-Secret ; — nous ne nous fâcherons pas de ces procédés, et votre abstention ne nous paraîtra pas injurieuse, — au contraire !

Mais ne vous donnez plus le ridicule de tenir tant à nos prières quand nous tenons si peu aux vôtres, et calmez vos colères, qui sont trop drôles et manquent encore plus de fierté que de logique.

Remplissez vos poches, puisque, pour un temps, la France vous est une proie ; continuez aussi, dans chaque commune, contre les faibles, contre les pauvres, tout en parlant bien haut d'impartiale intégrité, continuez ce système de dénonciations, d'abus de pouvoir, de dénis de justice hypocrites et tenaces, qui fait que déjà on s'habitue à appeler le régime actuel (nous ne parlons pas de la forme républicaine) *le régime des petites saletés* : mais n'espérez pas que nous vous laissions notre honneur, ni celui de nos prêtres ! *Non possumus*, comme disait ce Pape Pie IX dont vous aviez la plate effronterie de répandre le portrait affublé des insignes maçonniques.

Et vous, Monseigneur, vous à qui nous devons ce rare et incomparable bonheur d'avoir vu un jour la vérité vengée et le droit rétabli, vous qui, docile aux ordres du Pasteur suprême, n'avez enfreint ni les lois de votre pays, ni celles d'une clairvoyante charité, — vous cependant vers qui vont se ruer ensemble la perversité, l'erreur, la vénalité, l'ignorance brutale, la peur honteuse, mère des défections, et tout ce qui s'agite de bas en ce monde, — soyez béni !

Vous n'êtes point de ces Pilotes qui attendent conseil de l'équipage, de ces pasteurs que conduisent leur brebis, nous vous obéirons.

Car nous savons que votre grand cœur, affermi sur le devoir, ne sera pas troublé, et que, malgré la violence de l'orage, vous conserverez au dedans de vous cette paix si douce des amis de Dieu.

Et que, demain, montant à l'autel afin d'y offrir pour les vivants et pour les morts l'éternel sacrifice, pendant que vos malheureux ennemis vomiront leurs menaces, vous, Monseigneur, joyeux même dans la tristesse, vous répéterez, avec cette fierté qui n'appartient qu'aux humbles, le royal verset :

« *Lavabo inter innocentes manus meas...* »

Le coup avait manqué pour le préfet Delatte ; les Francs-Maçons recommençaient quelques jours après ; ils espéraient, sans doute, tromper plus facilement l'évêque et le clergé avec un frère inconnu. Laissons la parole à la *Semaine Religieuse* :

Un entrepreneur de la ville, M. Picollet, mourait le 18 janvier. Sa famille, voulant lui donner des funérailles religieuses, s'était entendue avec M. le Curé de Saint-Laurent qui avait fixé l'heure de la cérémonie. Disons que M. Picollet était franc-maçon et que le clergé de Saint-Laurent l'ignorait absolument.

Apprenant l'enterrement religieux qui se préparait, la loge *Ecossaise* fit aussitôt adresser à tous les frères la convocation suivante :

Liberté, Egalité, Fraternité
R∴ L∴ L'ALLIANCE ÉCOSSAISE Nº 206·
O∴ de Grenoble, 17 janvier 1890.

T∴ C∴ F∴,

La Loge nº 206 vient d'éprouver une perte douloureuse en la personne du F∴ PICOLLET Alphonse, entrepreneur, décédé le 17 janvier 1890, à l'âge de quarante-cinq ans.

Nous vous prions, T∴ C∴ F∴, de vouloir bien rendre un dernier hommage à ce regretté F∴, en assistant à ses obsèques qui auront lieu aujourd'hui samedi 18 courant.

Le convoi partira de la maison mortuaire, quai Xavier-Jouvin, 24, à dix heures trois quarts.

G∴ G∴ G∴

Le Vén∴	*Le Secr∴*
BORDIER.	J. BERNARD.

Voici donc les francs-maçons disposés à prendre part à une cérémonie religieuse. Pouvaient-ils ignorer que leur seule présence *en corps* éloignerait le clergé ? Evidemment non, et c'est précisément le scandale d'un enterrement civil qu'ils voulaient donner, infligeant ainsi à la famille une publique humiliation.

M. le Curé de Saint-Laurent écrivit alors à Mgr l'Evêque la lettre suivante :

Grenoble, le 18 janvier 1890, 10 heures.

Monseigneur,

M. Alphonse Picollet, entrepreneur, est décédé, hier, sur ma paroisse, sans avoir vu de prêtre. J'ai promis à la famille un enterrement religieux pour aujourd'hui, samedi 18, à onze heures. J'ignorais que M. Picollet fût franc-maçon. Je l'apprends à l'instant par les journaux du matin qui contiennent une convocation des Loges, convocation qui a été adressée à tous les francs-maçons de Grenoble, pour assister aux obsèques religieuses.

Dans ces conditions, veuillez, Monseigneur, m'indiquer la conduite à tenir.

Daignez, Monseigneur, agréer l'hommage de mes sentiments bien respectueux.

L. MERLIN,
Curé de Saint-Laurent.

Monseigneur répondit :

« *Grenoble, le 18 janvier 1890.*

« Monsieur le Curé,

« Vous auriez pu procéder aux funérailles de M. Alphonse Picollet, si vous aviez ignoré qu'il fût franc-maçon et qu'en réalité le public ignorât aussi qu'il le fût ; mais, comme les Loges maçonniques de Grenoble viennent de lancer leurs convocations et qu'elles se trouvent dans les journaux, il *devient notoire pour tous* que M. Alphonse Picollet était franc-maçon. Aucun prêtre n'a été appelé auprès de lui, il ne s'est rétracté d'aucune manière ; vous ne pouvez lui accorder les honneurs de la sépulture ecclésiastique.

« Une fois encore, les Loges maçonniques auront créé ce conflit par leurs convocations. Si elles veulent un enterrement civil, elles ont atteint leur but.

« Tout vôtre en Notre-Seigneur,

« † AMAND-JOSEPH,

Evêque de Grenoble. »

La perfidie maçonnique était tellement visible et l'attitude de l'Evêque si correcte que même des journaux hostiles à l'Eglise reconnurent hautement que l'Evêque avait agi dans la plénitude de son droit. M. Ranc, l'un des plus violents anticléricaux de l'opportunisme, disait notamment dans le *Matin* :

Qu'a fait Mgr l'Evêque de Grenoble et que lui reproche-t-on ? En gros, voici ce qui s'est passé : la famille de M. Delatte a demandé pour les obsèques de celui qu'elle venait de perdre, l'assistance du clergé ; elle a désiré un enterrement religieux. Mgr Fava y a mis pour condition que les francs-maçons n'entreraient pas en corps à l'église, et qu'ils ne figureraient pas dans le cortège, revêtus de leurs insignes. Cet homme, je suis obligé de le répéter, était dans son droit, dans son droit absolu. J'ajoute qu'il ne pouvait agir autrement sans transgresser les lois de l'Eglise, car l'Eglise a solennellement condamné et excommunié la Franc-Maçonnerie.

. . . .

Je connais toute la force des habitudes cultuelles, je sais aussi ce que peut le respect humain et la difficulté qu'il y a dans certaines situations à briser avec les préjugés mondains. Je ne m'étonne donc pas quand la famille d'un libre penseur, d'un homme qui toute sa vie a professé de ne pas croire au dogme catholique, fait à sa mémoire l'injure de demander pour lui les prières du clergé.

Mais il faut choisir. Si vous vous adressez à l'Eglise, acceptez ses conditions et subissez des exigences qu'elle a raison de maintenir. Car une cérémonie mixte, où l'on verrait dans le même cortège le surplis du prêtre et le tablier du franc-maçon, ce serait, des deux côtés, la plus détestable des hypocrisies.

Croirait-on que, dans cette même année 1890, au mois de décembre, les Francs-Maçons revinrent à la charge. Cette fois, ils n'avaient pas essayé de surprendre l'évêque ; ils savaient qu'ils n'y parviendraient pas. A l'enterrement de M. André Faure, préfet de la Haute-Vienne, mort à Seyssinet, un franc-maçon prononça subrepticement un discours où il célébrait les vertus maçonniques ; depuis, un journal radical raconta que cela s'était fait du consentement, au moins tacite, du curé de Seyssinet, dont il opposait la « tolérance » à l'intolérance de son fougueux évêque. La réponse ne se fit pas attendre ; le curé mis en cause adressa à Mgr Fava une lettre où il rétablissait tous les faits :

J'avais célébré à l'église de ma paroisse les obsèques religieuses de M. Faure. M. le Préfet de l'Isère avait rendu hommage sur la place de l'Eglise aux qualités du défunt, et sur l'invitation particulière et pressante de Mme veuve Faure, j'avais accompagné M. le Curé de Saint-Nizier, seul chargé de présider alors et de terminer les funérailles sur le territoire de sa paroisse. Nous avions donc tous deux pris la tête du cortège pour nous rendre des limites de ma paroisse au cimetière de Parizet. Le trajet étant long et pénible, la famille de M. Faure avait bien voulu mettre à ma disposition une voiture dans laquelle nous nous étions placés. Nous nous sommes avancés ainsi jusqu'à Parizet, sans nous arrêter en aucun endroit de la route, sinon pour le repos nécessaire aux chevaux. Enfin, arrivés au cimetière de la Tour-sans-Venin, nous avons dit les dernières prières.

Quand je suis rentré chez moi, je ne savais rien autre que ce que je viens d'exposer à Votre Grandeur, et ce matin encore, avant mon arrivée en ville, j'ignorais complètement que le cortège se fût arrêté en route et qu'un discours d'un orateur quelconque, franc-maçon ou non, eût été prononcé sur le parcours de Seyssinet à Parizet.

Or, quelle n'a pas été ma stupéfaction quand j'ai appris par le *Réveil* que *nous nous étions arrêtés et que nous étions entrés dans la maison, à Miounet,* pour donner à un orateur maçonnique la liberté de parler ? — Je n'ai eu à permettre, ni à refuser quoique ce soit, ni moins encore à me prêter à une manifestation maçonnique quelconque, par la bonne raison que je n'ai rien vu et que personne ne m'a rien demandé.

Les Francs-Maçons, en ne me rien demandant, ont su me rendre cet hommage que, de près ou de loin, je suis incapable de m'associer par mes actes ou par une omission à une manifestation antichrétienne.

Toutes les tentatives maçonniques avaient échoué, mais la haine des Loges ne désarmait pas. Des habiles conçurent le projet de présenter l'Evêque de Grenoble comme un prélat autoritaire dont son clergé subissait à regret le joug. Le F∴ Voltaire, comme l'a plusieurs fois rappelé Mgr Fava, a dit : « Mentez, mentez hardiment, il en restera toujours quelque chose. » Ils suivaient son conseil, et mentaient, ayant donné un mot d'ordre à la presse maçonnique, qui, malheureusement pour la France, est nombreuse et répandue. Par avance, une réponse avait été faite à toutes ces insinuations calomnieuses. En offrant à Mgr Fava les vœux du chapitre, à l'occasion de la nouvelle année, le doyen, M. l'abbé Debut, lui avait adressé les paroles suivantes :

En vous offrant nos souhaits respectueux et empressés pour l'année qui va s'ouvrir, nous demandons à Dieu qu'il daigne bénir comme dans le passé les efforts de votre zèle. Nous savons, en effet, que le poids de votre sollicitude pastorale devient plus lourd, à mesure que grandit l'audace et l'activité des ennemis de l'Eglise. Mais nous voyons aussi avec bonheur que votre action et votre influence se répandent bien au-delà des limites de ce diocèse. Il y a une revue mensuelle, il y a une petite armée catholique qui combattent sous vos ordres sur tous les points de la France, et Dieu fait prospérer ces œuvres qu'il vous a inspirées. Un éloquent discours de M. le baron d'Allemagne nous a révélé ces succès que d'autres souvent connaissent avant nous.

Cependant, il suffit de jeter les yeux autour de nous, pour comprendre que nous ne sommes pas délaissés et que la bénédiction d'en-haut fait fructifier les inspirations de votre zèle. Que d'églises ont été élevées, que d'écoles chrétiennes ont été établies par votre appui et votre impulsion ? Combien de communautés religieuses ont demandé un abri à votre houlette pastorale ? Et dans votre ville de Grenoble, que d'œuvres de charité vivent et se développent par vos soins et vos encouragements !

Toutes ces choses ne nous étonnent pas, Monseigneur, parce que nous savons que vous aimez Celui que vous servez. Daigne la Providence vous garder longtemps à la tête du troupeau que vous édifiez !

La campagne se poursuivait cependant ; elle avait pris

une nouvelle acuité à propos d'une question si oubliée aujourd'hui qu'il n'y a même pas lieu d'en parler, question sur laquelle une lettre officielle du prélat au préfet avait fait la pleine lumière. La *Semaine Religieuse* crut devoir publier cette protestation indignée :

Nous ne pouvons laisser passer certaines accusations qu'on a osé porter contre le ministère exercé au milieu de nous, depuis quinze ans, par un Evêque dont il est impossible de nier le zèle, le dévouement et les vertus.

Non ! il n'est pas vrai que notre Evêque ait « jeté le trouble dans les consciences ». Il a, au contraire, avec un zèle éclairé, une admirable foi et une vaillante persévérance, démasqué l'erreur, surtout la grande erreur maçonnique, courageusement condamné le mal et fait briller la vérité, par ses écrits que le Saint-Père lui-même a loués, et sa parole pieuse autant qu'apostolique.

Non ! il n'est pas vrai que notre Evêque ait « semé des ruines » dans le diocèse depuis quinze ans. Nous sommes heureux et fiers de lui rendre ce témoignage qu'il a grandement travaillé pour la gloire de Dieu. Bâtir des églises, élever des écoles congréganistes et les faire vivre, multiplier les communautés religieuses, soutenir les œuvres et les rendre prospères ; entretenir surtout dans les âmes les belles vertus chrétiennes en en donnant l'exemple, ce n'est pas détruire, ce n'est pas « semer des ruines ».

Non ! le clergé ne « se désaffectionne pas de son Evêque ». Monseigneur a reçu et reçoit chaque jour encore de touchantes preuves du contraire. Sans entrer dans des détails inutiles, qu'il nous suffise de mentionner la visite pastorale de cette année, où prêtres et fidèles se réunissent avec bonheur autour de leur chef, lui donnant des preuves non équivoques d'un affectueux respect, d'une filiale confiance, d'une réelle vénération.

D'ailleurs, le clergé et les vrais catholiques, non seulement de notre diocèse, mais de l'Eglise universelle, se rappellent et se rappelleront de plus en plus les graves recommandations que Léon XIII adressait au peuple chrétien dans sa dernière Encyclique: « Aussi, de même que, dans l'exercice de leur pouvoir épiscopal, les évêques doivent être unis au Siège apostolique, de même, les membres du clergé et les laïques doivent vivre dans une très étroite union avec leurs évêques. Quelqu'un de ceux-ci prêterait-il à la critique, ou dans sa conduite ou par les idées qu'il soutient, *il n'appartient à aucun particulier de s'arroger à son égard l'office de juge,* confié par Notre Seigneur Jésus-Christ au seul pasteur qu'il a proposé aux agneaux et aux brebis. »

Et le 20 avril dernier, le Saint-Père développait encore cette même pensée : « *Il ne peut y avoir aujourd'hui que deux camps nettement tracés : celui des catholiques résolus à rester unis, à tout prix, avec leurs Evêques et avec le Pape, et le camp des ennemis qui les combattent. Ceux qui, par lâcheté, craignent de se montrer et aiment à rester entre les deux, vont, suivant la divine parole, grossir les rangs ennemis.* »

Bientôt se produisait une nouvelle protestation, non moins indignée, du Chapitre ainsi conçue :

Le Chapitre de votre Cathédrale se fait un devoir de protester contre la publication d'une lettre irrespectueuse adressée naguère à Votre Grandeur et contre les commentaires malveillants d'une certaine presse qui s'en est emparée avec avidité.

On veut insinuer, Monseigneur, que votre clergé n'est pas loin de l'esprit d'insubordination et d'une sorte de schisme avec son Evêque. Nous affirmons énergiquement, sans crainte de rencontrer un seul démenti, que tous vos prêtres ont à cœur, comme nous-mêmes, de remplir toujours le double devoir du respect et de la soumission qui vous sont dus.

Encouragés par les exemples d'une vie de travail, de zèle et de bonnes œuvres, nous restons filialement soumis à votre autorité épiscopale et nous adhérons pleinement en cela aux dernières instructions du Saint-Siège.

Nous avons l'honneur, Monseigneur, d'être de Votre Grandeur, les très humbles et très obéissants serviteurs.

Signé : DEBUT, doyen ; AUVERGNE, GUILLERMARD, REY, JACQUEMIN, POUCHOT, FAGOT et BERTHON.

A cette protestation, adhéraient avec empressement, au nom du clergé tout entier, les curés archiprêtres du diocèse. La campagne n'avait servi qu'à fournir au clergé l'occasion d'affirmer bien haut son union avec son Evêque.

Nous avons dit comment Mgr Fava voyait la solution de la question sociale dans l'affirmation et la pratique des devoirs d'où découlent les droits. Cette doctrine, il l'affirmait dans un pèlerinage diocésain de Grenoble à Paray-le-Monial. Consacrant son discours à la question sociale, il disait que cette « question, dont se préoccupent aujourd'hui tant d'esprits sérieux, trouve en Jésus Sauveur sa solution », et il la résumait dans « ces trois propositions ou formules : 1º le devoir prime le droit ; 2º le devoir règle le droit ; 3º le devoir assure le triomphe du droit. » Dans la première partie, l'Evêque rappelait que, de même que le Fils de Dieu n'est pas venu pour être servi, mais pour servir, de même l'homme doit servir ; il lui faut servir Dieu, servir ses frères, servir ses chefs, servir sa patrie, servir les pauvres, servir sa famille et ses domestiques, servir même ses ennemis. Tel est le devoir du chrétien qui se guide sur les exemples de son divin modèle, le Sauveur Jésus, et cela nous mène « loin de cette maxime qu'un jour on devait arborer sur les débris sanglants de nos autels, maxime ainsi conçue : *les droits de l'homme.* » « Le devoir règle le droit » ; cela ressort des exemples donnés par Notre-Seigneur, et il « faudrait redire tout l'Evangile, la Passion du Sauveur surtout, si l'on voulait rapporter tous les exemples donnés par Notre-Seigneur à l'appui de cette proposition : *le devoir règle le droit.* » Et le prélat continuait ainsi :

Vous êtes empereur, roi, chef de république, ministres, législateurs, vous êtes magistrats ; vous commandez aux armées de terre et de mer ; vous êtes placés à la tête d'une famille, d'une association quelconque, religieuse ou civile ; vous êtes patrons ou bien ouvriers ; vous disposez d'une grande fortune, ou vous n'avez, mon Frère l'ouvrier, que la puissance de vos bras, de votre industrie, de votre génie, avec la liberté de bien ou mal faire, de servir votre patron ou de le ruiner par des grèves, qui que vous soyez, souvenez-vous que le devoir règle le droit, et que *là où finit votre devoir, là aussi finit votre droit* ; car le droit est donné de Dieu pour le devoir à remplir en faveur de ses enfants : *le devoir est donc la mesure du droit.*

Hélas ! que de désordres, que de luttes, de guerres a enfantés l'oubli de cette règle, à tous les degrés de l'échelle sociale ! Nous entendons de toutes parts des hommes invoquer leurs droits, quand ils ne devraient considérer que leurs devoirs. Vous êtes chefs pour servir vos inférieurs, corriger comme il convient leurs fautes, limiter leur liberté autant que cela est juste, mais non pour leur commander avec orgueil, user d'arbitraire à leur égard, confisquer leur liberté en tout

ou en partie, sans que votre devoir vous le permette. Vous êtes inférieur ? Servez votre supérieur, soyez-lui soumis , ne lui marchandez,
ni votre concours, ni votre intelligence, ni votre cœur ; remplissez
tout votre devoir. Votre Maître doit vous servir, c'est-à-dire agir en
chrétien ; par conséquent juste et charitable envers vous ; agissez de
même envers lui.

Messieurs, *rendons à César ce qui est à César*, et à Dieu ce qui est à
Dieu, à l'Etat ce qui est dû à l'Etat, et à l'Eglise ce qui est dû à
l'Eglise. Vous qui commandez dans l'Etat ou dans l'Eglise, souvenez-
vous aussi que le droit finit là où finit le devoir. *Il n'y a pas de droit
contre le droit, ni de devoir contre le devoir.*

Et plus loin, l'Evêque disait encore :

Vous cherchez le moyen d'unir le patron et l'ouvrier ? Qu'ils soient
donc tous deux bons chrétiens ; qu'ils sachent obéir aux lois de Dieu ;
qu'ils se souviennent sans cesse de leurs devoirs, *qui priment et règlent
leurs droits* ; qu'ils se disent chacun : je suis né pour servir Dieu en
lui-même, Dieu en mes frères : si j'ai le courage de faire mon devoir,
je le sens bien, je serai heureux, comme le Christ l'assure dans son
Evangile.

Servir ! Cela vous répugne, mes frères ? Mais ne servez-vous pas
malgré vous ? Empereurs, rois, chefs de républiques, supérieurs, gens
en charge, vous servez : vous êtes les esclaves du peuple, de vos sujets,
de vos inférieurs, bon gré, mal gré... Seulement, Jésus-Christ vous
apprend à être serviteurs et esclaves par obéissance à Dieu, par amour
de Dieu, par justice et charité. Servir Dieu, c'est régner : *Servire Deo
regnare est.*

Ouvrier, mon frère, servir te fait horreur, et dans ton orgueil froissé,
tu dis comme Lucifer : *Non serviam !* Je ne servirai pas ! — Dis-moi,
est-ce que le Fils de Dieu ne t'a pas lavé les pieds, un jour, dans la
personne de quelques ouvriers, de quelques bateliers du lac de Génésareth ? Ton maître... ce nom même te répugne... ton patron, ne te
sert-il pas, quand, jour et nuit, il cherche à te donner du travail en
faisant réussir son entreprise et marcher ses affaires ! Vois donc si,
en servant sa famille, en donnant du pain à ses enfants, au moyen de
ses labeurs et des tiens, il n'en donne pas à ta femme aussi, et à ta
famille. Bon gré, mal gré, vous vous servez... Et tous, nous nous
servons mutuellement : maîtres et serviteurs, grands et petits : la société n'est possible qu'à cette condition.

C'est vrai, me répond l'ouvrier ; mais le patron gagne trop et moi
pas assez... Patrons et ouvriers, mes amis, soyez tous deux chrétiens,
et bien vite vous aurez changé de sentiments et de langage. Allez,
entrez dans des usines où le patron est vraiment chrétien, c'est-à-dire

juste et charitable ; où les ouvriers sont vraiment chrétiens, c'est-à-dire justes et dévoués, et vous vous convaincrez que tout le monde y est content. Les choses s'y règlent sous le regard de Dieu, le premier de tous les maîtres, et d'après les règles de la justice et de la conscience : on n'est vraiment chrétien qu'à la condition de rendre à chacun ce qui lui est dû : à Dieu, ce qui est dû à Dieu ; à César, ce qui est dû à César ; au prochain, ce qui est dû au prochain.

La troisième proposition, *le devoir assure le triomphe du droit*, découle si naturellement des deux premières, chrétiennement entendues, qu'il suffit de la rappeler. Oui, « le devoir fait triompher le droit, et si parfois il faut attendre, souffrir, être humilié, pleurer et gémir, même mourir pour la justice, dans les tourments, de la main de ses persécuteurs, le triomphe par delà la tombe n'en sera que plus éclatant, puisque l'amour aura été plus ardent et ses témoignages plus héroïques encore. »

Déjà nous avons signalé la présence de Mgr Fava à l'un des Congrès des catholiques du Nord et du Pas-de-Calais : il y assistait de nouveau en novembre 1890, et il y prononçait un grand discours sur l'action et le rôle de la Papauté. Nous reproduisons intégralement le début de ce discours où l'Evêque expose le caractère et le but de la *Société des Serviteurs et Servantes de Saint Pierre* qu'il venait de fonder, avec les encouragements du Pape :

Parler de Pierre, placé par Jésus-Christ Notre Seigneur à la tête du Collège apostolique et de l'Eglise universelle pour affermir à jamais ses frères dans la foi ; de Pierre, que Jésus, le divin Pasteur des âmes, a commis à la garde de ses ouailles bien-aimées, agneaux et brebis, et qui tient en ses mains les clefs qui ouvrent et ferment les cieux ; comme l'Eternel, honoré du nom de Père de l'humanité ; docteur universel comme Jésus-Christ et organe du Saint-Esprit, âme de l'Eglise ; en parler avec mission du Pontife romain et béni de sa main pour cette œuvre ; en parler dans une contrée berceau de la France, héritière de la foi et de l'esprit chevaleresque de nos ancêtres, dévouée en tout temps au Saint-Siège, naguère appelée la province des zouaves pontificaux, où fleurissent mille œuvres d'apostolat chrétien, celle surtout du Denier de Saint-Pierre ; porter la parole dans cette enceinte, qui a retenti si souvent des accents de la vérité, et en face de cette noble et grande assemblée, Messieurs, c'est pour nous, enfant du pays, un honneur et une joie dont nous rendons à Dieu, aux vénérables Prélats, pasteurs et pères de cette province, de sincères et profondes actions de grâces.

Vous savez, Messieurs, pourquoi nous sommes au milieu de vous. Nous venons vous parler d'une Société, née à peine, Sa Sainteté, Notre Saint-Père Léon XIII, a daigné accepter d'être son parrain et de lui imposer son nom : *Société des Serviteurs et Servantes de Saint-Pierre*. Il a béni ses premiers pas ; car, par la grâce de Dieu, elle commence à marcher, et nous avons le ferme espoir qu'elle sera, pour le Vicaire de Jésus-Christ, une filleule reconnaissante, dévouée, généreuse et vaillante, sachant, au prix de tous les sacrifices, le servir, le consoler dans ses épreuves et contribuer à ses triomphes.

C'est qu'en effet, depuis le pape Grégoire XVI, nos pontifes bienaimés Pie IX et Léon XIII souffrent persécution pour la justice de la part des sectes, et les triomphes que la divine Providence leur a ménagés ressemblent à ces rayons de soleil qu'on aperçoit un instant au sein de la tempête.

Témoins de ces douleurs, à Rome, où ils furent présentés par nous à notre Saint-Père, M. Lucien Brun, sénateur, et MM. les Jurisconsultes catholiques dont il est le président, se sont unis à nous pour former la *Société des Serviteurs et Servantes de Saint-Pierre*, dont nous avons l'honneur de vous parler.

Quel est votre but ? demandez-vous.

Faire connaître, aimer et servir la Papauté.

Qu'êtes-vous, pour réaliser ce projet ?

Rien... Sinon des enfants qui aiment le Pape.

Le Pape vous accepte-t-il ?

Ecoutez sa réponse :

« Associer avec sagesse des forces en vue de servir avec ensemble l'Eglise et d'assurer le divin empire de Jésus-Christ sur les hommes est à notre avis un acte d'abord pieux et louable en soi ; et, en outre, des plus opportuns. C'est pourquoi, vénérable Frère, sachez-le, cette Société se formera, s'il plaît à Dieu, non seulement avec notre agrément, mais aussi à notre entière satisfaction. »

Depuis cette approbation, nous avons adressé à nos Frères en Jésus-Christ une lettre, une brochure plutôt, sur la *Papauté*. Traduite en plusieurs langues, elle est aujourd'hui entre les mains de tous les Evêques du monde catholique et d'une foule de fidèles. Les journaux bons et mauvais l'ont portée au loin ; et de toutes parts, nous arrivent des adhésions, de l'Italie surtout. Etre avec Pierre, nous dit-on, c'est être avec Jésus-Christ, et consoler le cœur de Léon XIII, c'est plaire au Sauveur, qui regarde comme fait à lui-même ce que l'on fait à son Vicaire sur la terre.

Et l'évêque montre ensuite comment il faut faire connaître, faire aimer, faire servir la Papauté. Il termine en disant que la nouvelle société, ayant le caractère de Confrérie, a eu l'honneur de recevoir de la bonté de Sa Sainteté Léon XIII des insignes, comme en possèdent les autres confréries : ce sont les armoiries pontificales avec un médaillon représentant la Sainte Trinité. Son Eminence le cardinal secrétaire d'Etat, en informant le prélat que le Saint-Père approuvait ces insignes, ajoutait : « Sa Sainteté prie le Seigneur de répandre sur la religieuse confrérie la plénitude de ses dons et de ses bénédictions, pour que le but élevé et saint de son institution soit pleinement atteint pour la gloire de son très saint Nom, le bien des âmes et l'avantage de l'Eglise. »

Nous aurions aimé à nous étendre un peu sur cette Société des Serviteurs de Saint-Pierre et sur son Bulletin qui paraît trimestriellement depuis le mois de janvier 1891, et où Mgr Fava a publié diverses études magistrales. Mais la place nous est limitée et nous terminerons avec cette année 1890 si bien remplie en signalant seulement l'apparition du grand ouvrage de l'évêque: *Jésus-Christ, Roi éternel*, dédié au cardinal Dèsprez, et qu'un critique des plus autorisés, Mgr Dehaisnes, chanoine de Cambrai, présentait en ces termes aux lecteurs chrétiens (1) :

Travailler à faire connaître, aimer, adorer et servir Jésus-Christ : tel est le but de l'ouvrage que vient de publier Mgr Fava.

Le démon et les hérésies ont voulu, depuis l'origine du monde jusqu'à nos jours, couvrir de ténèbres la divine royauté du Christ; Mgr Fava a entrepris, dans un grand travail tout à la fois doctrinal et historique, de dissiper ces ténèbres.

L'ouvrage est divisé en quatre livres. Le sujet du premier est le

(1) On sait l'accueil mérité qu'a reçu cet ouvrage. On sait aussi que, pour en mettre la haute doctrine à la portée de tous les lecteurs, Mgr Fava en a publié un résumé dans le *Catéchisme apostolique*, qui lui valut de chaleureuses lettres de félicitations du cardinal Bouret, évêque de Rodez, de Mgr Robert, évêque de Marseille, etc...

Verbe éternel promis et annoncé pendant quarante siècles; dans le second, est racontée la vie du Christ sur la terre ; l'établissement de son royaume, qui est l'Eglise, forme l'objet du troisième ; et le quatrième est consacré aux combats qu'il a eu à soutenir et aux victoires qu'il a remportées depuis dix-huit siècles sur ses ennemis toujours acharnés, toujours renaissants. L'ouvrage embrasse donc l'ensemble du plan divin dans ses rapports avec l'humanité.

Nul sujet n'est plus grand. Nul n'est plus utile. Dans une société comme la nôtre, où les notions de vérité et d'autorité sont presque perdues, où beaucoup vivent comme si Dieu n'existait pas, où l'Eglise subit des assauts plus terribles, plus dangereux que jamais, il est nécessaire de rappeler que toujours le Christ a régné, règne et régnera.

Mgr Fava a décrit ce règne d'après les Livres Saints de l'Ancien et du Nouveau Testament ; il a commenté son récit à l'aide de pensées, de pages empruntées aux Pères de l'Eglise, aux plus célèbres docteurs, aux historiens et écrivains ecclésiastiques qui doivent inspirer le plus de confiance ; il l'a commenté et développé avec ce que lui inspiraient son esprit, son cœur et sa piété, avec les souvenirs de ses pèlerinages en Terre-Sainte et de ses luttes en pays étranger et en France contre les ennemis de Jésus.

La plupart des livres où il est question du vaste sujet de *Jésus-Christ, Roi éternel*, sont des traités spéciaux, écrits pour des savants ou des discussions historiques recherchées par un nombre restreint de personnes. Mgr Fava a voulu écrire pour notre société tout entière ; il s'adresse aux amis de Jésus, et aussi à ses ennemis. Ceux qui se sont occupés d'études théologiques et historiques seront étonnés de l'aspect nouveau sous lequel la vérité est présentée dans ce livre. En le lisant, les personnes du monde seront heureuses de voir se dérouler le plan de Dieu dans la création, dans la rédemption et dans l'établissement de l'Eglise. Les familles pourront y faire leur lecture du soir et les personnes pieuses y trouver le sujet de leurs méditations.

Le livre de Mgr Fava est une œuvre originale et d'un caractère nouveau, écrite avec une conviction et un mouvement qui rendent sa lecture très intéressante.

Elle aura le seul succès que l'auteur désire pour elle : elle fera du bien, et beaucoup de bien.

A cette appréciation, nous ajouterons seulement quelques passages d'une lettre de Mgr Le Roy, alors vicaire apostolique du Gabon, actuellement supérieur général de la Congrégation du Saint-Esprit et du Très Saint Cœur de Marie ; il écrivait à Mgr Fava :

A Zanzibar, j'avais eu à faire une Histoire de la Religion et un Catéchisme, et je me retrouve ici en face des mêmes travaux. Eh, bien,
Monseigneur, c'a été pour moi une satisfaction réelle de voir combien
votre manière d'exposer la Religion répond à ce que j'aurais voulu
trouver pour me guider moi-même.

Chose curieuse ! Depuis qu'on fait des Catéchismes en France, il
semble qu'on n'ait jamais eu l'idée d'exposer la Religion dans son
ensemble, telle que Dieu l'a faite et telle que l'Histoire nous la révèle.
Après nous avoir dit un mot d'Adam et d'Eve, on saute tout de suite à
Notre Seigneur Jésus-Christ, on explique les Commandements de Dieu
et de l'Eglise, on traite les Sacrements, et c'est tout. La Religion n'est
pas cela, elle est mieux que cela: la Religion embrasse le monde entier
par la Révélation primitive, la Tradition, le Sacrifice, et l'action du
Saint-Esprit. — Le Sacrifice, c'est le fond de toutes les Religions et de
toute la Religion, et c'est à peine si, une fois ou deux, son nom est
prononcé dans nos Catéchismes français... Le Saint-Esprit, c'est le
Dieu avec nous, et cependant c'est le *Dieu inconnu*... L'Ecriture Sainte
c'est la base de notre croyance, et pas un enfant du catéchisme ne sait
au juste ce qu'est l'Ecriture Sainte et d'où vient ce que son curé lui
enseigne.

Je l'avoue, ces critiques sont un peu sauvages, mais elles ne sont
point injustes. En tout cas, je les donne telles quelles, comme elles
viennent d'elles-mêmes à l'esprit un peu irrité d'un missionnaire qui a
voulu expliquer l'ensemble de la Religion à des gens qui n'y connais-
saient rien et qui n'y est pas arrivé avec les catéchismes ordinaires
qui se publient en France. Aussi, Monseigneur, vous comprendrez
combien j'ai été heureux de trouver enfin un livre où le Christianisme
est présenté comme un corps de doctrine et de pratiques où tout se
lie depuis l'origine du monde jusqu'à la fin, où tout se suit, où tout est
imprégné de la vie surnaturelle, et où tous les hommes sont appelés de
partout.

Le mandement de Carême de 1891 traite de l'obligation
d'aimer Jésus-Christ et la Papauté, sous peine d'anathème.
Mgr Fava, dans la deuxième partie sur la Papauté, établissait que qui n'aime pas la Papauté est par cela même
l'ennemi de la vérité et de l'unité ; et il concluait ainsi :

Ah! comme l'unité fleurirait parmi nous, mes Frères, si tous nous
étions unis au Pape, comme des fils à leur père. L'univers ne forme-
rait plus qu'un troupeau sous la houlette d'un seul pasteur. Nous y
travaillons. Voyez comme la besogne avance. L'Afrique s'ouvre de
toutes parts aux nations chrétiennes ; l'Asie est attaquée partout par

la Croix ; le Japon et les îles de l'Océanie arrivent à la lumière. Plus loin l'Amérique tend ses deux bras au catholicisme, et les Indiens, forcés dans leurs solitudes, s'agitent vainement pour arriver à demeurer sauvages. L'hérésie s'use, et le schisme, qui enfante chez lui des révolutions sans cesse renaissantes, commence à se rapprocher de la Papauté. Hérétiques et schismatiques envoient des représentants auprès du Saint-Siège et le choisissent parfois comme arbitre.

Où est donc le grand obstacle à l'unité du monde ? Qui empêche aujourd'hui les peuples et les individus d'aller au Vicaire de Jésus-Christ, et par lui à Jésus-Christ, Fils de Dieu, notre divin Rédempteur? Mes Frères, vous ne l'ignorez pas, car vous avez entendu naguère une voix auguste qui disait, en parlant de la persécution maçonnique : « Le système n'est point nouveau ; mais ce qui est nouveau, c'est l'audace, l'acharnement, la rapidité avec lesquels maintenant on l'applique. C'est le plan même des sectes qui se déroule actuellement en Italie, spécialement en ce qui touche de plus près à l'Eglise et à la Religion catholique, plan dont le but final et notoire est de réduire, si cela était possible, la religion même à néant. »

Et pour que nous ne soyons point accusés d'exagération, qu'il nous soit permis de citer ici quelques paroles émanant des francs-maçons eux-mêmes. Nous choisissons les moins inconvenantes : « *⁎* La Papauté est la plante vénéneuse qui empoisonne le beau sol de l'Italie, car ses doctrines perverses corrompent les cœurs, énervent les esprits. »

« Le dogme catholique est pire que le poignard d'un homicide, car celui qui coupe le fil d'une existence et celui qui atrophie la vie morale sont aussi assassins l'un que l'autre. Donc tous ceux qui parlent de conciliation sont des imbéciles ou des infâmes. » (*Revista* XIX, p. 109, etc.)

« Nous devons prouver à tous les francs-maçons du monde entier que, puisque ici, à Rome, se trouve leur ennemi invétéré le plus sauvage, le plus obstiné et le plus féroce, c'est à nous francs-maçons italiens, qu'il appartient d'être la sentinelle vigilante, l'avant-garde courageuse, qui est prête et décidée à entamer la lutte mortelle. Car l'ennemi de la maçonnerie italienne, c'est l'ennemi de la maçonnerie universelle... » (Rapport officiel lu, le 15 janvier 1885, à l'assemblée constituante de la franc-maçonnerie italienne. *Revista* XVI, p. 6.)

Nous pouvons donc hardiment conclure que l'Eglise catholique travaille à unifier les peuples par la prédication et la pratique de la charité, tandis que la franc-maçonnerie trouble le monde et y jette la haine en tous lieux, jusqu'à déclarer qu'entre la Papauté et elle, c'est une guerre à mort. Il faut que l'une ou l'autre succombe.

Evidemment, ce n'est pas l'Eglise qui succombera. Elle souffre et elle souffrira ; la maçonnerie aura le sort de toutes les hérésies : elle disparaîtra sous le coup des condamnations de l'Eglise, qui attireront sur les francs-maçons et leurs adhérents la justice divine.

Pour nous, nos très chers Frères, aimons Jésus-Christ de tout notre cœur, ainsi que la Papauté, la plus sainte et la plus divine Institution qui ait jamais été et qui sera jamais. En l'aimant, c'est Dieu lui-même que nous aimons, et ce que nous ferons pour elle, le Seigneur le regardera comme fait à Lui-même.

Naturellement, ce langage devait déplaire aux Francs-Maçons, et un de leurs organes partit en guerre contre l'évêque dont il dénonçait les préférences « pour l'aigle ou pour le coq ». C'était une calomnie; car l'évêque demandait seulement au Gouvernement, quelle que fût sa forme, d'être chrétien et de « prêter attention aux avertissements qui viennent de la chaire de Saint Pierre » ; mais il fallait bien venger la Franc-Maçonnerie, signalée avec trop de raison comme sapant Monarchies, Républiques et Empires, parce qu'elle travaille à détruire la foi.

Ces attaques n'étaient pas pour arrêter l'évêque ; il en avait vu bien d'autres; d'ailleurs, n'était-il pas dans son devoir d'évêque catholique lorsqu'il déclarait accepter toute forme de gouvernement, pourvu que l'Eglise soit respectée? Cette pensée, il la précisait dans une déclaration « publique et solennelle ». Le 24 juin 1891, signalant à son clergé « l'initiative prise par le cardinal Richard, archevêque de Paris, pour « faire de tous les catholiques de France une armée qui défende les droits de Jésus-Christ, roi des rois, et la souveraineté de son Eglise ou royaume », et constituant dans son diocèse le parti catholique, il disait :

Article 1ᵉʳ.—Nous acceptons la forme de Gouvernement qui est celle de la France aujourd'hui, c'est-à-dire *la République*.

Nous voulons un chef qui soit catholique: c'est la loi de notre pays.

Nous voulons un gouvernement qui s'inspire, dans ses lois et son action, des croyances catholiques, religion de la très grande majorité des Français, et non des erreurs maçonniques, dont la base est le Naturalisme et qui ne sont professées que par un petit nombre de Français.

Art. 2. — Pour arriver à réaliser parmi nous cet idéal qui s'impose à notre foi, nous aurons recours à tous les moyens honnêtes et permis. Nous nous efforcerons surtout d'avoir comme représentants à la Chambre et au Sénat des catholiques fidèles à leurs croyances, et intelligents dans les affaires qu'ils auront à traiter.

Art. 3. — Nous prendrons pour guider notre action la dernière Encyclique de Léon XIII : *De la Condition des ouvriers*, basée sur le saint Evangile et la justice naturelle.

Art. 4. — Sans nullement haïr ceux qui propagent l'erreur dans la société, nous les combattrons, à l'exemple de Jésus-Christ qui s'élevait avec force contre les scandaleux. Car nous réprouvons, ainsi que Dieu le commande, le système de *la Neutralité*, et nous professons qu'un enfant qui n'aime pas son père et sa mère, est coupable : il en est de même de l'homme envers Dieu, qui est notre père à tous.

Art. 5. — L'évêque diocésain est à la tête de cette société qui prendra le nom de : *Parti catholique*, parce qu'elle a pour but de défendre les intérêts de l'Eglise et de prendre *parti* pour elle dans toutes les questions auxquelles elle est mêlée.

Art. 6. — Le *Parti catholique* se soumettra aux lois qui lui sont imposées de droit commun, et usera des libertés qu'elles lui laissent.

Et la même doctrine, qui s'inspire, non d'un amour pour le coq ou pour l'aigle, mais des droits et des devoirs d'un évêque catholique, se trouve dans une lettre d'adhésion au cardinal Richard, en date du 8 mars 1891; dans le discours prononcé aux Etats dauphinois de Romans, le 13 décembre de la même année ; dans des études sur le pouvoir politique et sur les droits des prêtres et des évêques; dans une conférence au clergé sur la politique religieuse. Nous sommes obligés de passer rapidement sur ces diverses communications épiscopales qui, dans leur ensemble, constituent un véritable traité de politique chrétienne, et nous en avons regret. D'ailleurs, ses idées politiques, Mgr Fava les a condensées dans un « Résumé de politique chrétienne » qui devait être « enseigné ainsi qu'on enseigne le catéchisme ». Nous le donnerons, car il n'a rien perdu de son utilité, quoique, par suite de circonstances dont nous parlerons plus tard, il ait été retiré :

CHAPITRE PREMIER
ROYAUTÉ DIVINE DE JÉSUS-CHRIST

D. Est-ce que Jésus est roi ?

R. Oui, Jésus étant le Fils de Dieu, est le Roi des rois.

D. Qui a révélé au monde que Jésus est le Fils de Dieu ?

R. C'est Dieu son Père.

D. Comment s'est faite cette révélation ?

R. Après avoir annoncé pendant quatre mille ans la venue du Messie ou Christ, qui devait régner sur la terre, Dieu le Père est venu lui-même le reconnaître pour son fils sur les bords du Jourdain et sur le sommet du Thabor.

D. Citez les paroles du Père.

R. Au Jourdain, on entendit une voix du ciel qui disait : « Celui-ci est mon Fils bien-aimé, en qui j'ai mis mes complaisances » (Matth. III, 17); et sur le mont Thabor, on entendit une voix sortant de la nuée, disant : « Celui-ci est mon Fils bien-aimé, en qui j'ai mis toutes mes complaisances, écoutez-le. » (Matth. XVII, 5.)

D. Est-ce que Jésus s'est dit lui-même Fils de Dieu et Roi ?

R. — Oui, Jésus s'est dit souvent Fils de Dieu et Roi ; en particulier devant Caïphe et Pilate : écoutons-le.

D. Est-ce que Jésus a voulu régner sur la terre ?

R. Oui, Jésus a voulu régner sur la terre, après sa mort sur la croix, car il a dit : « Quand j'aurai été élevé de terre, j'attirerai tout à moi.» (Jean XII, 32.)

D. Jésus a-t-il régné ?

R. A peine les apôtres avaient-ils reçu le Saint-Esprit qu'aussitôt ils prêchèrent l'Evangile de Jésus au monde, et le monde le reconnut pour Fils de Dieu et l'adora.

D. Le règne de Jésus finira-t-il ?

R. Non, le règne de Jésus n'aura pas de fin, puisque, après avoir régné sur la terre, il continuera de régner au ciel avec les justes.

D. Où sont renfermées ces vérités ?

R. Dans le symbole des Apôtres.

CHAPITRE DEUXIÈME
LES APOTRES DE JÉSUS-CHRIST

D. Que faut-il entendre par apôtres de Jésus ?

R. Les apôtres de Jésus sont les hommes que Jésus a choisis pour prêcher son Evangile et à la tête desquels il a placé Pierre.

D. Qui a succédé à Pierre et aux apôtres ?

R. C'est le Pape et les Evêques.

D. Les prêtres sont-ils chargés aussi d'enseigner l'Evangile ?

R. Oui, sous l'autorité des évêques.

D. Est-ce que les laïcs doivent être apôtres de Jésus ?

R. Oui, il est commandé à toutes les personnes qui ont quelque autorité sur la terre d'être apôtres de Jésus : le père et la mère dans leur famille, les gouvernants dans l'Etat, les maîtres et maîtresses dans leur maison, les instituteurs et institutrices dans leurs écoles, les patrons dans leurs usines, les supérieurs à l'égard de leurs inférieurs, etc.

D. Est-ce que chacun de nous est obligé d'être apôtre ?

R. Oui, chacun de nous est obligé d'être apôtre envers son prochain, puisque être apôtre, c'est travailler au bonheur de ses frères en leur faisant connaître, aimer et servir Jésus-Christ, en qui seul est le salut.

D. Sommes-nous obligés de nous occuper du prochain?

R. Oui, « Dieu a ordonné à chacun d'avoir soin de son prochain » (Eccl. XVII, 12), et celui qui dit : suis-je le gardien de mon frère ? ressemble à Caïn le fratricide.

D. Que produit l'apostolat ?

R. Il fait connaître la loi chrétienne et pratiquer la vertu, dans le monde, en général ; dans les familles, les âmes, partout ; de là viennent l'ordre et la paix.

D. Y a-t-il des récompenses pour les apôtres de Jésus ?

R. Oui, il y a de grandes récompenses pour les apôtres de Jésus : d'abord, le bonheur de plaire à ce divin Maître, le Roi de nos cœurs ; puis, la joie qu'on éprouve à faire du bien à ses semblables, à sa famille, à son pays, dont on assure ainsi la prospérité et la gloire ; enfin, il y a le Ciel.

D. Il faut donc être apôtre du Christ Jésus ?

R. Oui, par tous les moyens qui sont en notre pouvoir.

CHAPITRE TROISIÈME

MOYENS D'APOSTOLAT

D. Quels sont les principaux moyens d'apostolat ?

R. La prière, la parole, l'action, l'exemple.

D. Comment la prière est-elle un moyen d'apostolat ?

R. Parce que, en priant Dieu, il donne aux personnes pour lesquelles nous prions de connaître et d'aimer Jésus-Christ, son Fils, qui est la Vie ; il leur accorde également les autres grâces dont elles ont besoin.

D. Faut-il aussi parler aux hommes ?

R. Oui, il faut parler aux hommes pour leur apprendre la Religion chrétienne, qui est résumée dans le catéchisme. — *Celui qui ne sait pas le catéchisme doit, sous peine de péché mortel, l'apprendre au plus tôt.*

D. Est-ce une bonne œuvre d'apprendre le catéchisme aux enfants ?

R. C'est la meilleure.

D. Y a-t-il faute à empêcher quelqu'un d'apprendre la Religion ?

R. C'est un crime abominable, pire que si on empêchait quelqu'un de manger : ceci tue le corps, cela tue l'âme.

D. Ceux qui sont apôtres du mal par la parole, soit verbale, soit écrite, sont-ils gravement coupables ?

R. Ceux qui composent, vendent, colportent de mauvais livres, de mauvais journaux, ou autres productions littéraires impies, caricatures et choses pareilles, sont les scandaleux dont Notre Seigneur a parlé avec une divine colère et qu'il a menacés de l'enfer.

D. Faut-il être apôtre par l'action ?

R. Oui, il faut être apôtre par l'action; car Notre-Seigneur a dit : « Ce n'est pas celui qui me dit : Seigneur ! Seigneur ! qui entrera dans le royaume des cieux, mais celui qui fait la volonté de mon Père qui est aux cieux, celui-là entrera dans le royaume des cieux. » (Matth. VII, 21.)

D. Quels sont les actes qu'il faut faire pour être apôtre ?

R. Ecouter sa conscience et son cœur qui nous le disent.

D. L'exemple est-il aussi un moyen d'apostolat ?

R. C'est le plus puissant après la prière, et sans lui la parole et l'action perdent beaucoup de leur efficacité.

D. Qui doit être principalement l'objet de notre apostolat ?

R. Les pécheurs, à l'exemple de Jésus ; les enfants, les pauvres, les malades, la jeunesse et les ouvriers, qui manquent de temps pour s'instruire.

CHAPITRE QUATRIÈME

DES ÉLECTIONS

D. Est-ce que les élections sont un moyen d'apostolat ?

R. Oui, les élections diverses, surtout celles des députés et des sénateurs, sont un moyen puissant d'être apôtre de Jésus-Christ.

D. Quelle en est la raison ?

R. La raison en est que les députés et les sénateurs font les lois et forment le gouvernement du pays. Si leurs lois sont conformes à la justice et respectueuses des croyances catholiques, ces lois sont bonnes; sinon, elles sont injustes et impies, et le gouvernement mauvais.

D. Que faut-il penser des électeurs qui, sciemment et le voulant, nomment des députés et sénateurs, qu'ils savent devoir voter contre les croyances catholiques ?

R. Il faut penser que ces électeurs se rendent gravement coupables envers Dieu, et qu'ils sont responsables devant lui des actes mauvais que commettront les députés et sénateurs nommés par eux.

D. Et pourquoi cela ?

R. Parce que, si les électeurs, en nommant les députés et sénateurs, n'insultent pas eux-mêmes Jésus-Christ et son Eglise, ils les font offenser, insulter et blasphémer par les hommes de leur choix.

D. Mieux vaudrait donc ne pas voter du tout ?

R. Puisque les élections sont un moyen d'être apôtre de Jésus-Christ, et que, en général, il est facile de voter, il faut regarder les élections comme obligatoires devant Dieu.

D. Que faire si aucun catholique ne se présente ?

R. Il faut s'entendre avec ses frères et amis et en choisir un.

D. Cela coûte cher, et de diverses manières ?

R. Oui, c'est cher aussi pour les ennemis de Dieu, et ils trouvent de l'argent. Unissons-nous, nous en trouverons.

D. Les évêques et les prêtres peuvent-ils se mêler d'élections?

R. Oui, puisque la loi les reconnaît électeurs et éligibles, et leur assure tous les droits de citoyens français, dont, par ailleurs, ils remplissent les obligations.

D. Est-ce que le clergé, à l'étranger, s'occupe des élections ?

R. Oui, en Belgique, en Allemagne, en Angleterre, en Amérique, partout, les évêques et les prêtres s'occupent des élections, étant, plus que les citoyens ordinaires, obligés d'être apôtres de Jésus-Christ, défenseurs des droits de l'Eglise, pères du peuple, gardiens des mœurs et amis de la gloire de la nation.

D. Il faut donc, quand il y a des élections en vue, s'y préparer ?

R. Oui, il faut s'y préparer comme à un acte d'où dépendent la fortune du pays, son bonheur et son avenir.

Nous avons signalé, peut-être en l'exagérant un peu, l'accalmie qui s'était produite en 1890 ; ce n'était pas l'apaisement, ce n'était pas surtout l'orientation dans le sens chrétien de la politique républicaine, quoiqu'une semblable orientation fût dans l'intérêt de la République à qui elle donnait immédiatement les masses catholiques. Sur l'initiative de M. Brisson, les Chambres avaient voté l'impôt dit d'accroissement, qui frappe les congrégations pour un accroissement purement fictif. Le cardinal Foulon, archevêque de Lyon, avait protesté dans une lettre au Président de la République, alors M. Carnot, — M. Grévy, malgré sa complaisance aux persécuteurs, avait dû quitter la présidence, on sait dans quelles circonstances, — où il disait notamment :

Mon patriotisme s'émeut à la pensée que la ruine des communautés religieuses amènerait la destruction des œuvres de charité qui sont l'honneur de la France et de la civilisation chrétienne puisqu'elle forcerait à s'expatrier ces admirables auxiliaires du bien, et d'un bien dont nos concitoyens sont les premiers à profiter. Je me persuade donc bien que ce malheur et cette iniquité seront épargnés à mon pays.

C'est que la question ne touche pas seulement aux choses de l'Eglise et à ce point de vue j'ai tout particulièrement le droit et le devoir de m'y intéresser, mais à la notion même de la justice. Cette notion serait profondément altérée en France si l'on devait continuer à appliquer la loi. »

Les adhésions épiscopales arrivèrent nombreuses au cardinal Foulon ; celle de Mgr Fava fut des premières et des plus chaleureuses ; la voici :

Au nom des Sœurs de Saint-Charles que j'ai le bonheur aussi de posséder dans mon diocèse, compagnes des Sœurs de Marboz et de Lyon, qui ont compris et montré que les biens des congrégations religieuses sont sacrés et qu'on ne doit point les céder sans y être autorisé par l'autorité compétente ;

Au nom de toutes les congrégations de mon diocèse intéressées à la question et auxquelles nous donnons comme exemple à suivre les Sœurs de Saint-Charles ;

Au nom de tout mon clergé, si heureux d'unir ses labeurs à ceux des diverses congrégations d'hommes et de femmes, nombreuses dans ce diocèse ;

Au nom de tous les catholiques qui forment presque tout le troupeau spirituel qui nous est confié ;

Au nom de tous ceux qui veulent le bonheur de la France, parmi nous, c'est-à-dire de notre département tout entier, qui sait que la *justice élève une nation, tandis que l'injustice la rend misérable ;*

En mon nom, à moi, qui ai eu l'honneur naguère de dire à M. Spuller « Monsieur le Ministre, croyez que le clergé de France accepte mieux que personne le gouvernement de son pays ; ce qu'il veut, et c'est son droit, ce sont des lois justes, respectées de tous ; et puis des instituteurs dignes de leur mission ; »

Au nom de toutes les personnes que nous venons de désigner, Monseigneur le cardinal, nous rendons à Votre Eminence de sincères actions de grâces, d'avoir élevé la voix pour dire à M. le président de la République, en résultat, que la Fille aînée de l'Eglise, dont les destinées sont confiées à sa garde, compte sur son gouvernement, pour pouvoir accomplir sa mission providentielle, qui est d'être dans le monde le soldat du Christ et l'appui de la Papauté.

Dans la circonstance, l'évêque ne voulut pas s'en tenir là ; il donne aux congrégations existant dans son diocèse des instructions par lesquelles il les invitait à la résistance unanime contre cette loi évidemment injuste :

L'intérêt de la justice et des communautés exige que toutes les congrégations prennent sans hésiter la même attitude en ce qui concerne l'application de la loi relative au droit dit d'accroissement. S'il y a eu jusqu'à présent des divergences à ce sujet entre les diverses communautés, il importe que ces divergences fassent place à une entière unité de direction.

M. le Ministre a reconnu devant le Parlement que les résultats de l'application de cette loi étaient d'une injustice incontestable et contraires à l'intention du législateur. Il s'est engagé formellement à proposer des mesures pour modifier ces résultats. Il a déclaré en outre que les tribunaux étaient saisis et prononceraient sur la question.

Les tribunaux ont, en effet, été saisis d'un grand nombre de procès, et parmi ces procès il en est qui ont même pour objet de demander la restitution de sommes indûment payées par des communautés qui s'étaient crues obligées d'effectuer ces payements. Il n'y a encore, à ce jour, que peu de jugements rendus. S'il est, ce que nous ignorons, quelque décision contraire aux réclamations des communautés, plusieurs autres, récemment publiées, ont pleinement reconnu leur droit. (Voir notamment les jugements d'Yvetot et de Reims.)

Il est donc logique et nécessaire d'attendre que la justice ait établi définitivement le droit des congrégations. Il est non moins juste d'attendre que M. le Ministre ait eu le temps de tenir sa promesse en proposant les mesures nouvelles qu'il a annoncées.

En se soumettant, avant qu'on ait ces deux bases sérieuses, à une perception déclarée non due par des décisions judiciaires, une congrégation cause à toutes les autres un préjudice évident, en fournissant contre leur juste résistance un argument à ceux qui s'efforceraient d'exiger ce paiement anticipé. En s'appuyant sur les déclarations ministérielles et sur les décisions rendues, les communautés sont placées sur le terrain suivant, dont elles ne doivent pas s'écarter:

« Elles ne discutent pas la loi, mais la manière dont elle est interprétée et appliquée par l'Administration. Autre chose est la loi, autre chose est la manière dont on prétend l'appliquer et contre laquelle ont déjà prononcé M. le Ministre et plusieurs tribunaux. Les communautés ne sont ni rebelles ni révoltées, mais elles sont victimes d'une fausse interprétation et opprimées. »

L'Administration de l'Enregistrement ne peut que trouver très juste une attitude semblable, appuyée sur de telles autorités. Si, contre toute attente de notre part, quelque agent, sous l'inspiration d'un zèle inconsidéré, se permettait des menaces ou des propos inquiétants pouvant faire craindre des vexations, nous prions de nous en informer immédiatement pour que nous en portions plainte, ainsi que de toute démarche ou exigence qui serait contraire à la justice et au droit des communautés. Vous avez droit à la même égalité, à la même protection qui sont le patrimoine commun à tous les Français. Il ne faut pas accepter d'être traités autrement qu'eux tous. Vous rendez assez de services au pays pour qu'en récompense vous y trouviez au moins la justice. Il y a lieu d'attacher une importance spéciale aux recommandations ci-dessus, qui ont en vue le bien de tous et une justice égale pour toutes les communautés. S'il en est parmi elles qui, pour divers motifs, aient eu jusqu'à présent une attitude différente, elles agiront prudemment en suivant autant que possible les conseils contenus dans la présente lettre. Elles pourront d'ailleurs nous faire connaître la situation spéciale où elles seraient placées et étudier avec leurs conseillers s'il n'y aurait pas lieu dès à présent de réclamer ce qu'elles auraient indûment payé par erreur.

Dans un communiqué en date du 16 novembre 1891, Mgr Fava, voyant les congrégations religieuses de son diocèse menacées et tracassées par les agents du fisc, revenait sur ses instructions du 26 mars qu'il confirmait :

Comme chef religieux de toutes les congrégations du diocèse de Grenoble, nous devons les protéger contre des prétentions que le Ministre lui-même a condamnées, et régler l'usage des biens, dont disposent celles qui relèvent de nous sous ce rapport en tant que biens de communauté, parce qu'ils revêtent un caractère sacré comme tous les biens d'Eglise, dont l'abus ou le vol devient sacrilège.

C'est pourquoi, nous avons, le 26 mars dernier, fait connaître, ici-même, que, d'après la déclaration publique de M. le Ministre des finances, les Congrégations devaient attendre, pour payer, soit une décision souveraine de la justice, c'est-à-dire un arrêt de Cassation, soit la réforme promise par M. le Ministre. Or, l'on attend encore l'une et l'autre.

Nous ne saurions admettre que des agents d'une administration puissent exercer contre tels ou tels contribuables et d'une manière inégale autant qu'arbitraire, des rigueurs contraires aux solennelles déclarations de leur ministre. Nous avons conseillé aux congrégations, par notre lettre du 26 mars, de se placer sur ce terrain de la justice et de la loyauté en s'appuyant sur l'autorité de la parole ministérielle. Nous avons dans ladite lettre exposé complètement la situation, et aussi nos raisons de résister à des prétentions injustifiées. Ce n'est pas en secret que nous avons parlé et agi, mais publiquement, et en face des agents du fisc ; or aucune observation ne nous a été faite. Ce silence de la part du Gouvernement a pu être interprété comme un consentement tacite, puisque son devoir, autrement, était de parler.

Nous pouvons, en conséquence, et nous devons confirmer ce que nous avons écrit à cette date, en nous étonnant que les agents reviennent d'eux-mêmes à l'attaque et dépassent les intentions du Ministre. Notre surprise est d'autant plus grande que nous les voyons procéder par exceptions et non d'une manière générale, soit dans notre diocèse, soit ailleurs. Un impôt réellement dû est dû par tous les contribuables qu'il vise, et la perception en est faite partout, au même moment, de la même façon. Or, on inquiète, on poursuit telle ou telle congrégation, alors qu'on ne dit rien, ou presque rien aux autres. On va jusqu'à offrir comme prime nous ne savons quels rabais, à celles qui se montreraient obéisances et s'exécuteraient immédiatement. Même l'on nous a assuré que certaines congrégations avaient payé *conditionnellement*, en ce sens que si la loi (impossible et inique dans son application) était retirée, on leur remettrait l'argent versé : peut-on croire qu'une administration ait recours à pareille mesure? Nous ne voulons pas y ajouter foi, par respect et amour, ainsi que pour l'honneur de la France.

Si la présente déclaration n'est point fondée en raison et en justice, qu'on nous fasse un procès ; mais que l'on cesse de tourmenter nos congrégations, dont l'Eglise nous constitue les défenseurs, au prix s'il le faut, de notre repos et de notre vie.

Nous ne sommes qu'un narrateur, nous ne voulons donc pas discuter ici l'attitude prise alors par les catholiques dans cette question du droit d'accroissement, mais ne nous sera-t-il pas permis de dire que, si la résistance avait été générale, le Gouvernement républicain, au fond désireux de l'apaisement, aurait reculé ?

En cette année 1891, s'organisait le pélerinage des ouvriers français à Rome; un comité s'était formé à Grenoble qui reçut immédiatement l'appui de l'évêque : « Que nos ouvriers aillent donc à Léon XIII, lui écrivait-il, et ils entendront le Vicaire de Jésus-Christ leur redire les grandes paroles de l'Encyclique sur la *Condition des ouvriers*; cette lettre où l'on sent la flamme du Cœur sacré de Jésus, où l'on entend ses accents si terribles aux pharisiens, aux scribes, aux princes qui opprimaient le peuple par leur orgueil et le ruinaient par leur avarice. » On n'a pas oublié comment ce pélerinage pacifique des ouvriers catholiques à Rome fut troublé par des violences qui étaient évidemment préparées et derrière lesquelles il est difficile de ne

pas voir la main des Loges. Plusieurs évêques se plaigni-
rent de ces violences dans des lettres adressées au Ministre
des Cultes, alors M. Fallières; l'une des plus énergiques
était de Mgr Freppel, évêque d'Angers; il reçut de Mgr
Fava une chaleureuse lettre d'adhésion dans laquelle celui-
ci lui demandait de se mettre à la tête de l'épiscopat français pour « revendiquer les droits du Saint-Siège au point
de vue spirituel et temporel ».

Parmi les évêques qui avaient écrit à M. Fallières se
trouvait l'archevêque d'Aix, Mgr Gouthe-Soulard. Sa lettre
déplut, et il fut poursuivi, non pas devant le Conseil
d'Etat, mais devant la justice. Le prélat fut condamné à
3,000 francs d'amende et aux frais; il eut même son traitement suspendu; mais il avait fait entendre devant la
magistrature française une parole épiscopale qui eut un
grand retentissement. Les adhésions lui arrivèrent nombreuses, parmi lesquelles celle de Mgr Fava qui le remerciait d'avoir dit que nous étions « non en République, mais
en Franc-Maçonnerie. » Hélas! le mot est encore trop
vrai !

Dans l'année 1892, outre le mandement de carême sur
la Crèche du divin Enfant Jésus, nous signalerons surtout la déclaration des Cardinaux français, l'affaire des
catéchismes électoraux et la réunion, à Grenoble, de l'Association de la jeunesse catholique.

La déclaration des Cardinaux français (1), datée du 16
janvier, s'ouvrait par un magistral exposé de la situation
où l'on rappelait l'athéisme pratique du Gouvernement,
l'abus qu'il faisait des articles organiques, les religieux
expulsés, l'enseignement sans Dieu sous une vaine étiquette

---

(1) Les signataires étaient le Cardinal Desprez, archevêque de Toulouse; le Cardinal Langénieux, archevêque de Reims; le Cardinal
Place, archevêque de Rennes; le Cardinal Richard, archevêque de
Paris; le Cardinal Foulon, archevêque de Lyon. Le cardinal Lavigerie n'avait pas signé.

de neutralité, la suppression de l'aumônerie militaire, la loi du divorce, la laïcisation de la bienfaisance, les entraves sans nombre apportées à l'action du clergé. Les Cardinaux conclurent par cette déclaration qu'il nous parait bon de rappeler ; on oublie si vite :

I. — En premier lieu, le devoir est de faire trève aux dissentiments politiques, et, en se plaçant résolument sur le terrain constitutionnel, de se proposer avant tout la défense de leur foi menacée. « Quand la foi chrétienne est en péril, a dit Léon XIII, tout dissentiment doit cesser, et l'on doit, d'un commun accord, prendre la défense de la religion, qui est le bien suprême de la société et le but auquel tout doit être rapporté. »

II. — L'Eglise ne veut pas s'interposer entre le Gouvernement et les citoyens pour restreindre les prérogatives du pouvoir politique à l'égard de ses subordonnés. Mais l'Etat ne doit pas, non plus, s'interposer entre l'Eglise et les fidèles pour entraver l'exercice d'une mission spirituelle qui n'émane pas de lui, mais de Dieu.

III. — Les catholiques ne prétendent nullement former un Etat dans l'Etat. Mais ils n'admettent pas davantage que l'Eglise soit incorporée à la puissance séculière comme un des rouages de son administration. Et plutôt que de subir cet asservissement, ils doivent être prêts à tout souffrir et disposés à tout entreprendre pour la résistance.

IV. — On a dit, du haut de la tribune française, au nom du Gouvernement:

« Nous ne reviendrons pas sur les lois que la République a votées,
« depuis qu'elle est consolidée. — Les lois scolaires... sont, pour nous,
« des lois de neutralité et d'indépendance. — Les lois militaires sont
« des lois d'égalité, des lois de droit civique. — Nous considérons ces
« lois comme une partie du patrimoine que la République actuelle a
« lentement constitué, et qu'elle n'a en aucune façon l'arrière-pensée
« de laisser dissiper à aucun moment. »

Ces lois ne sont nullement essentielles à une forme de Gouvernement et ne peuvent faire partie intégrante de la constitution d'une république respectueuse de tous les droits. Les catholiques peuvent donc, sans paraître même s'ériger en adversaires de la République, et ils doivent, en conscience, les considérer comme mauvaises en elles-mêmes et injustes envers l'Eglise. Ils peuvent être dans la nécessité de les subir, mais les accepter, jamais. Par conséquent, leur devoir est de travailler, par tous les moyens légitimes, à faire rapporter ces lois, ou tout au moins à en faire disparaître tout ce qui blesse la conscience chrétienne.

V. — Il ne saurait convenir aux catholiques de provoquer la rupture entre l'Eglise et la République française. L'attitude révolutionnaire n'a jamais été celle des fidèles enfants de l'Eglise. Ils doivent respecter, dans le Concordat, la foi des traités, les droits acquis, une condition de la paix morale, une forme séculaire de l'harmonie qui doit exister entre deux pouvoirs, enfin un hommage rendu par la puissance séculière au rôle civilisateur de l'Eglise, au sein des sociétés humaines.

VI. — Ils doivent considérer la subvention budgétaire, garantie par le Concordat, comme une dette sacrée de l'Etat envers l'Eglise, dont les biens, représentant une rente de beaucoup supérieure à celles du budget des cultes, ont été mis, il y a cent ans, à la disposition de la nation.

VII. — Mais les avantages matériels et moraux que le Concordat leur assure, ne sont pas de ceux que l'on doive préférer à tout.

Quand Pie VII a négocié cette convention avec le Premier Consul, il l'a fait pour relever l'Eglise de France de ses ruines. Nul doute que, s'il eût envisagé le Concordat comme un instrument de gouvernement entre les mains de la puissance séculière, il eût préféré abandonner l'Eglise de France à la situation précaire où la Révolution l'avait laissée.

La même sollicitude du Vicaire de Jésus-Christ veille et veillera toujours sur les grands intérêts dont Pie VII a pris soin il y a bientôt cent ans. C'est à lui seul qu'il appartient de stipuler au nom de l'Eglise.

L'éventualité de la rupture du Concordat n'est donc pas de celles que nous ayons à envisager. Nous comptons, de la part des représentants du pouvoir, sur le respect des traités, comme nous sommes assurés que le Pape s'inspirera toujours, dans les circonstances les plus difficiles, de cette parole si souvent citée de saint Anselme : « Dieu n'aime rien tant, ici-bas, que la liberté de son Eglise. »

VIII. — En résumé : Respect des lois du pays, hors le cas où elles se heurtent aux exigences de la conscience ; respect des représentants du pouvoir ; acceptation franche et loyale des institutions politiques ; mais, en même temps, résistance ferme aux empiétements de la puissance séculière sur le domaine spirituel ; dévoûment actif et généreux aux œuvres qui ont pour objet de fournir à la société chrétienne les éléments de sa vie propre, notamment aux œuvres d'enseignement, d'apostolat et de charité ; enfin, fidélité au devoir électoral, dont l'accomplissement par tous les gens de bien assurerait une représentation nationale vraiment conforme au vœu du pays, et capable d'opérer dans la législation les réformes nécessaires à la paix publique.

Tels sont les devoirs qui s'imposent, à l'heure actuelle, à la conscience et au patriotisme de tous les catholiques français.

En terminant cet exposé, qu'il nous soit permis d'exprimer un regret : celui d'avoir été contraints, par la gravité des circonstances, à occuper l'opinion des légitimes griefs des Pasteurs de l'Eglise à l'égard de ceux qui font entrer dans la politique des pensées hostiles à la religion.

Les droits de l'Eglise que nous défendons ne sont entre nos mains qu'une condition de l'accomplissement de nos devoirs. Ces devoirs, nous voulons nous en acquitter selon toute l'étendue des besoins que révèle l'état présent de la société.

En les remplissant, les Evêques sont les plus utiles auxiliaires du pouvoir civil ; mais, pour l'aider efficacement, ils ont besoin, à leur tour, d'être traités en amis, non en suspects, en alliés, non en adversaires.

Dès le 21 janvier, Mgr Fava envoyait son adhésion au cardinal Desprez, archevêque de Toulouse, doyen des cardinaux et son ami particulier ; il lui disait : « L'Evêque de Grenoble est profondément reconnaissant envers les Eminentissimes Cardinaux français de leur démarche auprès du Gouvernement de la République. Elle soulage la conscience et donne du courage aux catholiques. C'est un acte qui constitue définitivement l'Episcopat français en lui désignant un Chef, auquel tous ses membres s'unissent avec joie. Nous savons désormais à qui nous devons nous adresser pour exprimer nos désirs, et faire qu'on nous rende justice.

« L'Evêque de Grenoble, en parlant ainsi, est assuré d'exprimer les sentiments de son Clergé et de ses Congrégations religieuses, ainsi que de tous ses diocésains demeurés fidèles à l'Eglise. »

Puis, il publiait dans la *Semaine religieuse*, numéro du 28 janvier 1892, « quelques notes prises dans la Déclaration des Cardinaux », où il insistait sur l'action de la Franc-Maçonnerie. Enfin, le 14 février, il adressait à ses diocésains une lettre qu'il terminait en leur indiquant la Déclaration des Cardinaux comme une direction de conduite et en invitant les prêtres à l'expliquer et à la commenter en ne « s'inspirant que de l'amour sacré de l'Eglise et de la France ». Du reste, l'Episcopat français tout entier,

84 archevêques et évêques, 6 sièges étant vacants, adhéra à la Déclaration.

Nous avons parlé du « catéchisme politique » de Mgr Fava ; nous en avons même donné le texte ; d'autres évêques avaient publié des « catéchismes électoraux » ; le Gouvernement s'en émut, quoique la République, en tant que forme du gouvernement, ne fut nullement en jeu, puisqu'on faisait seulement un devoir de conscience aux électeurs de voter en chrétiens. Des démarches furent faites à Rome, auprès du Pape, pour qu'il fît retirer les catéchismes électoraux en même temps que plusieurs évêques, parmi lesquels Mgr Fava, furent menacés de poursuites. Ils n'auraient pas cédé devant les menaces, mais ils obéirent respectueusement à un désir du Pape, et les catéchismes furent retirés. En ce qui le concernait, Mgr Fava a très bien expliqué l'affaire dans une lettre adressée au *Grenoblois* :

La question est bien simple. Le Saint Père a vu que la Franc-Maçonnerie, qui opprime le pouvoir en France, veut absolument et radicalement y détruire le christianisme, et que la secte prend occasion de tout pour forcer la main à nos ministres et les contraindre à frapper sur le clergé.

Les catéchismes électoraux ont paru au Saint Père devoir être une de ces occasions pour les projets de la secte, et il m'a fait savoir indirectement et verbalement son désir de me voir retirer ledit catéchisme : j'ai obéi.

Comme il n'est pas nécessaire que je mette cette leçon dans mon catéchisme et que je puis, en temps opportun, la placer dans la *Semaine Religieuse* ou ailleurs, au point de vue du bien il n'y a pas de sacrifice, et cela pacifie.

D'ailleurs, la majorité de l'épiscopat français s'est abstenue de nous suivre et a montré par là sa manière de voir. Elle est celle du Pape.

Ceux qui ont parlé et ajouté une leçon à leur catéchisme, ont traité là aussi d'écoles et de mariage civil et de divorce. Ils ne peuvent pas aussi facilement que moi se retirer de la lutte, de ce côté-là. J'ignore absolument s'ils ont été priés par le Saint Père d'agir comme moi.

Je me suis fait, en tout cas, un devoir de les informer qu'en obéissant au Pape, je ne croyais ni ne voulais cesser de combattre l'*ennemi*, l'ordre maçonnique.

Je ne veux pas combattre le pouvoir, mais les Francs-Maçons. Et si, en frappant sur ceux-ci, dont la haine contre le catholicisme est inextinguible, je viens à frapper sur quelque représentant du pouvoir, ce n'est pas ma faute. En entrant au ministère ou dans quelque fonction, un fonctionnaire doit laisser à la porte ses défroques et sa haine de sectaire, sinon nous avons le droit de le regarder comme oublieux de son devoir et traître à la patrie. Si le présent se tait, l'avenir parlera.

Du lieu élevé où il est placé, Léon XIII a plus de lumière que nous, plus de grâces d'en haut aussi. Il est docteur, il est père, il est notre Christ. Le Ciel nous dit : *Ecoutez-le*. Ecoutons-le donc, nous ne saurions nous tromper en l'écoutant. Et si le succès apparent ne couronne pas notre obéissance, croyons-le bien, Dieu a toujours béni et bénira toujours les enfants assez pieux pour ne jamais mépriser les avis de leurs père et mère, surtout si ce sont des vieillards.

Quelques jours auparavant, Mgr Fava avait reçu du cardinal Rampolla une lettre dans laquelle il l'assurait « que Sa Sainteté avait appris, avec satisfaction, la sage démarche qu'il avait faite pour prévenir les conséquences d'une condamnation (de la part du Conseil d'Etat), sans préjudice, d'ailleurs, des vrais principes et de la dignité épiscopale ». Il est évident, en effet, que le retrait des catéchismes électoraux n'infirme nullement les principes qui y étaient posés et que l'électeur chrétien reste tenu d'user en conscience de son bulletin de vote.

Nous n'avons pas à raconter la réunion, à Grenoble, de l'Association de la Jeunesse catholique, qui eut alors un grand retentissement ; nous dirons que Mgr Fava la présida et qu'il prononça un discours sur quelques jeunes gens, apôtres du Christ, et que M. le comte Albert de Mun parla de l'espérance ; les deux sujets étaient heureusement choisis. Nous ajouterons que Mgr Fava, ayant envoyé au cardinal Rampolla un compte rendu de la réunion, reçut du Pape une lettre où, après l'avoir remercié et félicité, ainsi que les membres de l'Association de la Jeunesse catholique, le Saint Père renouvelle en ces termes ses instructions pour l'union des catholiques français dans la défense de l'Eglise :

S'il est vrai que le progrès de la vie religieuse dans les peuples est une œuvre éminemment sociale, vu l'étroite connexion entre les vérités qui sont l'âme de la vie religieuse et celles qui régissent la vie civile, il résulte de là une règle pratique qu'il ne faut pas perdre de vue, et qui donne aux catholiques une largeur d'esprit toute caractéristique. Nous voulons dire que, tout en se tenant ferme dans l'affirmation des dogmes et pur de tout compromis avec l'erreur, il est de la prudence chrétienne de ne pas repousser, disons mieux, de savoir se concilier, dans la poursuite du bien, soit individuel, soit surtout social, le concours de tous les hommes honnêtes.

La grande majorité des Français est catholique; mais parmi ceux-là même qui n'ont pas ce bonheur, beaucoup conservent, malgré tout, un fond de bon sens, une certaine rectitude que l'on peut appeler le sentiment d'une âme naturellement chrétienne. Or, ce sentiment élevé leur donne, avec l'attrait du bien, l'aptitude à le réaliser; et plus d'une fois ces dispositions intimes, ce concours généreux leur sert de préparation pour apprécier et professer la vérité chrétienne. Aussi n'avons-nous pas négligé dans Nos derniers actes de demander à ces hommes leur coopération pour triompher de la persécution sectaire désormais démasquée et sans frein, qui a conjuré la ruine religieuse et morale de la France.

Quand tous, s'élevant au-dessus des partis, concerteront dans ce but leurs efforts : les honnêtes gens avec leur sens juste et leur cœur droit, les croyants avec les ressources de leur foi, les hommes d'expérience avec leur sagesse, les jeunes gens avec leur esprit d'initiative, les familles de haute condition avec leurs générosités et leurs saints exemples, alors le peuple finira par comprendre de quel côté sont ses vrais amis, sur quelles bases durables doit reposer le bonheur dont il a soif; alors il s'ébranlera vers le bien, et dès qu'il mettra dans la balance des choses sa volonté puissante, on verra la société transformée tenir à honneur de s'incliner d'elle-même devant Dieu. Pour contribuer à un si beau et si patriotique résultat, vous venez de Nous donner une nouvelle preuve de ce zèle dans le Congrès que vous avez présidé à Grenoble. Aussi espérons-Nous que les résolutions qui ont été prises, seront mises en pratique avec discernement et persévérance, et qu'elles se perfectionneront par leur application même. C'est dans cette confiance que Nous vous donnons de grand cœur, ainsi qu'à tous les membres du Congrès, et tout spécialement à l'élite de la jeunesse française qui s'y est rendue, Notre bénédiction apostolique.

Dans la citation que nous venons de faire, le Pape parle de ses « derniers actes » où il demande la coopération de tous les hommes de bonne volonté. Le Saint Père fait allusion à l'Encyclique *Inter sollicitudines* spécialement adressée à la nation française, pour laquelle il y témoigne une affection toute particulière. Cette Encyclique, Mgr Fava l'avait commentée dans une lettre pastorale qu'il terminait par ces mots : « Pour nous encourager, lisons et relisons la lettre de Sa Sainteté Léon XIII aux archevêques et évêques, au clergé et à tous les catholiques de France, et puis allons voter pour des amis de la Religion, mère et guide aimante de l'ouvrier. »

Signalons encore, mais très brièvement, dans cette année 1892 : les services pour les soldats morts au Tonkin et au Dahomey, où l'évêque prononça des paroles du plus ardent patriotisme ; les funérailles de la maréchale Randon, une grande chrétienne, à laquelle il rendit un hommage mérité, et enfin, la bénédiction de la chapelle de la Bérarde, perdue au milieu de l'Oisans, dans une vallée où, jusque-là, aucun évêque n'était allé ; on montre encore l'endroit où s'était arrêté le cardinal Le Camus ; c'est bien longtemps avant d'arriver à la Bérarde.

L'année 1893 a été moins mouvementée que 1891 et que 1892 ; nous passerons donc assez rapidement. Dans son mandement de Carême, Mgr Fava parle du règne de Notre Seigneur Jésus-Christ ; par l'étendue comme par la profondeur des aperçus doctrinaux, c'est un véritable traité sur la question, qui se résume en ces trois points : Dieu veut que son Fils règne sur la terre ; Dieu le Fils ne peut abdiquer, il faut qu'il règne ; Dieu le Saint-Esprit a pour mission ici-bas d'y assurer le règne de Jésus-Christ.

C'était l'année du jubilé épiscopal de Léon XIII. Dans une lettre, datée du 10 février, l'évêque annonçait au clergé et aux fidèles de son diocèse, qu'il irait « voir Pierre dans la personne de Léon XIII » et qu'il « offrirait à Sa Sainteté, avec l'hommage de sa profonde vénération, le respect, le dévouement et la foi de son diocèse » ; puis il ajoutait :

Pour fêter son Jubilé épiscopal, nous déposerons à ses pieds la *col-*

lecle du Denier de Saint Pierre, faite parmi vous, avec *le compte rendu de notre administration diocésaine*, où vont apparaître les œuvres, filles de votre initiative si généreuse.

Elles sont nombreuses, les églises bâties ou restaurées dans notre diocèse depuis vingt ans bientôt.

C'est que vous avez compris, mes Frères, cette vérité : « Pas d'églises, pas de culte religieux : pas de culte religieux, pas de religion » et pas de religion, retour au paganisme ignorant et à ses mœurs infâmes.

Oui, il nous faut des églises qui répondent au chiffre de la population, et où puissent entrer les deux tiers de la paroisse, afin que les hommes ne soient pas exclus de la maison de Dieu, quand leurs femmes s'y trouvent avec leurs enfants. Lorsqu'il y a une fête dans le monde, on y va en famille ; il en doit être de même à l'église, quand le Curé de la paroisse a préparé quelqu'une de ces messes solennelles, qui élèvent les âmes vers Dieu ; ou bien une belle cérémonie de l'après-midi, où se fait entendre la parole de Dieu, vie des intelligences et des cœurs. Il faut attribuer au manque d'églises, ou encore aux églises trop petites, la décadence visible de la foi dans plusieurs de nos villes, qui savent bâtir cependant des théâtres, quand elles n'en ont pas ; et les rebâtir quand ils sont trop petits.

Oui, N. T. C. F., nous dirons au Saint Père, en un tableau qui s'achève, les sommes vraiment prodigieuses que vous avez offertes à Dieu, pour nos églises, nos presbytères, nos établissements d'instruction chrétienne, nos asiles, nos patronages de jeunes gens et de jeunes filles, nos hôpitaux, nos refuges pour la vieillesse et l'enfance, et tant d'autres œuvres de bienfaisance que nous ne saurions énumérer. Et si Sa Sainteté, devant cet exposé magnifique des fruits dus à votre foi agissante semble nous soupçonner de quelque orgueil, nous nous permettrons de lui redire ces paroles de notre Père céleste, parlant de Jésus : « Celui-ci est mon Fils bien-aimé en qui j'ai mis toutes mes complaisances. » Mes Frères, n'êtes-vous pas aussi nos enfants, et n'avons-nous pas le droit de nous glorifier en vous ?

Avec quel bonheur nous lui parlerons de notre Clergé, si dévoué à son ministère sacré ; si apte à former, dans nos maisons d'éducation, les jeunes gens à la science et la vertu.

Il faudrait longtemps pour nommer seulement nos congrégations religieuses d'hommes et de femmes, et leurs œuvres innombrables.

Mais nous aurons un souvenir particulier pour notre monastère de la Grande-Chartreuse, dont il a plu à Dieu de faire une image de sa Providence, toujours attentive à nous secourir.

Nous n'oublierons pas les Associations pieuses, gardiennes de la foi et de l'innocence de l'enfance, de la jeunesse, de l'âge mûr lui-même, consolations de la vieillesse.

Nous dirons, qu'en général, ceux qui administrent la chose publique parmi nous, ont pris part à l'édification de nos églises et de nos presbystères, et que la plupart d'entre eux, fidèles à garder la foi et le bon sens de leurs ancêtres, ont évité de se laisser gagner par la manie maçonnique de faire la guerre au Clergé. Pour eux encore le Prêtre est l'ami des enfants et de la famille, et non *l'ennemi*, comme l'a dit un homme, qui se mentait à lui-même, et allait en cela jusqu'à se calomnier.

Et si le Saint Père, nous interrogeant, nous dit : Votre diocèse est donc encore un bon diocèse? Oui, Saint Père, répondrons-nous ; c'est encore un bon diocèse et même très bon. N'était le respect humain, il serait l'un des premiers de France.

Le 6 mars, Mgr Fava partait pour Rome, il y arrivait le 7, et il était reçu par le Pape le 9 ; il a, lui-même, rendu compte de son audience ; nous le laissons parler :

Léon XIII nous reçut avec la bonté paternelle qui est dans son cœur et qui se peint si bien dans ses yeux, sur son visage que son regard éclaire ; dans ses traits et toute sa personne. Il permet qu'on lui baise les pieds, en souvenir du Christ dont il est le vicaire, mais ses bras s'ouvrent et son cœur aussi, à ses enfants.

A peine fûmes-nous assis auprès de Sa Sainteté, qu'Elle nous adressa quelques paroles gracieuses, et nous permit ensuite de Lui parler nous-même.

Ce fut le moment d'exposer au Saint Père l'état de notre diocèse et de lui en donner une idée par les œuvres qui s'y font. En voici le résumé :

Depuis vingt ans, le diocèse de Grenoble : 1° a bâti cent et quelques églises ; 2° en a restauré deux cent quatre-vingts ; 3° a construit et restauré soixante presbytères ; 4° a bâti deux cent soixante-dix écoles chrétiennes ; 5° diverses maisons, comme asiles, patronages, hôpitaux, etc.

Les églises ont coûté seize millions, et le reste, six : vingt-deux millions en tout, sur lesquels les Pères Chartreux ont donné six millions, pour venir en aide à l'Etat et au diocèse. De sorte que, mes Frères, vos dons et vos souscriptions y sont pour la moitié — et au-delà.

Si l'arbre se connaît à ses fruits, le Saint Père a pu voir que votre foi est agissante et votre piété envers le Dieu du tabernacle, sérieuse. Car nous ne cesserons de le redire : Pas d'églises, pas de culte religieux ; pas de culte religieux, pas de religion. C'est alors le paganisme avec ses mœurs abrutissantes.

Sa Sainteté a loué alors votre zèle pour la maison de Dieu, et j'ai ajouté qu'en général vous aimez à la fréquenter, à y venir prier, chanter les louanges du Seigneur, entendre la parole de Dieu. J'ai dit votre amour pour les belles cloches et la musique religieuse.

Et votre clergé, m'a dit le Saint Père? — Nous avons mille prêtres environ, ai-je répondu, qui travaillent bien et ne craignent pas les courses à travers nos Alpes. Ils n'échappent pas à la fragilité humaine, dont tous nous partageons les faiblesses, mais ils honorent leur ministère. Votre Sainteté, ai-je ajouté, sait qu'il y a des taches jusque dans le soleil, cet astre si brillant.

Puis nous avons parlé de nos Congrégations religieuses d'hommes et de femmes, s'occupant avec intelligence et ardeur de l'instruction chrétienne, aujourd'hui si menacée par des systèmes maçonniques, qui font de l'enfant, de l'adolescent et du jeune homme, des êtres pires que les païens : car les païens dans leurs écoles parlaient de Dieu et cultivaient dans les âmes le sens religieux.

Nous avons passé en revue nos diverses Congrégations, toutes exemplaires. Nous pouvions l'assurer, et nul de vous, mes Frères, ne nous contredira. Elles sont notre joie, notre consolation ; et les heures que nous consacrons à leur rendre visite sont toujours trop rapides : elles rendent tant de services aux âmes dont nous avons la charge.

Nous n'avons pas oublié les personnes qui catéchisent volontairement les enfants et les ignorants, et le Saint Père a béni leur zèle.

A ce propos, nous avons ajouté : Saint Père, nombre de prêtres nous ont dit : Vous verrez le Souverain Pontife, demandez-Lui de nous donner un catéchisme universel. — Sa Sainteté a paru s'intéresser à cette demande, et nous avons pris la confiance de Lui dire que nous travaillions nous-même à un catéchisme, qui ne sera que le développement aussi simple que possible du symbole des apôtres ; catéchisme inspiré aux apôtres par le Saint-Esprit, lequel dit ce que chacune des trois Personnes de la Sainte Trinité a fait et fait pour l'homme, et qui est l'histoire résumée de l'humanité créée par le Père, sauvée par le Fils, sanctifiée par le Saint-Esprit. Pareil catéchisme, où tout se suit et s'enchaîne, depuis l'origine du monde jusqu'à la fin des siècles, de l'éternité à l'éternité, serait un récit facile à comprendre et à retenir. Le Saint Père nous a beaucoup encouragé.

Le temps passait vite dans ces entretiens. Nous avons déposé sur la table de Sa Sainteté votre offrande du Denier de Saint Pierre ; celle aussi de la Guadeloupe, et dix mille francs que Mgr Laurencin, mort au milieu de nous, avait confiés avant de mourir aux siens pour le Saint Père, dont les charges sont si grandes.

J'avais fait connaître à Sa Sainteté la présence à Rome de M. Mussel, vicaire général du diocèse. — Il a soixante-dix-neuf ans ? me dit Léon XIII. — Oui, Saint Père, soixante-dix-neuf et je n'ose pas encore l'appeler vieillard, tant il est, quoique âgé, vif et alerte. J'aurais pu Lui dire que la veille M. Mussel était monté jusque dans la coupole de Saint Pierre. — Je veux le voir, dit le Pape. — M. Mussel vint, fit ses trois génuflexions avec la prestesse d'un séminariste, et se jeta aux pieds du Pontife, qui l'embrassa.

Ce fut un moment vraiment touchant. Ces deux vénérables serviteurs de Dieu se voyaient pour la première fois. — M. Mussel n'était jamais allé à Rome. — La grande et pâle figure de Léon XIII se rapprochait de la figure pleine de vie et animée de son fils, agenouillé devant Lui... deux âmes, deux cœurs, en qui Dieu était comme un lien invisible, les confondant tous deux dans le même amour pour Jésus-Christ, leur adorable Maître, qu'ils servent depuis quatre-vingts ans... Tous deux jouissant de leurs pleines facultés intellectuelles, développées et enrichies par le travail et l'expérience ; tous deux doux et humbles de cœur ; tous deux rappelant le Maître, et le représentant tel qu'il eût été, s'il avait vécu leur âge... Oui, c'était beau, grand, ravissant. Et M. Mussel disait, des larmes dans les yeux : Saint Père, que je suis heureux ! heureux de vous voir, de vous entendre... d'être auprès de vous !

Sa Sainteté m'avait dit : Vous avez des personnes avec vous ? — Oui, Saint Père. — Faites-les venir ici dans mon cabinet. — Je le crois trop petit, Saint Père. — J'ai préparé quelques mots, il y aura une adresse ? J'en ai déposé plusieurs sur votre table, une en latin de notre Grand Séminaire... mais il y en aura une au nom des pèlerins. — Eh bien ! Allons dans la salle du trône... et nous partîmes tous ensemble, avec les Camériers, le Saint Père en avant, pour la salle du trône, où l'on fit entrer tous les pèlerins venus de divers diocèses.

J'adressai alors au Saint Père les paroles suivantes qu'il plut à l'Esprit-Saint de placer sur mes lèvres ; car nul de nous ne s'attendait à une audience publique. Voir le Saint Père et être bénis par Lui, c'était là que se bornait le rêve des pèlerins.

« Très Saint Père,

« Daigne Votre Sainteté bénir cette assemblée, qui est venue du diocèse de Grenoble et à laquelle se sont unies diverses personnes, dont plusieurs m'ont été présentées par M. le comte de Béhaine.

« Notre peuple, Très Saint Père, aime la Papauté. Il sait que le Pape, Pierre, est le porte-voix de l'Esprit de vérité et d'amour, le Chef de l'Eglise infaillible et immortelle. Fort de cette croyance, il se dit lui-même et il se croit infaillible dans sa foi ; nul ne peut errer en écoutant et en suivant Celui qui parle et dit la vérité d'une manière infaillible.

« Telle est notre doctrine, parce qu'elle est celle de l'Eglise. Et puis, Très Saint Père, mon peuple aime votre personne parce que Votre Sainteté est bonne pour tous : autant pour l'ouvrier, les pauvres, que pour les patrons et les riches. Ceux d'entre les artisans qui vous ont vu, entendu, et qui ont été bénis de votre main paternelle et caressante, ont su le redire à leurs compagnons.

« Bénissez, s'il vous plaît, Très Saint Père, ces ecclésiastiques qui représentent mon clergé intelligent et pieux ; bénissez toutes mes congrégations religieuses, nombreuses et zélées, tous les laïques qui nous aident à catéchiser les foules, hélas! peu instruites souvent de ce qui regarde l'Eglise et Jésus-Christ, Notre Seigneur; bénissez tout notre diocèse, et en particulier les personnes ici agenouillées à vos pieds, qui avaient faim et soif de voir votre visage, d'entendre votre voix, de baiser vos pieds et vos mains, et qui, dans un instant, s'arracheront au bonheur de vous avoir vu, entendu, et s'en iront le cœur plein de joie céleste et les yeux remplis de larmes d'attendrissement. Le surnaturel aussi parle et il a une voix plus puissante encore que celle de la nature ».

Ma petite allocution finie, je m'écartai et le Saint Père, qui avait daigné m'exprimer la satisfaction qu'il éprouvait par les mouvements approbatifs de la tête, prit la parole et versa sur nous, avec les effusions de son cœur, cet enseignement qui est tout rempli de l'amour de la patrie céleste et de la patrie de ce monde. Le triomphe de Jésus-Christ, par le libre enseignement de l'Eglise : tel est le thème de Léon XIII, dans ses Encycliques, ses discours, ses allocutions paternelles; et nous avons eu le bonheur d'en écouter un magnifique, quoique rapide développement.

Et puis ce regard vers la France catholique, dont le Souverain Pontife honore toujours notre nation, lui est si naturel, et à nous si glorieux ! Nous étions ravis de l'entendre prononcer, de sa voix profonde, qui semblait aller chercher au fond de son cœur, ce mot ; *La France,* qu'il disait avec amour. Placez-la par vos vertus aussi haut que vos cœurs voudraient la voir... Réclamez pour elle, sans cesser jamais, la liberté religieuse... Multipliez vos œuvres apostoliques en suivant les instructions que nous avons données à la Fille aînée de l'Eglise, dont la mission est aussi de faire régner Jésus-Christ en ce monde. Oui, priez et agissez; Dieu veillera sur la France et la bénira encore. Moi, je vais vous bénir tous.

J'ai prié alors Sa Sainteté de nous permettre quelques cris, quoique le Dauphiné ne soit pas du Midi : quelques acclamations, et tous ensemble nous nous sommes unis pour crier !

Vive Sa Sainteté Léon XIII !

Vive la liberté religieuse!

Vive la France catholique!

Alors le Saint Père souriant, a daigné admettre au pied de son trône chaque pèlerin, un à un, disant un mot à chacun. C'était le bon Pasteur accueillant ses brebis avec une tendresse céleste et caressante. Tel Jésus se montrait, aux jours de sa vie mortelle, pour les justes et les pécheurs ; car parmi ceux qui s'agenouillent aux pieds du Pontife, tous ne sont pas absolument des saints, mais tous sont profondément émus en entendant la voix du Vicaire de Jésus-Christ ; hommes et femmes se relèvent en pleurant de joie, de cette joie qui prend sa source en Dieu et passe au cœur chrétien comme un flot, auquel on ne peut résister. Les larmes coulent et l'on est heureux de pleurer.

Nous nous tenions à la sortie pour saluer nos chers pèlerins, et chacun nous disait son bonheur, la plupart nous regardant à travers leurs larmes.

Tout le monde était heureux auprès du bon Saint Père. Il y avait dans cette atmosphère quelque chose du ciel, et un souffle divin passait et repassait dans les âmes, les agitant doucement, mais profondément. Dieu était là, et les âmes dans leur vrai milieu, qui est Lui! On sentait la vérité, on la respirait, on en vivait, et on disait en concluant : l'Eglise catholique est la vraie Eglise... l'Esprit d'amour est son Ame, et l'Ame de nos âmes.

Les pèlerins, jusqu'au dernier, furent accueillis avec bonté. Le sacristain de notre cathédrale se présenta à la fin, et le Saint Père ayant appris sa fonction, lui dit après l'avoir béni : « Surtout veillez bien sur le tabernacle, et ne laissez pas entrer les voleurs. »

Il fallut partir... mais on s'en alla le cœur tout rempli de joies qu'on avait goûtées et emportant en soi l'image vivante de Léon XIII, que les meilleurs artistes ne sauraient peindre, aussi bien qu'il ne s'est peint lui-même, dans nos yeux et dans nos âmes, où il vivra à jamais.

A ce compte rendu si émouvant, que nous n'avons pas eu le courage d'écourter, nous ajouterons cependant encore quelques lignes : A un prêtre du diocèse de Grenoble, le Pape avait dit : « Ah! vous êtes du diocèse de Mgr Fava. C'est un militant, votre évêque ; c'est un militant. Il faut le suivre, il faut le suivre. » Le 18 avril, à l'audience de la bonne presse, le rédacteur en chef de la *Croix de l'Isère* était présenté au Pape comme pèlerin de Grenoble ; il a lui-même raconté ainsi son audience :

Le Saint Père m'a dit aussitôt : « Votre Evêque, Monseigneur Fava, est venu me voir il y a quelques semaines. J'ai été heureux de sa visite. Votre Evêque est combattant! combattant! suivez-le! suivez-le! » Et en répétant ces derniers mots, Léon XIII, qui jusque là tenait ma main droite dans les siennes, souligna énergiquement sa pensée et sa volonté par un double geste expressif des bras et des mains. Je répondis au Souverain Pontife : « Je vous le promets, Très Saint Père : c'est d'ailleurs ce que prêtres et fidèles du diocèse mettent en pratique. » Et le Pape, d'un regard plein de bonté et de satisfaction, et les mains étendues sur ma tête, mit fin à cette entrevue qui me parut une vision du ciel.

J'écris ces lignes en sortant de l'audience, tout ému, tout joyeux et tout fier de la haute estime en laquelle Léon XIII tient notre vénérable et vaillant Evêque.,.

Nous trouvons encore dans cette même année les belles fêtes de Saint-Antoine, une adresse des séminaristes soldats à Mgr Fava, l'oraison funèbre du général de Miribel. Les séminaristes soldats, au nombre de seize, que l'évêque avait voulu réunir et bénir, avant leur départ pour la caserne, lui disaient : « A la veille du départ, les fils s'assemblent autour de leur père pour recevoir sa dernière bénédiction : si près de vous, Monseigneur, au moment d'affronter les dangers d'une année de service militaire, il nous semble que vous êtes davantage notre père, et que nous, nous sommes davantage vos enfants. Oui, vous avez pour nous des attentions vraiment paternelles. Nous savons que rien ne vous coûte pour nous rendre moins pénible le séjour de la caserne. » Et, après avoir remercié le prélat, ils lui « promettaient solennellement de revenir fortifiés par l'épreuve, séminaristes purs et bons, après avoir été des soldats édifiants et sans reproche. » On sait qu'ils ont tenu parole, ainsi que ceux qui les ont suivis à la caserne. Cette fidélité, qui s'est reproduite dans la plupart des diocèses, a déjoué les odieux calculs de ceux qui avaient imposé le service militaire aux séminaristes, sous un vain prétexte d'égalité.

Nous aimerions à citer en entier les pages magistrales où Mgr Fava, avec sa double autorité de chrétien et de vaillant, loue le général, dont la mort subite fit une si profonde impression ; nous les reproduisons au moins en partie, car il s'en dégage d'utiles leçons :

J'aime mon métier de soldat, nous disait un jour ce brave général, et rien ne saurait m'arracher à l'armée française.

Vous le savez, Messieurs, Marie-François-Joseph de Miribel n'était pas un de ces hommes qu'enivre follement la poudre des combats, c'était plutôt un esprit sérieux ne voyant dans la vie militaire qu'un moyen de servir Dieu et sa patrie. Issu de noble race, chrétien par éducation, il usait de la science pour grandir sa foi ; aussi le métier des armes était, à ses yeux, une vocation d'en haut, où Dieu voulait qu'il se donnât à son pays, corps et âme ; il s'appliquait de toutes les forces de son esprit à se perfectionner dans l'art militaire; sa haute et puissante intelligence cherchait, nuit et jour, les règles qui font le bon soldat et forment les armées solides par la discipline, l'ordre, la science, la dignité de la vie, l'obéissance aux chefs, le point d'honneur et cet enthousiasme pour le drapeau qui a la vertu de faire battre tout cœur resté français. Qu'il était beau, Messieurs, ce jeune guerrier, au sortir de l'Ecole Polytechnique et de l'Ecole d'Application, alors qu'il parut en Crimée, y faisant son métier de soldat! Ses hommes n'avançaient pas au gré de ses désirs. Il saute sur un remblai où pleuvent les boulets et s'y tient impassible. Un général passe et lui dit « Mais c'est de la folie! — Mon général, il y a des heures où il faut électriser le soldat! » répond [Miribel. Qu'il fut admirable dans cette campagne d'Italie, où sa bravoure, a-t-on dit, son calme extraordinaire en face du danger, son sang-froid plein de bonne humeur et ses capacités exceptionnelles le font dès lors remarquer de tous! Il a les deux mains brisées, cela ne l'arrête pas. A Magenta, il est décoré sur le champ de bataille. Capitaine à l'état-major, il fait la campagne du Mexique. A Puébla, il reçoit une balle à la tête, et son courage qui fait l'admiration de tous, lui vaut la décoration d'officier de la Légion d'honneur. Le maréchal Randon, enfant comme lui de la plaine de Grenoble, le distingue, se l'attache comme officier d'ordonnance et l'honore de sa confiance. Il est ensuite envoyé comme attaché militaire à Saint-Pétersbourg, et partout l'étranger envie à notre nation ce jeune homme en qui brille le génie militaire uni à toutes les qualités du gentilhomme français. Cependant l'Allemagne, qui avait dès longtemps préparé la revanche de ces grandes défaites où les Français étaient apparus comme autant de héros, se préparait à nous attaquer. Tout chez elle entretenait la haine du Français. Pour inviter la nation au combat, on rappelait les scènes du passé les plus capables d'exciter le courage des combattants qui allaient se ruer sur notre pays trop confiant. La France avait parcouru le monde en compagnie de la victoire, et il lui semblait que la fortune ne pouvait devenir infidèle à son drapeau. Cependant notre vaillant homme de guerre, de 1868 à 1870, faisait partie d'une commission chargée d'étudier les engins explosibles; il apportait à ce travail délicat, qui exigeait des connaissances variées et approfondies, l'attention et l'ardeur dont il avait l'habitude, et l'on vit que sa science égalait sa bravoure, qu'on a pu appeler proverbiale. L'heure du combat s'annonçait par le bruit du canon.

Miribel était alors lieutenant-colonel, c'est-à-dire qu'il n'avait pas eu à se mêler des hautes questions politiques. Sûrement, il avait compris que l'ennemi visait les nations catholiques et que la destruction du catholicisme était le point culminant de son plan de campagne, mais il savait que le soldat doit obéir et que la France n'est pas le pays des *pronunciamientos*. Aussi, on le vit s'élancer avec la brigade qu'on fut heureux de lui confier au siège de Paris, contre les masses ennemies, avec un courage tout français et presque surhumain. Il apparut plus héros et plus tacticien que jamais dans les combats de la Malmaison, de Buzenval et de Champigny. « On le vit, dit un narrateur, entraîner des troupes improvisées et, par sa volonté et son caractère, accomplir sur le champ de bataille des prodiges d'audace contre de vieilles troupes aguerries ; il donnait des leçons de tir à ses artilleurs novices et, calme comme à la manœuvre, sous le feu de l'ennemi, il se réjouissait des coups bien portés. Émerveillés, séduits, entraînés par tant de sang-froid et de bonhomie simple et sans apprêts, les petits mobiles marchaient pleins de confiance derrière celui qui était, en fait, leur général. »

La Commission de révision le laissa colonel. Il devint brigadier en 1875, puis fut appelé à l'état-major général où il resta jusqu'en 1879, époque où il prit du service actif.

Rendons justice ici à un homme, Gambetta, qui eut assez d'intelligence pour comprendre la supériorité du général de Miribel, et le placer, malgré tous les obstacles suscités à ce projet, à la tête de l'état-major général. Le chef du grand ministère fut enveloppé à son tour dans le reproche de cléricalisme. Oui, de Miribel était catholique et nous le réclamons avec une sainte fierté pour l'un de nos frères ; cette grande figure nous appartient, et cet homme, qui se jouait aussi bien au milieu des problèmes de la science qu'en pleine mitraille, objet de l'admiration de tous, amis et ennemis, si bien peut-être que, là-bas sous leurs tentes, les bataillons prêts à marcher contre nous, disent de lui aussi : « Cet homme à lui seul valait une armée », oui, ce grand général était catholique et Grenoblois ; il était nôtre. Le repos forcé dont il fut honoré en quittant le poste de chef d'état-major permit au général de Miribel de résumer tout ce qu'il avait acquis dans le passé comme science et comme expérience et d'achever ses études sur l'art militaire. Nous disons achever, mais nous savons qu'on ne connaît jamais le tout de rien, et que les vrais savants sont les premiers à confesser leur ignorance sur une foule de choses dont l'intelligence échappe à leur esprit ; Miribel était de ces hommes.

Cependant, il arrivait du côté du Rhin des bruits pareils à des rafales, présageant la tempête, et les yeux cherchaient notre grand homme enseveli dans l'étude et le silence. 1887 l'en fit sortir pour le placer à la tête du VIe corps et quand, en 1890, les fonctions si longtemps attendues de major général sont créées, c'est à Miribel encore qu'elles sont confiées. Auteur d'un merveilleux système de mobilisation, il voulut alors en perfectionner les rouages, et il le fit avec un soin où apparaît son esprit d'ensemble, auquel n'échappait aucun détail : la sagesse a pour caractère d'atteindre aux deux extrêmes. Sous l'influence de cette action intelligente et forte, nos frontières voient se créer des forts nouveaux, des fortifications inutiles disparaissent, des voies ferrées se tracent et s'exécutent, la rapidité des mouvements

16.

est assurée en tous lieux. On voyait le général toujours énergique, toujours plein de santé, courant d'un bout de la France à l'autre, inspectant les travaux qu'il avait commandés et en commandant d'autres avec une sûreté de coup d'œil qui ravissait d'admiration tous les officiers qui le suivaient, se préparant eux-mêmes à marcher sur ses traces pour le salut et l'honneur de notre nation. Ces officiers, que nous appellerions volontiers ses élèves, auront appris de celui qui fut pour eux un maître et un père, que le mérite ne s'avance pas toujours par une voie fleurie et que souvent il rencontre la contradiction.

Outre que le général de Miribel était doué d'un talent rare et que, par son travail obstiné, il forçait le succès à couronner ses œuvres, redisons-le, il était catholique et de noble race. La haine sectaire ne lui pardonnait ni ses croyances qui recevaient de sa science et de sa haute position comme un éclat vengeur, ni la vieille gloire de cette famille antique, présentant à l'heure actuelle des rejetons qui attestent combien était généreux son sang. Ces choses unies à tant de grandeur que pourtant s'efforçait de voiler la modestie de notre héros irritaient les esprits qu'on sait et suscitaient sur la route du Chef d'état-major des ennuis profonds. Dieu, Messieurs, ne manque jamais d'éprouver ses serviteurs, surtout au déclin de leur existence. La souffrance est la compagne de l'amour, et si le soldat prouve à sa patrie qu'il l'aime en affrontant pour elle le péril et la mort, pourquoi le chrétien n'aurait-il pas aussi à souffrir pour témoigner à son Dieu sa foi et son amour? Miribel connut la douleur et, comme le juste aux prises avec la douleur est le plus beau spectacle que puisse offrir la terre, Miribel l'a offert, ce spectacle. Il faut estimer, Messieurs, que savoir se vaincre soi-même est chose plus grande que de vaincre ses ennemis, et cette chose si grande il a su la faire.

Général, qui fûtes pour nous un ami, la France a perdu en vous un de ses plus nobles enfants, au moment où l'ennemi a déjà le pied levé pour monter à l'assaut de nos frontières, de ces frontières qui vous ont coûté tant de soucis et sans doute la vie! N'oubliez pas votre patrie. Comme un nouveau Bayard, vous avez été un chevalier sans peur et sans reproche. Dieu aura voulu avoir dans son ciel un héros chrétien comme vous. Priez-le et demandez-lui qu'il fasse héritiers de votre génie militaire vos compagnons si dignes de vous; qu'il fasse passer quelque chose de son Esprit de sagesse et de force dans tous les rangs de notre armée; qu'il apprenne à la France qu'elle sera toujours noble, grande et victorieuse, si elle sait demeurer chrétienne, fidèle à sa vocation qui est d'être la Fille aînée de l'Eglise et de défendre la Papauté. Oui, priez pour nous; nous prions et nous prierons pour vous, en gardant fidèlement votre tombe et votre mémoire impérissable. Gloire à Dieu, au Dieu des armées qui fait les héros chrétiens! Gloire à ses nobles fils! Général, gloire à vous et repos éternel!

Dans l'année 1894, nous avons, d'une part, la déclaration de M. Spuller, alors ministre des cultes, sur l' « Esprit Nouveau » ; d'autre part, la législation des fabriques qui se ressentait plutôt de l'esprit ancien dans ses plus mauvaises inspirations. Mgr Fava fut naturellement des premiers à s'occuper de « l'esprit nouveau », mais ne se laissant pas prendre aux mots, il avait soin d'expliquer ce que devait être cet « esprit nouveau », pour produire réellement l'apaisement, en même temps qu'il signalait dans la Franc-Maçonnerie le grand obstacle à cet apaisement :

Un ministre français vient de le nommer, en pleine Chambre française, et sa parole fait en ce moment le tour du monde. Applaudie des uns, la risée des autres, elle est parvenue aux oreilles du Pontife romain, dont elle a touché le cœur. Car elle répond à un désir de beaucoup d'âmes de bonne volonté, qui de par le monde sont lasses d'être gouvernées par le *vieil esprit*.

Parole est semence ; elle porte des fruits selon sa nature. Celle-ci est bonne, en elle-même. La terre de France, où elle tombe, n'est pas mauvaise, au fond. On peut donc en attendre de bons fruits, si l'homme ennemi ne ravage pas le champ du père de famille.

L'Esprit nouveau.

Souvent nous l'avons appelé de toute l'ardeur de notre âme, en relisant le psaume 103e du prophète royal où se trouvent ces mots pleins de divine espérance : « Vous enverrez votre Esprit et ce qui était mort revivra : Vous renouvellerez, Seigneur, la face de la terre. »

Qu'est-ce donc qui est mort ou se meurt parmi nous? La foi chrétienne, mère des bonnes mœurs, avec la charité, source de tous les biens surnaturels, fille elle-même de l'Esprit-Saint, qu'il faut rappeler parmi nous.

Car le Ministre l'a bien dit : le vieil esprit fait la guerre à l'Eglise catholique — dont l'Esprit nouveau est l'Ame. — Vienne celui-ci! Arrière l'autre! et toutes les âmes chrétiennes ont tressailli de bonheur et tout ce qui appartient à la Franc-Maçonnerie s'est irrité.

Nous ne voulons faire peine à personne. Notre devoir est de défendre la vérité, nous le remplissons pour Dieu et la patrie ; par amour de nos frères, en général, et nos frères, ce sont les hommes sans distinction aucune.

Eh bien! nous disons : *La Maçonnerie, voilà l'ennemi.*

L'Esprit nouveau, qui est l'âme de l'Eglise catholique, christianise le monde et le civilise, depuis qu'on l'a vu descendre au Cénacle sur la tête des Douze, qui ont porté le nom de Jésus et son amour à tout l'univers.

L'esprit mauvais, le vieux tentateur, qui fut homicide dès l'origine, s'était incarné, en quelque sorte, à cette époque, dans cet homme néfaste, père de tous les impies qui ont paru au cours des siècles chrétiens, Simon le mage. Il précédait Pierre partout où il allait ; débitait sa synthèse à tout venant, synthèse faite de panthéisme indien et de parodie satanique de nos dogmes chrétiens, qu'il avait appris du diacre Philippe et de saint Pierre lui-même. Que dit cette synthèse ? Je suis la science…. *la Gnose*… la science par excellence. Ecoutez-moi : *eritis sicut dii* : Vous serez comme des dieux. Haine au Christ ! C'est l'homme, qui est Dieu. Il n'y a rien au-dessus de l'Homme. Et brodant sur ce panthéisme oriental, des fables à sa façon, il jetait dans les esprits l'orgueil qui l'avait perdu, et perdu Satan, son maître, le vieil esprit, follement amoureux de commandement et d'indépendance.

Le temps, qui a raison de tout, excepté de la vérité et de l'erreur ; de Dieu, qui est éternel, et de Satan qui est immortel, le temps n'a rien changé à ce combat de Pierre et de Simon le mage. Il se continue de nos jours, avec cette différence que Pierre s'appelle : l'Eglise catholique, et Simon le mage : la Franc-Maçonnerie.

La Maçonnerie, voilà notre véritable ennemi. Et notre honorable Ministre l'a bien compris, quand il a osé, avec un courage qui nous a ravi, affirmer qu'il n'était pas franc-maçon.

Quand nous acceptâmes publiquement la forme républicaine, nous eûmes soin d'ajouter : MAIS NOUS NE VOULONS PAS ÊTRE GOUVERNÉS PAR LA FRANC-MAÇONNERIE.

Nous avons cependant ce malheur, encore aujourd'hui, malgré notre Gouvernement : témoin cette parole : *l'esprit nouveau arrive.*

Allons-nous cesser d'être attaqués, taquinés et ruinés ? Va-t-on nous rendre la liberté ? Est-ce que le Concordat sera désormais mieux respecté ? Est-ce que les articles organiques, en ce qu'ils ont de favorable à l'Eglise, seront mis à exécution ? Ainsi, par exemple, l'article 61 desdits articles porte : « *Il sera créé autant de succursales qu'il en sera besoin* » et depuis dix ans, peut-être davantage, pas un centime n'est porté au budget à cette fin : c'est injuste et déloyal.

Tant que la Franc-Maçonnerie nous gouvernera, nous n'avons rien à espérer. Aussi prions-nous le Gouvernement de veiller aux projets de la secte, votés dans ses couvents.

A ces déclarations, Mgr Fava ajoutait bientôt une brochure sous ce titre : *Esprit nouveau, seul remède à nos maux,* dont il expliquait ainsi le but : « D'abord, nous montrerons que seul, l'Esprit nouveau qui est l'Esprit-Saint a fait

connaître Jésus-Christ au monde, et que seul, il peut nous
le faire connaître, aimer et servir pour nous assurer le bonheur en cette vie et en l'autre ; puis nous dirons de quelle
manière l'Esprit-Saint sanctifie les âmes pour les purifier
de leurs péchés, les revêtir d'innocence, de pureté, de foi,
d'espérance, de charité, afin de les rendre dignes que Jésus-
Christ se donne à elle, et les comble de ses bienfaits en
cette vie et dans la vie future. » Cette brochure, envoyée
au Pape, dont Mgr Fava commentait les enseignements,
lui valut une lettre du cardinal Rampolla qui lui disait
notamment : « L'auguste Pontife, en même temps qu'il
vous rend grâces de votre nouvel hommage, ne peut s'empêcher de louer le zèle avec lequel votre Seigneurie travaille par le moyen de ses écrits au bien de la société. »

Si nous ne devions nous borner, nous nous arrêterions
longtemps à la question des fabriques ; on a dit, non sans
raison, que c'était une tentative de l'Etat pour mettre la
main sur l'administration et les biens des fabriques ; on a
fait observer que, dans cette question, certainement
mixte, l'Eglise n'avait pas été consultée, aucun évêque
n'avait été appelé à donner son avis ; enfin, on a contesté,
par de très sérieuses raisons, la légalité de la nouvelle réglementation, en même temps qu'on a prouvé qu'elle était
inapplicable à la plupart des paroisses rurales. Dans ces
conditions, l'archevêque de Lyon, Mgr Coullié, crut devoir
adresser au Ministre des cultes une lettre à la fois ferme
et modérée. La réponse fut brutale, en dépit de « l'Esprit
nouveau » ; Mgr Coullié vit suspendre son traitement (1).

Mgr Fava s'empressa d'adhérer à la lettre de son métro-

____

(1) On sait que la suspension fut levée à la suite de la mort du président Carnot, où la conduite de l'archevêque arrachait ces mots à M.
Burdeau, cependant bien peu favorable à l'Eglise : « Ah ! Monseigneur,
vous nous donnez une grande leçon ! » Hélas ! il ne profita pas de la
leçon, car il devait peu de temps après mourir sans les secours de la
religion.

politain ; il le lui écrivait le 4 février 1894 ; puis il continuait ainsi :

Ce décret agite les esprits, et les plaintes s'élèvent de toutes parts.

C'est que la comptabilité des fabriques paroissiales se place, par sa nature, au nombre des questions mixtes, qui appellent la double intervention de l'Eglise et de l'Etat et ne peuvent aboutir à de bons résultats que par l'entente de ces deux puissances.

Dans le cas présent, non seulement le Gouvernement a pris l'initiative, mais il a agi seul, ce qui constitue un abus de pouvoir.

La question doit être portée à l'examen de l'Eglise, partie contractante avec le Gouvernement.

Votre Grandeur sait que seul le Saint-Siège est compétent pour traiter de cette affaire avec nos législateurs, et que les réclamations des Evêques de France n'aboutiront pas.

Vous allez à Rome, Monseigneur ; veuillez porter nos justes plaintes aux pieds du Saint-Père, et priez Sa Sainteté d'intervenir, non par une lettre seulement : c'est si vite oublié! mais par le moyen d'un Comité composé de quelques Cardinaux et de quelques autres Prélats français, qui s'adjoindront quelques jurisconsultes experts en la matière. Au nom du Saint-Siège, ils traiteront avec le Département des Cultes. S'il y a dans la comptabilité fabricienne quelques points à corriger, il sera facile de le faire, après entente. Sinon, en l'état, nous allons voir l'anarchie envahir le religieux comme le civil.

D'autant qu'il est impossible de ne pas voir dans le décret précité poindre une certaine hostilité contre l'Eglise. Non pas que le Gouvernement en soit l'auteur ; mais chacun sait que, sur un vaisseau, ce n'est pas l'amiral qui est à la barre du gouvernail, mais un timonier, lequel parfois dévie de la route indiquée.

La création dudit Comité a si bien sa raison d'être, que l'Episcopat le demande de concert avec le Clergé tout entier et les fidèles. C'est à lui que nous ferons connaître nos idées, sans nul bruit au dehors, et lui se concertera de même, sans passionner la presse, si inflammable, avec le Gouvernement. C'est faute de ce Comité, que le public aujourd'hui s'agite, en lisant les réclamations qui partent vers le Ministre des Cultes, de tous les points de la France.

Nous comprenons que le Gouvernement soit quelque peu empêché, quand il s'agit de saisir le Saint-Siège d'une question comme est celle de la comptabilité fabricienne ; comme demain sera celle des pompes funèbres, et, après demain, l'élaboration d'un tarif général pour les fabriques, questions cependant qui se rattachent au Concordat de 1801 : il n'en sera pas de même avec le Comité en permanence que le Gouvernement pourra trouver auprès de soi, quand il le voudra.

Ie crois avoir assez dit à Votre Grandeur ; peut-être trop. Elle usera de cette ouverture selon sa sagesse.

Mon Clergé, qui agite en ce moment, dans ses réunions, la question du décret, sera satisfait d'apprendre que j'ai tenu compte de ses *desiderata* et que je les ai fait connaître à Votre Grandeur, en la priant de les porter jusqu'à Celui qui est, ici-bas, notre centre visible d'unité, Léon XIII, trop ami de l'Eglise de France et des intérêts de notre pays, pour ne pas nous assurer cette même unité, vie de toute société religieuse et civile.

Six semaines après, à l'exemple de Mgr Coullié, Mgr Fava prescrivait aux Curés de « fournir leur budget pour 1895 comme par le passé ». Mais le Ministre des Cultes, en même temps qu'il déférait au Conseil d'Etat la lettre de l'Archevêque de Lyon, écrivait aux Evêques, pour leur dire que les budgets de 1895 devaient être établis d'après la nouvelle réglementation. Mgr Fava lui répondit le 24 avril :

Ma visite pastorale m'a empêché jusqu'à ce jour de répondre à la lettre de Votre Excellence du 19 de ce mois.

I. Elle me demande « de lui donner connaissance des instructions que j'ai cru devoir adresser aux conseils de fabrique, à l'occasion de la mise en pratique des nouvelles dispositions légales réglementaires. »

Je vous confesse, Monsieur le Ministre, que « ces nouvelles dispositions légales réglementaires » m'ont rappelé le serment, que j'ai fait, au jour de mon sacre, de défendre les biens ecclésiastiques qui me sont confiés. L'exemple, à ce sujet, nous vient de haut. Pie IX l'a donné ; Léon XIII le continue. Mon vénéré Métropolitain les imite. J'ai cru et je crois que je devais marcher sur de si nobles traces, surtout à l'heure présente, où la négation du droit de propriété, favorisée par la Franc-Maçonnerie, bat son plein, menaçant l'Europe et l'Amérique, d'une grève générale, à laquelle succéderont la faim, l'incendie et le pillage, inévitablement.

Les instructions de notre Métropolitain, je les ai faites miennes ; car j'estime qu'un suffragant est heureux de pouvoir suivre un chef hiérarchique, si bien inspiré ; surtout quand il peut espérer avec lui que les difficultés soulevées par la mise en pratique « desdites dispositions réglementaires » s'aplaniront par une entente vivement sollicitée, mais non encore intervenue, entre l'Episcopat et le Gouvernement.

II. Monsieur le Ministre sait d'ailleurs que, dans la mise en pratique des lois, il peut arriver à un Evêque de prendre une Ordonnance que les bureaux n'acceptent pas. Votre Excellence n'ignore point que dans ce cas le Conseil d'Etat seul peut en prononcer la nullité : disons l'illégalité. Cette jurisprudence est celle du Ministère des Cultes, assez récemment appliquée dans mon diocèse.

En effet, en pareille occurrence, à propos d'une *Ordonnance provisoire* que l'ordre et la validité des mariages m'avaient obligé de prendre, le 12 novembre 1889, pour les paroisses de Saint-Louis et de Saint-Joseph de Grenoble, sans attendre plus longtemps la réponse du Gouvernement, M. le Ministre des Cultes écrivait, le 1er mars 1890, à M. le Préfet de l'Isère, une lettre doctrinale, d'où j'extrais un passage applicable à la difficulté actuelle. Après avoir exprimé son sentiment et dit qu'à ses yeux l'Ordonnance de l'Evêque de Grenoble était nulle, il ajoute : « Mais outre que cette nullité ne me paraît pouvoir être prononcée que par le Conseil d'Etat, par la voie du recours pour abus, cette procédure, toujours longue, n'aurait aucun effet pratiquement utile, puisque la difficulté existant entre les deux paroisses resterait entière. »

Cette lettre est signée comme suit :

Pour le Ministre,
Le Conseiller d'Etat, Directeur des Cultes,
Signé : Charles DUMAY.

Votre Excellence, Monsieur le Ministre, a suivi cette jurisprudence, en déférant au Conseil d'Etat l'acte de Mgr l'Archevêque de Lyon. Quant à mon Ordonnance, elle n'a point été soumise au jugement de ce tribunal ; c'est pourquoi elle tient et fait loi, jusqu'à la délimitation générale des paroisses de Grenoble. Décision ministérielle.

Qu'il vous plaise, Monsieur le Ministre, de nous dire si nous ne devons tenir aucun compte, dans notre administration, de votre appel comme d'abus à l'endroit de Mgr l'Archevêque de Lyon ; ni, non plus, de ce que pourra décider le Conseil d'Etat dans cette question, de sa nature concordataire, où il se trouvera en face d'un *simple décret* infirmant un *décret-loi,* c'est-à-dire le décret de 1809, qui régit les fabriques paroissiales, parmi nous. Nous voulons l'ordre, et ce n'est pas nous qui le troublerons.

Avons-nous besoin de rappeler que cette question de la comptabilité des fabriques n'est pas encore tranchée ; elle ne le sera légalement et légitimement — les deux mots ne sont malheureusement pas toujours synonymes, — que le jour où interviendra un règlement arrêté à la suite d'un accord entre l'Eglise et l'Etat. Nous n'y sommes pas encore, malgré « l'Esprit nouveau ».

Dans cette année 1894, signalons encore le mandement de Carême, qui traite du symbole des Apôtres, un beau panégyrique de Jeanne d'Arc prononcé à la Cathédrale de Grenoble, et enfin, une lettre à l'occasion de la mort du tsar Alexandre III à laquelle les récentes fêtes pour la venue du tsar Nicolas en France, donnent un singulier intérêt d'actualité et que pour cela nous citerons :

Et nous aussi, prions pour le repos de l'âme d'Alexandre III.

Sur la terre, l'âme ne trouve de repos réel qu'en Dieu pour qui elle est : au ciel, Dieu est son repos éternel. Seigneur, donnez à Alexandre III ce repos éternel, en vous donnant à lui !

Sa sympathie pour la France catholique nous révélait la droiture de son âme : ailleurs, notre nation n'est pas toujours aimée, parce que, malgré ses oublis, son cœur reste fidèle à Jésus-Christ et à son Eglise, dont elle porte le drapeau sacré à travers le monde.

La Russie n'avait pas à se louer de nous. Nombreuses encore sont chez elles les mères et les familles qui pleurent les victimes de nos combats. N'importe, elle ne nous hait pas. Nos soldats fraternisaient, pendant les armistices, sur les champs de bataille de la Crimée, et voici que se rencontrant il s'embrasssent étroitement.

Ils ont marché naguère, ensemble, dans la joie et les fêtes, comme des frères ; aujourd'hui ils pleurent, ensemble encore, Alexandre, comme s'il était notre empereur. C'est que la Russie s'est montrée pour la France, une sœur, aux jours mauvais où se réveillait la vieille haine des tribus allemandes contre les Francs. Par dessus la tête de nos ennemis, elle nous a tendu sa large et puissante main, et les autres nous voyant unis, se sont pris à réfléchir.

Il est mort ce modeste grand homme, qui donnait le signal au glaive de rentrer au fourreau. Il était bon naturellement comme sont les forts ; et le regard paternel de Léon XIII, en se tournant vers lui, l'avait rendu meilleur encore.

Léon XIII, la Russie, la France, cette noble Triplice que l'amour avait formée, nous présageait des jours meilleurs pour la Chrétienté. Mais si Alexandre n'est plus, son Fils Nicolas lui succède, et du haut de son trône inébranlable, Pierre, vivant en Léon XIII, bénira le jeune Empereur et la France catholique, pour que la Russie et la Fille aînée de l'Eglise s'en aillent dans l'Extrême-Orient porter, non le matérialisme mercantile, mais le règne de Jésus-Christ et l'amour de la Vierge son auguste Mère, en parlant la même langue, celle de la foi catholique.

Sans nul doute, c'est ce que le grand Mort, qui a paru devant Dieu, demande, maintenant qu'il connaît la vérité. Que ne feraient donc pas la Russie et la France, toutes deux catholiques, pour le bonheur et le salut de l'univers, dans l'unité de foi et d'action, sous le regard du Pontife romain, successeur de Pierre, Vicaire du Christ ? Car les Russes ressemblent aux Français : Dieu ne les a pas faits marchands, mais conquérants et apôtres.

Nos très chers Frères, empruntant à un noble ami du Tsar Alexandre et de la Russie, le Cardinal Archevêque de Paris, nous vous disons à notre tour : « Si le vœu prophétique de Léon XIII n'a pas encore reçu son accomplissement, si nous ne pouvons encore célébrer les solennités de la liturgie catholique à l'occasion des obsèques du Tsar, nous prions dans le secret de nos cœurs pour le repos de son âme.

Oui, nous prierons pour Alexandre et sa famille ; nous prierons pour nos deux nations, travaillées toutes deux par le mauvais génie de la révolte et de la destruction, afin qu'après avoir vaincu leurs ennemis intérieurs, elles aillent, la main dans la main, apprendre à la Chine que le ciel n'est point vide, et que le sang chrétien qu'elle verse depuis si longtemps, n'a point coulé en l'honneur d'un Dieu imaginaire comme ceux qu'elle adore, mais pour l'amour du Fils de Dieu fait homme, Jésus-Christ, Notre Seigneur et Maître adorable, à qui soient à jamais honneur, louange et gloire.

Avec l'année 1895, nous avons une nouvelle lutte ; le droit d'accroissement n'a réussi ni à équilibrer le budget, ni à tuer par la famine les congrégations religieuses. Il est abandonné et fait place au droit d'abonnement. Celui-ci est-il meilleur ? On l'a dit et nous n'avons pas à examiner la question ; nous nous bornerons à dire qu'il est inique, et l'on sait qu'une loi injuste n'oblige pas.

Elle a été jugée de haut, cette taxe d'abonnement, par les cardinaux Richard et Langénieux. Le premier écrivait au président de la République, le 30 septembre 1895 :

Dans l'entretien que vous m'avez permis d'avoir avec vous au moment où les Chambres allaient être appelées à se prononcer sur la loi dite d'abonnement, j'ai eu l'honneur de vous exposer les graves préoccupations que ce projet de loi causait à l'épiscopat. Nos préoccupations étaient fondées.

La loi du 16 avril a ému l'opinion et laissé une douloureuse impression chez tous les catholiques. On se tromperait, si l'on ne voyait qu'une émotion factice et passagère dans les discussions soulevées à l'occasion de cet acte législatif. Une atteinte profonde a été portée à la conscience catholique au moment même où l'apaisement se faisait dans les esprits sur le terrain des institutions politiques qui nous régissent.

Quand un ministre a cru pouvoir dire devant les Chambres qu' « un esprit nouveau » se manifestait dans le pays, ce n'était pas un mot vide de sens. Partout on est las de la persécution religieuse que les sectes maçonniques dirigent contre l'Eglise depuis vingt ans. On aspire à l'union de tous les enfants de la France pour travailler de concert aux grands intérêts du pays, loin de s'épuiser en discussions stériles et de poursuivre l'oppression des consciences chrétiennes. En frappant les communautés d'un impôt exceptionnel et contraire à la Constitution, la loi du 16 avril est venue à l'encontre de ce mouvement d'opinion qui tend à l'apaisement des esprits.

Ce mouvement venait d'être puissamment secondé par les conseils salutaires que le Souverain Pontife, dans son amour pour notre patrie, nous donnait de faire trêve aux dissentiments politiques et de nous unir dans la défense de la religion et de l'ordre social : conseils qui, quoi qu'on dise, ont porté leurs fruits. Les catholiques, en effet, ne refusent pas un loyal concours aux affaires du pays ; ils demandent seulement que leurs adversaires n'aient pas la prétention de faire de l'ensemble des lois antichrétiennes la constitution essentielle de la République. Quels sont les vrais amis de la France ? Ceux qui, en acceptant loyalement la forme du gouvernement républicain, veulent non des privilèges, mais la liberté et l'égalité devant la loi ; ou ceux qui prétendent défendre la République en imposant le joug de leurs doctrines au pays ?

La nation d'ailleurs, dans son ensemble, n'a pas ratifié par son suffrage les mesures d'exception prises contre les congrégations religieuses dans le cours de ces dernières années.

Quand les Religieux ont été exclus des écoles communales au mépris de la Constitution qui déclare les fonctions publiques accessibles à tous les Français, les pères et les mères de famille n'en ont-ils pas moins continué de confier leurs enfants aux Frères et aux Sœurs partout où les sacrifices de la charité privée ont permis d'ouvrir une école libre ? Ce que nous constatons tous les jours des résultats de l'école sans Dieu par la criminalité précoce des enfants et des jeunes gens, ne justifie que trop la préférence donnée par les parents à l'école chrétienne.

Est-il besoin de rappeler que les malades ne cessent de réclamer les Sœurs dans les hôpitaux d'ou elles ont été exclues, et n'a-t-on pas encore recours à elles pour le service de nos ambulances en temps de guerre. ?

Ces faits indiquent suffisamment que, dans la disposition actuelle des esprits, on ne saurait voir un acte de révolte contre le Gouvernement de la part des congrégations religieuses qui, frappées d'un impôt exceptionnel, contrairement à la Constitution, et conduites par cet impôt à la ruine, n'iraient pas d'elles-mêmes porter au fisc, l'argent qu'elles doivent à la libéralité des fidèles pour les œuvres d'éducation et de charité. Ne serait-il pas douloureux de voir l'administration employer les voies de rigueur contre des institutions qui ne réclament que l'égalité devant l'impôt ?

Après tant de preuves du dévouement de nos communautés religieuses à l'intérieur et à l'étranger où elles propagent et maintiennent l'influence française, nous avions le devoir, Monsieur le Président, et nous croyions avoir le droit de réclamer qu'on ne les mette pas en dehors du droit commun et que les lois fiscales portées contre elles, au lieu d'être aggravées à chaque budget, soient réformées pour leur assurer désormais l'égalité devant l'impôt.

La France est chrétienne et veut rester chrétienne, les sectes maçonniques voudraient la déchristianiser en la soumettant à des lois contraires à ses véritables intérêts. Pour tout esprit clairvoyant, la loi du 16 avril se rattache à un ensemble de dispositions législatives destinées à enchaîner la liberté religieuse. Nous avons vu ces dispositions se succéder, dans le cours des dernières années, suivant un programme que l'on ne se donne plus la peine de dissimuler. Il semblerait même, aux yeux de nos adversaires, qu'il n'y ait qu'un seul péril à redouter pour la France : le christianisme, comme si le pays n'était pas couvert des institutions bienfaisantes que l'Eglise a créées et que la charité entretient avec un dévouement qui ne se lasse pas ! Mais pendant qu'on fait la guerre à l'Eglise, on paraît oublier qu'il y a autour de nous des périls autrement redoutables : les passions subversives qui fermentent dans les masses et dont plus d'un indice nous annonce parfois le réveil toujours menaçant.

Evêques et Français, nous ne pouvons demeurer indifférents à l'avenir du pays. Et si, d'une part, en réclamant pour les congrégations religieuses la liberté et l'égalité devant la loi, nous sommes persuadés que, bien loin de compromettre l'apaisement des esprits désiré par tous les bons citoyens, nous indiquons au contraire les véritables conditions d'une paix durable ; c'est de plus pour nous un devoir d'avertir le pays des dangers que lui préparent l'athéisme légal et la négation des vérités religieuses qui sont la base de toute société civilisée ; et de lui signaler en même temps les périls qui attendent les peuples quand les passions déchaînées ne trouvent plus devant elles aucune barrière morale.

Loin de nous la pensée de désespérer de la patrie. Notre espoir le plus cher, notre vœu le plus ardent, est de voir tous les hommes de bien unis dans un même dessein, dans un même dévouement pour l'honneur et la prospérité de la France. « Nous ne saurions, en effet, nous résigner à la pensée que la France se laissera jamais dépouiller des saintes croyances qui ont fait sa gloire dans le passé et qui lui ont assuré le premier rang parmi les nations. » (Dernières paroles du Cardinal Guibert au Président de la République trois mois avant sa mort.)

Dans une lettre datée du 7 octobre, Mgr Fava a remercié le cardinal d'avoir écrit au chef de l'Etat pour lui exposer les condoléances et les tristesses des évêques avec les tristesses de l'Eglise de France. Il faisait remarquer que, lorsque les évêques « sont attaqués par les chambres », le ministre des Cultes, « chargé de leurs intérêts », ne les défend pas. « Que dirait-on si l'on voyait le ministre de la guerre se faire l'ennemi de l'armée et le ministre de la marine n'user de son pouvoir que pour ruiner le corps qu'il doit commander et protéger ? » Puis, dans ces lois de persécution qui se succèdent ou se complètent, malgré « l'esprit nouveau », le Prélat montre une fois de plus la main dela Franc-Maçonnerie. « Mais la France, la vraie France, demeurée catholique, n'acceptera pas ce brigandage. » Et Mgr Fava, après avoir rappelé les châtiments des persécuteurs, dans tous les temps, conclut ainsi : « Nous avertissons nos persécuteurs modernes et nous les invitons à réfléchir. Ils se perdent, ils perdent l'honneur de la France, ils perdront des âmes ; mais ils disparaîtront et le catholicisme restera : il est immortel. Notre soumission ne sauvera pas nes ennemis. »

On sait dans quelles circonstances la cardinal Langénieux fut amené à se prononcer sur ou plutôt contre la taxe d'abonnemeut : un évêque, le seul évêque de l'épiscopat français, avait conseillé, presque commandé de payer la taxe ; sa lettre fut immédiatement publiée ; elle n'invoquait en somme que deux raisons : d'une part, c'était la loi, *dura lex, sed lex* ; d'autre part, les congrégations étaient assez riches pour payer. Or, comme nous l'avons dit, une loi injuste n'oblige pas ; c'est la doctrine de l'Eglise, depuis saint Paul, disant qu'il valait mieux obéir à Dieu qu'aux hommes ; de plus, il y avait certainement des congrégations hors d'état de payer ; les deux raisons n'étaient donc rien moins que décisives. Le cardinal Langénieux répondit de haut à l'évêque qui était son suffragant ; il lui disait notamment :

« *C'est un point qui vous est démontré* », dites-vous, que ces impôts d'exception, arbitraires et excessifs, ne compromettront pas l'avenir de vos communautés ; et vous décidez en conséquence qu'elles doivent se résigner à les payer pour ne pas « *sacrifier par une opiniâtreté stérile leur vie religieuse et leurs œuvres* ».

Il est vraisemblable pourtant, Monseigneur, que les congrégations du diocèse de Beauvais ne diffèrent pas tellement des autres congrégations de France, et l'on est tenté, tout naturellement, d'étendre à toutes le jugement si rassurant que vous portez sur les vôtres. Vous ne pouvez ignorer cependant que telle n'est pas la conviction de NN. SS. les Evêques et moins encore celles des supérieurs des ordres religieux. Après de sérieuses études basées sur des documents très précis, ils ont déclaré, au contraire, que ce régime fiscal doit aboutir, en définitive, pour la plupart des cas, à l'expropriation et à la ruine. N'est-ce pas d'ailleurs le but avoué que poursuivent les ennemis de la religion et qu'ils espèrent atteindre ?

Votre Grandeur nous permettra donc de ne partager sur ce point, ni sa façon de penser, ni sa manière d'agir.

Pas plus que vous, Monseigneur, nous ne prêchons la révolte ; pas plus que vous, nous « *n'oublions dans une résistance [bruyante les principes les plus constants du Christianisme.»* « *Pères et Pasteurs* », nous aussi, nous avons songé à donner à nos congrégations les conseils qu'elles attendaient de nous ; et, c'est dans l'Evangile, dans les Actes des Saints et même dans les écrits de Bossuet que nous avons trouvé des lumières et des modèles.

Il nous a semblé tout d'abord qu'elles avaient le droit de se réclamer de l'esprit même et de la lettre de la Constitution républicaine pour revendiquer, au nom de la justice et de l'équité, l'égalité garantie à tous les citoyens devant l'impôt.

Nous leur avons dit encore qu'elles ne sont point obligées de travailler à leur propre destruction en restreignant leurs œuvres de charité ou d'apostolat pour satisfaire les exigences du fisc : « les charges que vous impose la loi dépassent vos ressources ; elles sont au-dessus de vos forces, vous ne pouvez les porter : dites-le simplement et laissez faire. »

D'ailleurs, elles ne sont pas libres de disposer de leurs biens grevés de fondations ou affectés par les donateurs à des œuvres déterminées ; pas libres non plus de se prêter à l'exécution de telles ou telles dispositions de l'article 7 de la loi qui vont directement contre les règles monastiques de la plupart d'entre elles. Que le fisc prenne ces biens, qu'il viole ces règles, c'est une persécution qu'elles peuvent subir, mais au-devant de laquelle il serait inconcevable d'aller.

En outre, les cardinaux Richard et Langénieux adressaient aux supérieurs des communautés religieuses le document suivant :

Il y a, dans la nouvelle loi fiscale votée par la Chambre le 19 mars, une question de principe et une question de fait. Que l'on envisage à l'un ou l'autre point de vue la situation qu'elle crée aux congrégations religieuses, la même résolution pratique s'impose : il faut refuser de payer ces impôts d'exception afin que le fisc, s'il veut appliquer la loi, soit obligé de prendre lui-même ce qu'on ne peut pas lui donner.

La question de principe est nette, la loi est arbitraire, elle est injuste, elle va directement contre la Constitution républicaine, qui consacre l'égalité de tous les citoyens devant l'impôt.

C'est là un terrain solide pour la résistance passive à laquelle les congrégations paraissent déterminées.

La question de fait est plus claire encore : les études très sérieuses des comités des jurisconsultes catholiques, basées sur des documents précis, ne peuvent laisser aucune illusion. Ces impôts exhorbitants sont la ruine immédiate ou prochaine des congrégations, et il n'y a plus à songer à un recours quelconque devant les tribunaux, puisque, de par la loi, toute difficulté en cette matière doit être tranchée par voie administrative.

N'est-il pas sage alors, au lieu de tenter pendant quelques années des efforts héroïques et, en définitive, impuissants pour toutes, afin de satisfaire aux exigences du fisc, au lieu de travailler à leur propre destruction pour tomber quand même les unes après les autres, sans bruit et sans aucun profit pour la cause, n'est-il pas sage que les congrégations se retranchent tout simplement dès le début et toutes ensemble derrière l'impossibilité matérielle où elles sont de payer ces impôts, et cela d'autant plus que, si quelques-unes peuvent à la rigueur essayer de faire face un moment à ces charges excessives, la plupart ne le peuvent pas, et il se trouverait que les sacrifices très inutiles pour elles-mêmes, des congrégations les plus riches, causeraient un grave détriment à toutes les autres.

Un pareil terrain est donc excellent.

Il n'est pas nécessaire de parler de résistance, d'opposition formelle à la loi, il suffit de dire : « Nous ne pouvons pas faire ce que la loi exige, nous sommes dans l'impossibilité de supporter les charges qu'elle impose. »

D'ailleurs, les congrégations ne sont pas libres de disposer de leurs biens, grevés de fondations ou affectés à des œuvres déterminées, pas libres non plus de se prêter à l'exécution de telles ou telles dispositions de l'article 7 de la loi : enquêtes à domicile, expertises mobilières, etc., qui vont contre les règles monastiques de la plupart des congrégations.

Que le fisc prenne ces biens de force, qu'il viole ces règles, c'est une persécution que l'on peut subir, mais au-devant de laquelle il serait inconcevable d'aller.

Donc, bien qu'ils n'aient dans la circonstance qu'un rôle de conseillers, les évêques consultés doivent encourager les congrégations à prendre et à garder cette attitude.

Ils le doivent, non seulement dans l'intérêt des congrégations dont ils sont les protecteurs nés, mais aussi pour leur propre dignité, car on ne comprendrait point, après tout ce qu'ils ont écrit depuis quelques mois à ce sujet, qu'ils se fissent aujourd'hui les auxiliaires du gouvernement en facilitant la mise à exécution d'une pareille iniquité.

On le comprendrait d'autant moins que les congrégations entrent d'elles-mêmes dans cette voie où l'opinion les suit, et qu'elles ne demandent qu'à être soutenues et encouragées.

L'adhésion de Mgr Fava était acquise d'avance. Bientôt il écrivait à Mgr Coullié, qu'avec lui il considérait la loi d'abonnement comme *anticonstitutionnelle*, partant injuste et sans force. L'autorité qui voudrait en pratique y mettre une sanction agirait despotiquement. Puis, après avoir cité de belles paroles de M. Lucien Brun disant que « Dieu faisait aux religieux l'honneur de leur confier le sort de son Église de France » et que, « comme aux heures solennelles des batailles décisives, les troupes d'élite étaient au premier rang et devaient porter l'effort de l'ennemi », Mgr Fava ajoutait :

L'heure présente est solennelle. Les esprits qui ne considèrent pas la marche des événements ne voient que le fait du jour et l'isolent du passé ; mais les plus clairvoyants suivent la marche des choses vers le but proposé : le but de la secte maçonnique est de renverser le christianisme en France, et elle sait que, sans les congrégations religieuses, il serait difficile, pour ne pas dire impossible, au clergé, d'accomplir sa mission auprès des enfants, des jeunes gens, des hommes de tout âge, des malades, des foules, en France et à l'Etranger. C'est pourquoi elle vise à ruiner et à détruire les religieux, hommes et femmes. En attendant de frapper le grand coup, la Maçonnerie, semblable à la magicienne antique, Circé, avilit ses victimes, en leur demandant de honteuses concessions.

Si nos congrégations les font, elles seront ruinées d'honneur et, dans un avenir prochain, d'argent. Il ne restera qu'à les pousser un peu, pour les jeter au sépulcre, qu'elles auront creusé de leurs mains.

Nous demandons à l'Esprit de Dieu d'éclairer ceux qui gouvernent la France. Si, au lieu de respecter la justice et la Constitution envers les congrégations, ils les violent, nous subirons la violence, et nous nous laisserons dépouiller, comme faisaient les martyrs, à l'exemple de Jésus-Christ, notre divin Maître. Et un jour, l'on dira de nos religieux et de nos religieuses : ils ont arrêté la secte maçonique et sauvé l'Eglise de France.

On comprend qu'après de semblables paroles, les congrégations religieuses du diocèse de Grenoble, se sentant si fermement appuyées par leur évêque, fussent toutes prêtes à la résistance. Il est permis de regretter qu'il n'en ait pas été de même partout.

Nous nous sommes étendus sur cette affaire de la taxe d'abonnement, la plus importante certainement de l'année 1895, — et encore avons-nous dû écarter bien des choses intéressantes, — nous ne ferons que signaler le mandement de Carême sur Jésus-Christ crucifié, seul maître du monde, les belles manifestations de Clermont pour le huitième centenaire de la première croisade auxquelles assistait Mgr Fava, la lettre circulaire prescrivant des prières publiques, parce que « le monde catholique allait souffrir », la publication du *Résumé de la doctrine catholique*, et d'autres faits, mais nous ne pouvons pas ne pas donner un souvenir au cardinal Desprez qui avait ordonné Mgr Fava, prêtre en 1851, l'avait emmené comme secrétaire à Bourbon, l'avait pris ensuite pour vicaire général, et enfin l'avait sacré en 1871. Un des derniers actes de ce doyen de l'épiscopat français avait été une lettre sur la question des fabriques.

Nous arrivons au bout de notre tâche, car nous entrons dans l'année du jubilé épiscopal de Mgr Fava, qui est en même temps l'année du cinquantenaire de l'apparition de Notre-Dame à la Salette, coïncidence qui a été remarquée. Le 31 décembre 1895, dans sa visite à l'évêque, le chapitre faisait allusion au jubilé épiscopal :

L'année qui expire aujourd'hui laissera à son héritière de pénibles souvenirs et des appréhensions graves pour l'Eglise de Dieu, pour les corps religieux qui forment comme les deux ailes de l'armée catholique, pour la liberté même du culte et pour tous ces enfants chrétiens qui sont jetés tous les jours au fleuve du Nil ! Le peuple de Dieu est dans la servitude et sous la savante oppression de l'Egypte. Quand surgira un autre Moïse ? Nous n'avons plus d'espoir que dans la prière, selon les récentes recommandations du Saint-Père au Sacré-Collège et les vôtres, Monseigneur.

Mais, Monseigneur, au milieu des tristesses de l'heure présente, le premier jour de l'année 1896 sera pour le diocèse de Grenoble l'aurore dun grand et beau jour. Nous saluons d'avance le 25e anniversaire d'un sacre cher à votre cœur et au cœur de tous vos prêtres et diocésains. Cet anniversaire nous apportera la joie et la consolation de célébrer votre jubilé épiscopal, et de rendre grâces à Dieu pour le zèle apostolique et les vertus dont nous sommmes les heureux témoins.

C'est pourquoi nous venons, et à double titre, nous serrer auprès de notre Evêque, l'entourer de nos respects et de nos souhaits, nous fortifier par ses exemples, nous unir à ses prières, afin que Dieu daigne le conserver longtemps à notre affection, renouveler ses forces et son grand courage, afin que l'Esprit-Saint continue à l'éclairer de ses lumières, et la B. V. Marie, à le couvrir de sa protection, afin que, sous sa houlette paternelle et vigilante, le clergé et les fidèles puissent goûter cette paix annoncée par les anges aux hommes de bonne volonté.

Nous avons rapporté le mot de Léon XIII au sujet de Mgr Fava : « c'est un militant. » Dans son mandement de Carême de cette année, il militait contre la Franc-Maçonnerie en exposant la mission antimaçonnique du Saint-Esprit et de la Sainte Vierge Marie ; le 16 mars, dans une lettre au rédacteur en chef de l'*Univers*, il rappelait les actes et les doctrines de la Franc-Maçonnerie, concluant qu'en luttant contre elle, nous combattons *pro aris et focis* ; précédemment, il avait publié un *Appel aux catholiques français et aux catholiques des diverses nations*, où étaient exposées les résolutions du Convent de septembre 1895, à l'égard du catholicisme qui doit « disparaître ». Si chez les catholiques, l'opinion, longtemps presque indifférente pour la Franc-Maçonnerie, leur est devenue hostile ; si beaucoup comprennent maintenant la gravité du danger maçonnique, l'évêque militant peut se dire qu'il y a contribué pour une grande part. Et ce n'est pas là un mince service rendu à la cause de la vérité et de la défense sociale.

En cette année, la France chrétienne fête le 14e centenaire de son Baptême à Reims. L'évêque, qui rappelait avec une noble fierté que son diocèse avait joué un grand rôle dans la conversion de Clovis et des Francs, avec sainte Clotilde la princesse burgonde et avec saint Avit, le grand évêque de Vienne, ne pouvait pas ne pas s'unir aux fêtes du centenaire. Dans une lettre circulaire, en date du 6 juin, il associe le centenaire de Reims au cinquantenaire de la Salette. Il termine en annonçant qu'à cause des fêtes du centenaire de Reims, celles du cinquantenaire de la Salette sont renvoyées à l'année prochaine.

Mais en attendant les solennités de l'année prochaine, l'année jubilaire du cinquantenaire est ouverte. Le 19 septembre dernier, Mgr Fava s'est rendu à la Salette, où étaient réunis plus de quatre mille pèlerins. Il leur a donné lecture de la supplique qu'il avait envoyée au Pape, et du bref qu'il avait reçu ; voici ces deux pièces :

Très Saint-Père,

L'Evêque de Grenoble, humblement prosterné à vos pieds, expose à Votre Sainteté qu'on célèbre cette année, avec un grand éclat, la fête de la Bienheureuse Vierge Marie, sous le nom de « Réconciliatrice des pécheurs, » vulgairement appelée *Notre-Dame de la Salette*.

A cette occasion, certainement beaucoup de pieux fidèles iront en pèlerinage au sanctuaire situé sur la montagne de la Salette. En outre, de jour en jour, la dévotion envers la Bienheureuse Vierge Marie sous le titre sus-énoncé, prend de plus grands développements dans le diocèse de Grenoble et, dans beaucoup d'églises et d'oratoires publics, l'Image de la Bienheureuse Vierge Marie, avec ladite invocation, est exposée à la vénération publique.

C'est pourquoi l'Evêque de Grenoble, afin de favoriser et de développer la piété et la dévotion de son diocèse, demande à Votre Sainteté que les fidèles qui, du 1er septembre de l'année courante jusqu'au 30 septembre de l'année prochaine, auront dévotement assisté à l'un des *triduum* qui auront lieu dans les églises et oratoires publics de son diocèse, où cette Sainte Image sera exposée à la vénération publique, puissent gagner une fois l'indulgence plénière, pourvu que, pendant le temps du *triduum*, vraiment contrits, s'étant confessés et ayant communié, ils prient quelque temps, selon les intentions Vde otre Sainteté.

RESCRIT DU SAINT-PÈRE

En l'audience du 7 septembre 1896, Notre Très-Saint Père Léon XIII, après avoir loué, comme il convient, le zèle de l'Evêque de Grenoble à propager parmi les fidèles de son diocèse la dévotion à la Bienheureuse Vierge Marie, sous le titre sus-énoncé, a daigné accorder la grâce, comme elle est demandée. — Valable pour cette fois seulement, sans expédition de Bref. — Nonobstant toutes clauses contraires. — Donné à Rome, au secrétariat de la S. Congrégation, 11 septembre 1896.

A. Cardinal STEINHUBER.

A., Archev. de Nicopolis, secrét.

Nous nous arrêterons sur cette ouverture de l'année jubilaire du cinquantenaire de l'apparition de Notre-Dame de la Salette. Pourrions-nous mieux terminer ces souvenirs sur le prélat qu'on peut appeler l'Evêque de la Salette ?

Nous n'essaierons pas de résumer les pages que nous venons d'écrire, nous nous bornerons à citer un chiffre qui nous a été donné : depuis son sacre, en 1871, Mgr Fava n'a pas écrit moins de 107 lettres pastorales ou mandements, dont certains sont de véritables traités théologiques. Quelle somme de travail cela représente, surtout lorsqu'on y ajoute de nombreux et importants ouvrages, et qu'on pense que cela s'est fait sans que l'évêque ait jamais arrêté ses visites pastorales, ni ses travaux administratifs.

Et maintenant, conclurons-nous !

Il y a quelques semaines, Mgr Fava, rappelant qu'il avait été ordonné prêtre en janvier 1851, disait que, dans moins de cinq ans, il aurait à célébrer son cinquantenaire de prêtrise. Il ajoutait : « J'aurai alors fini ma tâche et je pourrai dire : *Et nunc, Domine, dimittis servum tuum.* » Qu'il nous soit permis d'exprimer ici le vœu que non seulement Mgr Fava voie son cinquantenaire sacerdotal, mais qu'il puisse encore longtemps continuer à lutter pour l'Eglise et la France : *Ad multos annos ! Ad multos annos ! Ad multos annos !*

P.-S. On nous saura gré de citer *in extenso*, en terminant, la lettre qu'un des secrétaires de Mgr Fava, apprenant notre œuvre, vient de nous envoyer :

Fianarantsoa (Tribu des Betsiléos).
Madagascar, le 5 mai 1891.

MONSIEUR L'ABBÉ ET VÉNÉRÉ BIENFAITEUR,

Le R. P. Caussèque, procureur de la Mission de Madagascar à Paris, m'a annoncé qu'il avait reçu de vous la somme de 2,000 francs pour l'établissement d'une léproserie et pour l'érection d'une chapelle annexée et sous le vocable de Notre-Dame du Sacré-Cœur. Cette heureuse et inattendue nouvelle a vivement réjoui les missionnaires et leur joie a été d'autant plus sensible que venant d'acheter un terrain pour l'hôpital dont il s'agit, ils ne savaient à qui s'adresser pour subvenir aux frais de construction. J'aime à penser que notre excellent P. Procureur se sera empressé de vous offrir, en notre nom, un tribut de reconnaissance en attendant que nous puissions, nous-mêmes, nous acquitter d'un devoir aussi doux que sacré. Quant à moi, je m'estime très heureux, Monsieur l'Abbé, que ma charge de procureur local et de futur aumônier de la léproserie — j'en ai fait du moins la demande — m'impose la douce obligation d'être l'interprète auprès de vous des sentiments de vive gratitude éprouvés par les Missionnaires de la province des Betsiléos.

Ce qui vient ajouter au plaisir que j'éprouve en vous écrivant, c'est la pensée que je ne suis pas tout à fait un inconnu au palais épiscopal de Grenoble, car j'ose espérer que, malgré ce tourbillon d'affaires diverses où se trouve continuellement enveloppé votre illustre Evêque, il n'a pas entièrement oublié le pauvre et infirme missionnaire qui lui a été présenté, le 18 mars 1854, par un lieutenant de vaisseau, M. Alexis Clerc, officier qui devait devenir bientôt jésuite et, un peu plus tard, l'un des heureux otages fusillés à la Roquette !... Je ne pourrais jamais oublier ce qu'a fait pour moi le charitable et insigne bienfaiteur qui m'a accueilli en cette circonstance ; et ses procédés si bienveillants et si généreux étaient d'autant plus méritoires, et d'autant plus touchants, qu'il ne me connaissait d'aucune manière.

A propos de léproserie, je dirai qu'il y en a une à Bourbon. L'établissement est favorablement situé. Il y a un aumônier qui est en même temps curé de la paroisse de la localité ; il y a aussi des Sœurs (Filles de Marie) qui prodiguent leurs soins héroïques à ces nombreux malades qu'on a recueillis des divers côtés de l'île.

En 1854, les lépreux étaient bien loin d'avoir une installation satisfaisante et de recevoir les soins dont ils sont aujourd'hui l'objet ; mais, grâce à un aumônier *que Monseigneur Fava a bien connu*, une grande amélioration s'est produite et a préparé une restauration à peu près complète de cet établissement. Cet aumônier, merveilleusement doué pour entreprendre de grandes œuvres, — l'avenir devait bien le prouver — a transformé cet asile des plus infortunées des créatures. Il aimait ses chers lépreux, il les visitait souvent, et leur apportait en même temps que ses consolations et ses secours spirituels, mille petites douceurs que sa charité ingénieuse savait se procurer. Je me rappelle que, les jours où il devait aller visiter les lépreux, on voyait arriver au presbytère de Saint-Denis des provisions diverses envoyées par des personnes charitables dont on avait sollicité l'assistance, et notre aumônier s'en allait joyeux apporter ces secours et des soulagements aux membres souffrants de J.-C. Un jour, j'ai eu l'avantage de l'accompagner dans une de ces visites qui étaient d'autant plus méritoires pour lui que presque toujours il les faisait à pied et à travers des sentiers escarpés.

Mais ces visites n'étaient pas aussi fréquentes qu'il l'aurait désiré. Mais quel que fût son zèle, comment aurait-il pu se multiplier assez pour satisfaire ces charitables désirs, quand on s'imagine qu'à cette époque il exerçait les fonctions de vicaire à la Cathédrale, ce qui exigeait des travaux excessifs pour les confessions, les prédications, les catéchismes, les visites de nombreux malades. En outre, il était aumônier de la prison, secrétaire de l'Evêché !... Quoiqu'il se levât chaque matin à 4 heures (pendant quelque temps, j'ai été son honoré réveille-matin ; ma chambre se trouvait au-dessus de la sienne), où donc avait il trouvé le secret de satisfaire parfaitement aux exigences de ces diverses fonctions ? Et aujourd'hui, sur le nouveau théâtre où la main de Dieu l'a élevé, ne pourrait-on pas s'adresser la même question en voyant tant de grandes œuvres qu'il a fondées et qu'il dirige, en considérant les préoccupations journalières et les labeurs inhérents à l'administration d'un diocèse, la production de magnifiques et volumineux ouvrages seraient de nature à absorber la vie d'un auteur ordinaire !...

Avant d'aller plus loin, je me sens obligé d'implorer votre indulgence pour l'abus que je fais de votre temps si précieux, et pour la grande indiscrétion dont je me rends coupable en vous écrivant cette longue lettre. Mais, j'ose penser que vous voudrez bien me pardonner, quand je vous aurai dit que vous trouverez dans ma relation, si informe qu'elle soit, certains détails (connus de moi, seul), qui, plus tard, pourront être insérés dans une belle vie d'Evêque-Apôtre.

En 1854, à la cathédrale de Saint-Denis, il n'y avait pas de curé, nous étions 4 vicaires pour exercer le saint ministère auprès des Blancs et auprès des *Noirs-Affranchis.* La paroisse alors avait une étendue très considérable et la population était plus nombreuse, de sorte que nous ne manquions pas d'occupations. A propos des quatre vicaires, j'ajouterai qu'ils ont eu de singulières et diverses destinées. Il y en a eu un qui a été vicaire général, puis évêque de La Martinique, et puis évêque de Grenoble, et puis ? Un autre a été préfet apostolique de Pondichéry ; le troisième, vicaire apostolique de Dacca (Bengale-Oriental), où il vient d'être envoyé ; le quatrième, devenu jésuite, après des pérégrinations sans nombre sur terre et sur mer, se trouve aujourd'hui au milieu d'un peuple à demi sauvage qui a nom Betsiléos.

Je reviens à celui que les Noirs-Affranchis appelaient le père Fava. Ils l'aimaient beaucoup, ces braves gens, et il le méritait bien, car il se dépensait beaucoup pour eux ; pour leur instruction, pour l'administration des sacrements, pour rétablir la paix dans leurs ménages lorsqu'elle était troublée, etc., etc. Il affectionnait singulièrement ce qu'on appelait l'œuvre des *Citoyens.* D'où leur venait ce nom ?

Il faut savoir qu'à l'époque de l'émancipation des esclaves, en 1848, lorsque M. Sarda-Garriga, commissaire de la République d'alors, vint proclamer le décret de liberté — délégation dont il s'acquitta, du reste, avec une grande sagesse — après avoir préparé insensiblement les cœurs à ce fait capital et prévenu ainsi un bouleversement terrible dans la colonie, il a pu dire enfin aux noirs réunis en très grand nombre autour de lui : « Dès ce moment, sachez que vous n'êtes plus esclaves, mais des citoyens ! » Qui dira les cris, les applaudissements frénétiques, les acclamations sans fin qui ont accueilli la proclamation du décret !...

Or, parmi ces noirs affranchis, il y avait beaucoup de Cafres qui étaient venus dans la Colonie depuis moins de temps que les autres et qui, par conséquent, ne pouvaient pas parler le *Fran-*

çais avec une grande pureté d'expression, aussi disaient-ils :
« A cet' heure, nous autres, nous se som' plus sakalaves, mais
citronyens. » D'autres mêmes se servaient d'une locution plus
prétentieuse, et, quoique noirs enfants de Cham, ils criaient
avec entoushiasme : « A cet' heure, nous autres, sommes tous
blancs ! » Quoi qu'il en soit, tous ces pauvres affranchis affection-
naient beaucoup les prêtres et les pratiques religieuses. Ceux
qui n'étaient pas baptisés s'empressaient de se faire inscrire sur
la liste des catéchumènes, ceux qui étaient baptisés se préparaient avec une admirable ferveur à la première communion, et
tous assistaient avec assiduité aux catéchismes de persévérance
et aux offices de l'Eglise. Mais quelle que fût la docilité de ces
bons *citoyens* et leur bonne volonté pour se faire instruire, ce
n'était pas sans peine qu'on arrivait à leur faire comprendre, et
surtout à leur faire retenir par cœur, les enseignements les plus
essentiels pour la réception des sacrements. Leur *bon Père Fava*
avait une patience et un talent particulier pour faire pénétrer
dans ces intelligences très bornées les lumières nécessaires. Il
parlait leur langage (un patois créole particulier) ; il savait, par
des comparaisons, des exemples adaptés à leur humble condition, leur faire des catéchismes aussi intéressants qu'instructifs.
Il savait profiter d'une circonstance pour en retirer des leçons
très salutaires pour son auditoire. Un exemple entre mille : Je
l'avais accompagné à l'église, un dimanche soir, où il devait
faire une *conférence catéchistique* à nos bons néophytes. On avait
appris, la veille, la nouvelle de la prise de Sébastopol, et, pour
ce motif, on avait fait de grandes illuminations dans la ville de
Saint-Denis et particulièrement à l'Hôtel du Gouvernement, à
l'Hôtel de Ville, à l'entrée de la Cathédrale, etc. Le Père Fava
monte en chaire et, après avoir fait réciter deux dizaines de
chapelet, selon l'habitude et pour des intentions indiquées, il
interroge quelques assistants de cette sorte : « Scipion ! — Présent ! mon Pèr' ! répond un Cafre un peu âgé en se levant. (Au
tatouage de sa figure, il est facile de voir un membre de l'illustre
corporation des *citronyens*). — Vou l'e capable de dire à cause
qu'on a allumé partout déhors tou cès bouzi ? — Moi, pas caca-
pable, mon Pèr', moi, pas connaît. — Le catéchiste s'adressant
à un autre auditeur : « L'Eveillé ! — Présent, mon Pèr'. — Est-
ce que vous y connaît à cause qu'on a allumé ces feux-là ? —
Di monde dit com' ça que c'est à cause de saint Paul. — Et
vous, Edouard (vrai citoyen né esclave dans l'île), quoi ça que
vous i l'imazine ? — Mon Pèr', on dit que les Français ont pris
Sébastopol. — C'est ça même, mes enfants. Mais, ça n'était pas
facile de prendre cette ville-là. Il y avait beaucoup de soldats
pour la défendre, qui tiraient des coups de fusil et de canon....

On était obligé de *fouiller* (creuser) grands fossés... et ça qui était trop hardi pour se montrer sur le bord, recevait coup de fusil ou de canon et était jeté mort au pied du rempart...

Une grande leçon à tirer pour vous, mes enfants, pour vous surtout jeunes filles. Le Paradis est comme une ville qu'il faut prendre d'assaut. Les ennemis ne sont pas dans l'intérieur, mais au dehors, et font tout ce qu'ils peuvent imaginer pour nous empêcher d'y arriver et nous tuer, c'est-à-dire nous précipiter au fond de l'enfer ; ces ennemis-là, c'est le démon et le mauvais monde qui veut nous engager dans le péché. Jeunes filles, prenez garde, n'aimez pas trop à vous montrer, comme ces soldats qui étaient tués en paraissant sur le bord des fossés. Sans cela, vous *gagnerez* malheur comme c'est arrivé à telles et telles de vos compagnes qui étaient de la persévérance et qui, aujourd'hui, sont dans le péché parce qu'elles ont voulu trop paraître, faire les *farauds*, et ont attiré sur elles des balles mortelles, c'est-à-dire des regards et des moyens de séduction... »

Tout cela a été si bien agencé, si bien dit dans le patois créole, que j'en étais ravi !...

Entre autres œuvres de zèle apostolique fondées par le Père Fava, afin d'assurer la persévérance des hommes, des ouvriers ou des domestiques qui, se trouvant habituellement en contact avec de *mauvais blancs*, étaient en grand danger de se perdre, il y avait la Société de Saint François-Xavier qui était une Société de secours mutuels et en même temps une pieuse Confrérie qui réunissait chaque dimanche tous ses membres dans l'établissement des Chers Frères des Ecoles chrétiennes. Là, notre infatigable Directeur adressait à ses chers enfants des conseils adaptés à leurs besoins spirituels ; il encourageait les bons et redressait paternellement ceux qui paraissaient chanceler...

Je n'en finirais pas si je voulais relater tout ce que son zèle industrieux et actif déployait pour l'Œuvre des noirs affranchis !

La transformation de ces Cafres, qui, très peu d'années avant, dans leur pays natal, étaient plongés dans une affreuse barbarie, abandonnés à tous les instincts d'une hideuse dépravation, d'une férocité sauvage, livrés à l'anthropophagie... sont aujourd'hui doux comme des agneaux ! Qui donc a opéré ce prodigieux changement et d'une manière si rapide ? Notre religion divine.

J'ai connu un officier de marine, libre-penseur qui rejetait tous les raisonnements qu'on lui exposait pour démontrer la divinité de la religion, mais qui s'est déclaré vaincu quand il a vu de ses propres yeux, le miracle éclatant de la conversion de ces féroces anthropophages. Il a dit que seule une religion

divine peut opérer ce prodige. Il l'a étudiée alors ; il est devenu
un excellent chrétien et puis un religieux modèle !

Monsieur l'abbé, je suis effrayé, confus, en voyant les proportions démesurées qu'à prises cette lettre, et cependant je ne
puis pas la terminer sans vous dire un mot de nos Betsiléos et
de nos chers lépreux.

La mission des Betsiléos, de fondation assez récente, a pris
déjà de très heureux développements, puisque, indépendamment
de la chrétienté principale qui a pour centre Fianarantson notre
petite capitale du sud, il y a encore dans cette province 150
chrétientés secondaires ayant chacune une chapelle, une école
de garçons, une autre de filles. Le nombre des élèves de toutes
les écoles dépasse 5,000. On peut évaluer le nombre des chré-
tiéns et des catéchumènes à 20,000 au moins. Mais nos succès
apostoliques seraient bien plus consolants si nous n'avions pas
devant nous les obstacles suscités par les sectes protestantes.

Comme la reine et la plupart des fonctionnaires de Tananarive et de toutes les provinces sont... *vendus* à l'hérésie, ils
exercent une pernicieuse influence sur ces pauvres Malgaches
qui craignent de venir à nous, s'imaginant que leur démarche
leur attirerait divers désagréments, des corvées, etc. Et il est
vraiment miraculeux que nous ayons la moisson assez abon-
dante que nous recueillons...

Un mot sur nos lépreux. Déjà nous en avons recueilli un petit
noyau; mais que sera-ce lorsque nous aurons fait construire des
cases en nombre convenable! Je ne répéterai pas ce que vous
aura dit le P. Fontanié sur le sort lamentable des lépreux à
Madagascar et sur le dessein que nous avons formé de fonder
une léproserie dans notre district.

Si jamais il y eut une œuvre méritoire et agréable à celui
qui, selon le mot de l'Ecriture, s'est rendu semblable à un lépreux
sous les coups de la flagellation, à celui qui, durant sa vie mortelle, témoignait tant de bonté à ces infortunés rejetés loin de la
société et couverts de plaies hideuses, c'est bien l'œuvre dont il
s'agit.

Et si d'éternelles récompenses sont réservées à celui qui
donne le *verre d'eau froide* au nom de N. S., que doivent être
celles que méritent les âmes généreuses qui procurent un asile
et un grand soulagement aux membres souffrants de ce divin
bienfaiteur, rejetés au loin dans les forêts et par le gouvernement et même par leur propre famille !

Et, Monsieur l'abbé, en recueillant ces lépreux si odieuse-
ment traités, nous avons le dessein non pas seulement de soulager leurs corps et de prolonger leur vie, mais, comme vous savez
bien, celui de les guérir d'une maladie plus affreuse que celle

qui dévore leurs membres, la lèpre du péché par le sacrement de la régénération, celui d'en faire des temples divins, des tabernacles du Dieu de l'Eucharistie. Et qu'on veuille bien remarquer que sans la léproserie, il est presque, toujours impossible d'avoir accès auprès de ces malheureux obligés de se réfugier au loin et de se cacher jusqu'à ce que la mort vienne mettre un terme à leur triste existence !

Ce que je viens de dire est bien capable d'inspirer en faveur de nos lépreux les sentiments d'une vive compassion dans les cœurs véritablement chrétiens, et on est loin de dire comme X... qui, visitant notre léproserie de l'Emirne, à la vue de l'affreux spectacle de ces créatures hideusement défigurées et couvertes de plaies depuis les pieds jusqu'à la tête, s'écria : « *Faites donc fusiller ces êtres-là ! vous leur rendrez un grand service et vous épargnerez votre argent et vos peines !!* »

« *Faites fusiller !* » cela rappelle une parole sinistrement légendaire... Il est vrai qu'il ne s'agissait pas, en 1871, de lépreux à exterminer... J'ai enfin terminé cette formidable lettre. Je vous prie de vouloir bien agréer mes excuses pour une indiscrétion vraiment inqualifiable ; heureusement pour moi, votre grand Evêque en est un peu responsable.

Veuillez agréer aussi, Monsieur l'abbé et vénéré bienfaiteur, l'expression renouvelée de ma vive reconnaissance et l'hommage des sentiments de respect de

Votre très humble serviteur,

Jh. LAVIGNE, *S. J.*

P. S. — Je vous prie d'être l'interprète de mes sentiments de profond respect auprès de Monseigneur.

FIN

GRENOBLE, IMPRIMERIE BARATIER ET DARDELET

www.ingramcontent.com/pod-product-compliance
Ingram Content Group UK Ltd.
Pitfield, Milton Keynes, MK11 3LW, UK
UKHW021852070726
13613UKWH00001B/130